거꾸로 가는

쿠바는
행복하다

저성장 고복지, 쿠바 패러녹스의 비밀을 찾나

# 거꾸로 가는 쿠바는 행복하다

ⓒ배진희, 2019

**초판 1쇄** 2019년 4월 15일 발행
**초판 2쇄** 2019년 6월 10일 발행
**2판 1쇄** 2023년 8월 10일 발행

**지은이** 배진희
**펴낸이** 김성실
**교정교열** 김태현
**표지 디자인** 이창욱
**본문 디자인** 채은아 · 책봄
**제작처** 한영문화사

**펴낸곳** 시대의창    **등록** 제10-1756호(1999. 5. 11)
**주소** 03985 서울시 마포구 연희로 19-1
**전화** 02)335-6121    **팩스** 02)325-5607
**전자우편** sidaebooks@daum.net
**페이스북** www.facebook.com/sidaebooks
**트위터** @sidaebooks

ISBN 978-89-5940-820-7 (03300)

* 이 저서는 2016년 정부(교육부)의 재원으로 한국연구재단의 지원을 받아 수행된 연구임
(NRF-2016S1A6A4A01020056)

# 거꾸로 가는 쿠바는 행복하다

배진희 지음

시대의창

**들어가는 글**

　언제부터 쿠바에 빠졌는지 정확히 알 수는 없다. 소주 몇 잔에 얼큰해지기만 하면 쿠바 말레콘에서 낚시를 하고 싶다는 한 지인 덕분에 쿠바를 알게 되었고, 그것을 계기로 쿠바에 관한 책을 한 권 샀다. 호기심과 놀라움 그리고 의심과 함께 그 책을 읽고 나서 한동안 쿠바에 관한 책을 계속 구입했다.

　읽는 것만으로는 성이 차지 않았다. 직접 보고 싶었다. 아무 명분도 없이 무작정 쿠바로 떠나기엔 상황이 여의치 않았다. 주변 사람들을 모았다. 이런 나라가 있다는데 함께 가보자, 일단 공부를 좀 해보자, 그렇게 몇몇이 모임을 만들어 쿠바 관련 자료를 읽고 공유하면서 연수를 가기로 했다. 연수 지원 기관에 계획서를 제출했다. 하지만 "왜 하필 쿠바입니까? 사회주의 국가인데…" 하는 반응과 함께 두 번의 실패로 이어졌다. 2014년과 2015년의 일이었다.

　'그렇다면 혼자라도 일단 떠나보자' 하는 마음으로 단 한 번의 연구년 기회를 쿠바에서 보내기로 했다. 도착해 묵을 집도 확정되지 않은 상황에서 딸아이와 단둘이 큰 가방 하나씩을 끌고 쿠바에 도착했다. 그리고 그다음 날부터 분노와 실망, 절망 사이에서 감정의 널뛰기를 하며 하루하루를 보냈다. 그동안 읽었던 책과 논문의 저자들을 원망하고, 충분히 준비하지 못한 나 자신을 자책하며 시간을 보냈다. 그러다 쿠바의 생활이 더 이상 실망이나 분노가 아닌 평범한 일상이 되어갈 즈음 '혹 내가 여기서 보고 싶었던 것이 저런 모습이 아니었을까' 하는 장면들을 목격할 수 있었다. 이 책은 그런 장면들을 모은 결과물이다.

막상 쿠바의 여러 제도를 한국의 것과 비교하면, 별반 다를 것이 없거나 오히려 한국이 낫다고 생각할 수도 있다. 나 역시 쿠바의 여러 제도가 전혀 새롭지 않았을뿐더러 한국이 더 나은 측면이 있다는 생각과 함께 실망하기도 했다. 그런데 체류 기간 쿠바의 결핍과 부족을 체감하면서 궁금해졌다. 이렇게 가진 것이 없고 부족한 나라가 어떻게 이런 시스템을 유지할 수 있을까? 이 책은 이 궁금증의 결과물이기도 하다.

이 책은 총 4부로 구성되었다. 1부는 쿠바가 이뤄낸 성과들을 정리했다. 책 부제의 '고복지'에 해당하는 부분이다. 의료, 교육, 생활보장 등 여덟 분야로 나누어 정리해보았다. 단순히 그 내용만 봐서는 고복지라고 할 수 있을까라는 의문이 생길 것이다. 그래서 정리한 부분이 2부이다. 2부는 쿠바의 현 상황을 정리한 것으로 책 부제의 '저성장'에 해당한다. 쿠바가 얼마나 가진 것이 부족한지를 감안해야만 그들의 성과를 제대로 평가할 수 있기 때문이다. 3부에는 가진 것이 부족한 상태에서도 국민의 기본 생활을 보장할 수 있는 비밀에 관해 나의 생각을 정리했다. 마지막 4부에는 쿠바에서 겪은 소소한 경험과 생각을 모았다. 나에게 쿠바는 공존과 다양성의 공간으로 정리된다. 사회주의와 자본주의의 공존, 규제와 자유의 공존, 불편함과 여유의 공존, 내국인과 외국인의 공존, 그래서 만들어진 다양성의 공간.

채 1년이 안 되는 체류 기간과 열흘간의 연수 기간에 보고 느낀 것이 얼마나 진실에 가까울까, 자문이 들기도 한다. 그럼에도 독자들이 이 책의 한계와 오류를 잡아줄 것이라 믿으며 이 책을 감히 세상에 내보내고자 한다.

이 글은 앞서 쿠바 관련 책과 논문 등을 집필한 저자와 연구자들에게 빚을 지고 있다. 그 글들이 있었기에 쿠바에 갈 수 있었고 이 책의 상당 부분을 채울 수 있었다. 한동안 원망하기도 했던 그분들께 감사의 인사를 전한다. 그분들 가운데 정진상 교수님은 내가 쿠바에 체류하는 동안 답답한 마음을 담아 보낸 메일이 인연이 되어 어설픈 초고를 꼼꼼하게 읽어주시는 수고까지 해주셨다.

쿠바에 한 달 이상 체류하는 한국인은 손에 꼽히는 정도이다 보니 서로 돕고 의지하며 보냈던 한 사람 한 사람이 모두 고맙다. 먼저 쿠바에서 생활하는 동안 중요한 순간마다 입과 귀가 되어준 훌리아(정호현 한쿠바교류협회 아바나지부 실장)에게 고마움을 전한다. 통역뿐만 아니라 초청과 인터뷰 섭외 등 그녀의 도움이 아니었다면 쿠바행이 불가능했을지도 모른다. 아바나 대학교에서 만난 한국인 친구 킴, 피피, 리키, 다니엘, 후안, 발렌시아, 그 외에 피코, 레고, 초니, 이기세 대표에게도 고맙다는 말을 전하고 싶다.

쿠바에 대한 책을 쓰고 싶다는 필자에게 정보를 하나라도 더 주기 위해 자료를 찾아주고, 친구를 소개해주고, 자신의 경험과 생각을 들려준 쿠바 친구들 인디라Indira, 안토니오Antonio, 아메드Amed, 아니스벨Anisbel. 이들이 한글로 된 이 책을 읽을 수는 없겠지만 서문에 기록한 이름이라도 꼭 보여주고 싶다.

두 번 떨어진 이력이 있었지만, 2017년에 쿠바 연수계획서를 다시 제출했다. 세 번째 시도는 성공했다. 연수팀의 슈퍼바이저로 방문해 접할 수 있는 정보는 일반 체류자가 보고 들을 수 있는 것과는 달랐다. 덕분에 이 책의 부족했던 부분을 보완할 수 있었다. 칠전팔기는 아니어도 삼세번 시도해봐야 한다며 까칠한 슈퍼바이저를 감내해준 강지영, 권영세, 김유림, 오은주, 박준홍, 장우철, 황인걸 등 연수팀원들에게 고마운 마음을 전한다.

수다스러운 두 여성의 부재로 갑작스러운 정적의 공간과 시간을 감수하며, 뭔가 난관에 부딪칠 때마다 지구 반대편에서조차 해결사 역할을 해주던 남편 신정관, 열여섯 살 나이에 휴학하고 쿠바에 동행해 쿠바 생활 내내 화장실 가는 시간만 빼고 반경 3미터 이내에 머물며 힘이 되어준 딸 신현주, 그리고 자식의 부재를 감내해주신 부모님께 감사의 마음을 전한다.

# 차례

는 것과 있는 것 · 집 전화보다 휴대폰이 많은 나라 · 쿠바인의 인터넷 사용 방법

# 1
## 콩 한 쪽으로
## 이룬
## 여덟 가지 기적

한국에서 쿠바에 대한 이미지는 둘로 나뉜다. 50년 넘게 독재정권하에서 자유를 제한받고 가난을 견디기 어려워 국민들이 망명을 꿈꾸는 북한과 비슷한 나라. 그리고 살사와 시가, 카리브해 쪽빛 바다를 경험할 수 있는 정열의 섬나라. 하지만 쿠바는 사회주의 국가 혹은 낭만적 여행지에 그치지 않는, 우리가 주목해봄직한 저력 있는 국가이다. 사회보장 제도와 공공부조 제도가 운영되고, 무상 교육이 실현되고 있으며, 태아 때부터 건강을 책임지고, 남녀평등 29위를 기록하고 있는 나라이다. 이뿐만 아니라 국제 원조에도 앞장서고 있다. 지금까지 알려지지 않은 쿠바의 새로운 모습을 탐색해보자.

# 무료로 언제든 배울 수 있고
# 배운 것을 사회에 환원하는 나라

한국에서 아이 한 명을 낳아 키우는 데 드는 비용이 약 3억 1,000만 원이라는 발표가 있었다.[1] 전문가들은 세계 최하위인 한국 출산율의 원인으로 높은 교육비를 꼽는다.[2] 교육비 중에서도 출산에 가장 큰 영향을 주는 요인은 대학 학비와 사교육비로 나타났다. 사교육에 투자해 대학에 입학했다고 해서 금전적 부담에서 벗어날 수 있는 것은 아니다. 국가장학금이나 학자금 대출로 수업료는 낼 수 있지만 많은 학생이 교재비와 생활비를 벌기 위해 짬이 나는 대로 아르바이트를 해야 한다. 아르바이트 때문에 시간과 체력을 소모하다 보니 정작 학업에 전념할 수가 없다. 그러면 괜찮은 일자리를 잡아 취업하기도 어렵다. 악순환이 지속되는 것이다. 돈 걱정 없이 공부할 수 있다면 얼마나 좋을까? 상상에서나 가능한 일일까? 아니다. 만 한 살이 되면 가기 시작하는 어린이집부터 대학, 평생교육까지 무료로 제공하는 나라가 있다. 국민 1인당 총생산이 한국의 3분의 1도 안 되는 가난한 나라, 쿠바이다.

## 또 다른 혁명, 쿠바의 교육 개혁

쿠바가 무상 의료 시스템과 함께 자랑하는 것이 교육 시스템이다. 쿠바 정부는 국민총생산GDP의 12.84%를 교육에 투자하고 있다. 이는 전 세계 186개 국가 중 두 번째로 높은 비율이다(한국은 4.62%). 교육에 대한 쿠바 정부의 관심은 반反스페인 독립운동과 시에라 마에스트라Sierra Maestra 게릴라 투쟁 시기까지 거슬러 올라간다. 쿠바 독립에서 중요한 역할을 했던 호세 마르티, 피델 카스트로, 체 게바라 모두 교육을 무엇보다 중요시했다. 무장 투쟁 중에도 전투가 없을 때는 항상 참전 중인 군인과 주민을 교육했다.

혁명 정부 수립(1959년) 당시는 교육에 관심을 둘 수밖에 없는 상황이기도 했다. 혁명 전 쿠바 산업체는 주로 외국 기업, 특히 미국 기업 소유였으며 관리자와 주요 기술자는 자국에서 데려온 사람이거나 쿠바인이라 하더라도 미국에서 교육받은 사람들이었다. 혁명 직후 지식과 기술을 갖춘 사람들은 대부분 미국행을 택했다. 쿠바에 남은 사람들의 교육 수준은 매우 낮았다. 쿠바인의 60%가량이 학교 교육을 제대로 받지 못했다.[3] 심지어 혁명군 내에도 읽고 쓰지 못하는 사람이 많았다. 인적 자원 개발 없이 국가를 재편하고 운영하기란 불가능했고, 교육은 혁명 정부에 절체절명의 과제였다.

쿠바 정부는 단순히 글을 읽고 쓸 줄 아는 것, 글을 통해 기술을 익히는 것만을 목표로 하지 않았다. 혁명 정부 리더들은 교육이야말로 억압에서 벗어날 수 있고, 불평등을 해소하고, 권한을 가질 수 있는 주요 수단이라고 생각했다.

1960년 피델 카스트로는 UN 연설에서 1년 만에 100만 명의 문맹 쿠바인이 읽고 쓸 수 있도록 하겠다는 또 다른 혁명을 선포했다. 그리고 "알면 가르치자. 모르면 배우자"라는 구호를 내걸고 1961년을 '문자 해독력 향상, 교육의 해'로 선언했다. 하지만 100만 명을 교육할 25만 명의 교사를 모집하는 것부터가 난관이었다. 당시 휴직 중인 교사 1만 명, 현직 교사, 읽고 쓸 줄 아는 사람을 모두 동원해도 10만 명이 넘게 부족했다. 카스트로는 중·고등학교 학생을 교사로 투입하는 방법을 택했다. 모든 학교가 문을 닫았다. 이들은 일주일간 훈련을 받고 정부가 지급한 물품을 짊어지고 각자에게 배정된 지역으로 떠났다.

쿠바 전체가 물자 상황이 좋지 않았고, 특히 문자 해독 운동을 위해 파견된 곳은 대부분 농촌 지역이어서 이들을 위한 편의 시설이나 물품이 전혀 없었다. 그래서 이들이 운동 기간에 쓸 최소한의 물품을 정부가 지급했다. 해먹, 랜턴, 모포, 지도서 한 권과 학습서 한 권, 신발 한 켤레, 양말 두 켤레, 베레모, 셔츠와 바지 각각 두 벌이 지급되었다.

중간 점검 결과가 썩 만족스럽지 않자 이를 책임지던 문해력 향상 위원회는 더욱 적극적인 방법을 고안해 박차를 가했다. 교사로 파견된 학생들이 계속 활동할 수 있도록 전국에서 개학을 6개월 연기했

농촌 지역에 파견된 교사들에게 지급된 랜턴이 쿠바 혁명박물관에 전시되어 있다.

농촌 지역에 파견된 교사가 문맹 쿠바인의 가정을 방문해 글을 가르치는 모습.

다. 캠프에 공부하러 올 수 없는 학생에게는 전담 교사를 파견했다.
경쟁을 통해 동기를 유발하기도 했는데, 가족 모두가 검정 시험에 합
격하면 그 집에 깃발을 세워주었고, 마을의 모든 가구가 검정 시험에
합격하면 그 마을에도 깃발을 세웠다. 이런 각고의 노력 끝에 1년 뒤
카스트로는 혁명광장에서 450년에 걸친 문맹을 타파했다고 당당하
게 선언할 수 있었다.

이런 성과가 놀라운 것은 1961년 혁명 정부가 온전히 안착하지 못
한 상황에서 이뤄낸 일이기 때문이다. 당시는 혁명에 반대하는 세력
이 있었을 뿐 아니라 미국이 쿠바 망명자를 훈련시켜 히론Giron 지역
을 침략해 전쟁을 일으킨 해이기도 하다. 또한 경제가 안정되지 않아
화폐 개혁이라는 극단의 처방을 택한 해이기도 하다. 미국의 경제 봉
쇄가 시작되면서 식량과 물자가 턱없이 부족해 쿠바 국민은 기본적
인 생활을 유지하기 어려웠다. 이처럼 정치·사회·경제적으로 매우
혼란스럽고 어려웠던 상황에서도 1년 만에 80만 명 이상을 읽고 쓸
수 있도록 교육한 것은 놀라운 성과라 할 수 있다. 지금도 쿠바의 문
자 해독률은 매우 높은 수준이다.

### 다섯 살이면 학교에 가는 아이들

쿠바의 정규학교 입학 나이는 여섯 살이지만 아이들은 다섯 살부터
학교에 간다. 다섯 살이 되면 유치원에 다니기 시작하는데, 유치원
교육이 의무이기 때문이다. 특별한 날에는 조회로 하루를 시작하고,
보통은 체조로 하루를 시작한다.

초등학교Primaria는 6년 과정이고 중학교Secundaria básica는 3년 과정

으로 중학교까지가 의무교육 기간이다. 중학교 졸업 후에는 흥미와 성적에 따라 진로를 선택한다.

**쿠바 정규교육 체계**

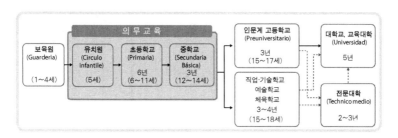

한국의 고등학교에 해당하는 과정은 크게 네 가지다. 대입을 염두에 둔 학생들이 진학하는 인문계 고등학교Preuniversitario, 예술학교Escuelas de arte, 체육학교Escuelas de deporte, 직업·기술학교Técnica y profesional이다.

대학 진학을 염두에 둔 학생들이 다니는 고등학교는 다시 일반 고등학교와 정밀과학전문학교, 사관학교로 나뉜다. 고등학교를 졸업했다고 모두 대학에 갈 수 있는 것은 아니다. 한국의 내신과 같은 고등학교 성적과 대입시험 점수, 면접 점수에 따라 당락이 결정된다.

베다도 고등학교 소레아 파네케 교장 선생님의 설명에 따르면, 중학교에서 인문계 일반 고등학교에 진학하는 비율이 70% 정도이고, 그중에서 약 85%가 대학에 진학한다. 인문계 고등학교에 적응하지 못해 직업·기술학교로 전학 가는 학생도 있지만 학업을 그만두는 경우는 거의 없다고 한다.

한국 연수단에게 인사하는 페드로 도밍고 무리오Pedro Domingo Murillo 초등학교 병설 유치원 아이들

컴퓨터 수업 중인 콘라도 아굴메데스 수아니Conrado Agulmedes Suany 중학교 2학년 학생들

도서관에 모여 연수단과 대화 중인 베다도 고등학교 학생들과 교사들

　고등학교 1학년 학생들과 인터뷰하던 중 대학에서 무엇을 전공하고 싶은지 묻자 대부분 학생이 법학, 공학, 신문방송학, 외국어 등 구체적으로 대답했다. 쿠바에서도 학생들이 원하는 학과에 입학하기 위해 재수, 삼수를 하기도 한다고 한다.

　한국과 다른 점은 학생이 사는 지역에 있는 대학에 입학해야 한다는 조건이다. 자신이 공부하고 싶은 전공이 지역 대학에 개설되어 있지 않을 때만 다른 지역의 대학에 갈 수 있다. 성적에 따라 당락이 결정되는 것은 마찬가지이다.

　직업·기술학교는 전공이 매우 다양하다. 한국과 비교해보면 고등학교라기보다는 전문대학에 가깝다. 예술학교, 체육학교, 직업·기술

학교를 졸업한 학생들은 대부분 취업을 한다. 바로 대학에 진학하는 것은 불가능하지만 졸업 후 일하면서 대학에 다닐 수 있다.

## 정규교육만큼 잘 마련된 평생교육

성인을 위한 교육은 농민과 직장인을 위한 기초교육 6년, 중등교육 3년, 학부교육 3년 과정이 기본 체계이다. 의무교육 이후 학교를 그만둔 청소년을 위한 학교가 운영되고 있고, 누구든 참여할 수 있는 외국어 과정이 있다. 또 쿠바에는 직장인이 고등교육을 받을 수 있는 시스템이 잘 마련되어 있다. 대학 분교를 지역에 설립해 접근성을 높이고, 5년 동안 일주일에 하루 출석하면 대학 교육 과정을 마칠 수 있다. 심지어 교도소에도 초등학교 과정에서 대학 교육 과정까지 모두 마련되어 있다. 그래서인지 일과 학업을 병행하면서 자격과 능력을 향상하려는 쿠바인을 쉽게 볼 수 있었다.

한국의 노인주간보호센터와 같은 '카사 데 아부엘로스Casa de abuelos' 총 관리 책임을 맡고 있는 마이라는 전문대학에서 심리학을 전공하고 장애인 시설에서 일하던 중 1982년 대학에 입학해 '사회 및 직업재활'을 다시 공부하고 학사학위를 취득했다. 베다도 지역 종합진료소Policlinico에서 일하는 넬사는 1989년 전문대학에 입학해 3년 과정을 마치고 간호조무사로 일했다. 이후 2005년 간호대학에 입학해 2010년 간호사 자격증을 취득했다. 넬사는 당시 일과 공부, 양육을 병행하느라 힘들었지만 대학에 입학해 간호사 자격증을 취득한 것은 매우 잘한 선택이었다고 이야기했다.

## 지금은 시들해진 교육방송

쿠바 교육에 관한 요시다 타로의 책을 보면 쿠바 교육방송에 대해 매우 상세하게 설명하는데, 쿠바 교육에서 교육방송의 역할이 매우 크다고 소개하고 있다. 그래서 쿠바에 도착해 교육방송을 시청해보기도 하고, 교육방송을 보는 사람이 있는지 유심히 살펴보기도 했다. 하지만 생각보다 교육방송 내용이 다양하지 않았고, 쿠바인들이 교육방송을 즐겨 보는 것 같지도 않았다. 민박집 주인에게 물어봐도 "그 채널에서 뭐 하는지 잘 모르겠는데? 잘 안 보거든" 하는 반응이었다.

다른 쿠바인들에게 물어봐도 예전에는 교육방송을 많이 봤지만 요즘은 보는 사람이 별로 없다고 했다. 30대 초반 쿠바 여성에게 젊은 사람들도 교육방송을 자주 보느냐고 묻자 상기된 표정으로 대답했다. 그녀는 평소 교육방송을 즐겨 보지 않았는데 방송분 일부에서 대입시험 문제가 나왔다고 한다. 다른 문제는 다 맞았는데 방송에서 나왔던 그 문제만 틀려서 너무 억울했다는 것이다. 지금도 교육방송 채널에서 영어나 체스 등에 대한 강의를 하고 있지만 음악을 틀거나 영화를 방영하는 시간이 더 길다.

## 교육비 제로

쿠바 교육 시스템에서 눈여겨볼 특징들이 있다. 먼저 모든 교육이 무료라는 점이다. 만 한 살이 되면 가는 어린이집Círculo Infantil부터 대학과 직장인이 다니는 학교까지 모두 무료이다. 학교에 다니는 동안에는 공책, 필기구 등의 학용품도 무료로 지급된다. 점심은 무료라고 알려져 있지만 학교에 따라 조금씩 다르다. 초등학교는 식사를 주는데, 한 달에 7세우페CUP(약 350원)를 내야 한다. 중학교는 빵과 음료를 무상으로 제공한다. 대부분 고등학교에서는 식사가 나오지 않지만 정밀과학전문학교처럼 전체 학생이 기숙사 생활을 하는 경우 무상으로 점심을 제공한다. 내가 어학연수를 했던 아바나 대학은 교수와 학생에게 무료로 점심을 제공한다.

교재는 물려받아 쓰기 때문에 비록 낡았어도 따로 살 필요가 없다. 대학생도 물려받은 책으로 공부한다. 더 많은 자료가 필요할 때는 도서관을 이용할 수 있지만 소장 자료가 많지 않고 대부분 오래된 책들이다. 그래서 교수들이 개발한 자료를 수업 시간에 프로젝터를 통해 보고, 수업 시간 외에는 인터넷을 통해 본다. 그래도 부족한 자료는 서점에서 구입해 볼 수 있다. 대학 교재는 비싸지 않은 가격에 판매한다.

아바나 대학 도서관 내부. 소장 자료가 많지 않고 오래된 책이 대부분이다.

예술학교와 체육학교는 해당 분야에 재능과 관심이 있는 학생이 입학하는데, 미술 도구, 악기, 무용복과 무용신발 등을 모두 무상으로 제공한다. 물론 학교에서 나눠주는 악기가 낡아서 개인적으로 악기를 사서 연습하는 학생도 있다. 하지만 적어도 쿠바에서는 재료나 도구를 살 돈이 없거나 레슨비를 마련하지 못해 자신의 재능을 시험해보지도 못하고 포기하는 경우는 없다.

방학이 오는 것을 안타까워하는 대학생이 있길래 학교 다니는 게 그렇게 좋냐고 물었더니 "인터넷 사용 때문"이라고 대답했다. 학기 중에 재학생은 대학 내에서 인터넷을 사용할 수 있다. 일반인이나 외국인은 쿠바 물가에 비하면 매우 비싼 비용을 지불해야만 인터넷을 쓸 수 있는 터라 학교에서 무료로 인터넷을 쓸 수 있다는 점은 대단한 혜택이다. 아바나 대학은 2014년까지만 해도 3학년 이상만 인터넷을 쓸 수 있었는데, 점차 확대되어 이제는 입학과 동시에 인터넷을 사용할 수 있다.

## 공부는 언제든 다시 시작할 수 있다

쿠바에서는 배움에 나이 제한이 없다. 언제든 다시 공부를 시작할 수 있는 시스템이 마련되어 있고, 일과 학습을 병행하는 것이 흔한 일이다. 학력과 전문성을 높이고 싶다면 언제든 배울 수 있는 곳이 쿠바이다.

데니스는 중학교 의무교육을 마친 뒤 고등학교에 진학하지 않았다. 잠시 쉬었다가 교육 이수 후 현재 오페라리오Operário 일을 하고 있는데, 고등학교 과정을 마치기 위해 매주 화요일과 목요일에 세 시간씩 수업을 듣고 있다. 직장에 다니지 않는 사람은 낮에 수업을 받지만 일을 하는 청소년은 저녁에 수업을 받는다. 4년을 다니면 고졸 학력을 인정받을 수 있고, 대학에 진학하려면 별도의 시험을 치러야 한다. 교육을 받는 동안에는 정부에서 지원금을 준다.

주디는 대학에서 외국인을 대상으로 스페인어를 가르치는 강사이다. 수업이 끝나면 쿠바 사람답지 않게 아주 빠른 걸음으로 어디론가 향하는 그녀에게 도대체 매일 어디를 그렇게 서둘러 가느냐고 물었더니 영어 강의를 들으러 간다고 한다. 같이 종종걸음으로 걸으며 들은 내용에 따르면, 2년간 주 5일 수업을 하는데 한 달에 20세우페(약 1,000원)쯤 내면 배울 수 있다고 한다. 직장인을 위한 외국어 학교는 전국 모든 시 지역에 있다. 주디는 아바나 베다도에 있는 링컨 학교에서 영어를 배우고 있다. 처음에는 영어 강좌만 있었지만 지금은 프랑스어, 포르투갈어, 이탈리아어, 중국어 강좌도 개설되어 있다. 주디는 영어 강좌를 마치면 중국어나 프랑스어를 배울 계획이다. 점심 먹을 짬이 나지 않아 강의 중간 쉬는 시간에 빵으로 끼니를 해결하면서까지 열심히 외국어를 공부하는 이유가 뭐냐고 묻자 "학교에서는 수업 시간에 되도록 영어를 사용하지 말라고 하지만 내가 영어나 다른 언어를 알면 스페인어를 가르치기가 훨씬 쉽거든. 그리고 언어는 중요한 거잖아"라며 주디는 가던 길을 재촉했다.

회사에서 회계 업무를 담당하고 있는 안토니오는 매주 1회 마케팅을 공부하고 있다. 회사 방침 때문에 교육을 이수해야 해서인지 안토니오는 그다지 흥미가 없어 보였다. 그가 요즘 관심 있게 하는 공부는 한국어이다. 매주 수요일과 토요일마다 호세 마르티 문화원에서 두 시간씩 한국어 수업을 듣는다. 이미 러시아어와 영어로 의사소통이 가능하지만 한국어를 배우고 있는 것이다.

**사는 지역이 배움의 장애가 되지 않는다**

대도시에 인구가 집중하는 이유는 대개 일자리와 학교 때문이다. 하지만 쿠바에서는 상급 학교 진학을 위해 이사하거나 집을 떠나는 일이 드물다. 학교가 학생이 있는 곳으로 가기 때문이다.

쿠바 통계청 자료에 따르면 농촌 지역의 학교 수가 더 많다. 학생 수가 적어지면 통폐합을 하는 한국과는 매우 다른 양상이다. 도시 학교의 학생 수는 평균 256명인 반면 농촌 학교의 학생 수는 평균 31명이다. 농촌 지역의 초등학생은 전체의 22%이지만 교육 인력의 34%가 시골 학교에 배치되어 있다. 도시 지역은 교원 1인당 학생 수가 7.5명인 데 반해 농촌 지역은 교원 1인당 학생 수가 4.1명이다.

**지역별 학교 및 교육 인력 현황**

| 초등학교 현황 | 전체 | 도시 지역 | 농촌 지역 |
|---|---|---|---|
| 초등학교 수(비율) | 6,837개 (100%) | 2,083개 (30.5%) | 4,754개 (69.5%) |
| 학생 수(비율) | 685,139명 (100%) | 533,353명 (77.9%) | 151,786명 (22.1%) |
| 학교당 평균 학생 수 | 100명 | 256명 | 31명 |
| 교육 인력 수(비율) | 107,694명 (100%) | 70,823명 (65.8%) | 36,871명 (34.2%) |
| 교육 인력 1인당 학생 수 | 6.4명 | 7.5명 | 4.1명 |

자료: 쿠바 통계청(2015, 2016년 기준)

아바나를 벗어나 다른 지역을 여행하는 동안 가장 인상 깊게 본 것이 시골 초등학교였다. 아바나의 학생들이 입은 것과 똑같은 교복을 입고 아이들이 모여 뛰어놀고 있었는데, 그 옆에 조그마한 건물이 있었다. 학교라는 간판도 눈에 띄지 않고 운동장도 없어 "저게 학교야?"라는 말이 절로 나왔지만 그곳이 학교였다.

쿠바의 교사에게 한국은 저출산과 도시화로 시골 학교가 폐교하기도 한다고 이야기하며 쿠바의 상황에 대해 물었다. 혁명의 근거지가 농촌이었고 혁명군을 적극적으로 지원한 이들이 농민이었기 때문인지 혁명 정부는 도시와 농촌의 격차를 줄이기 위해 노력했다는 답이 돌아왔다. 농촌의 물리적 환경 개선뿐만 아니라 농촌 주민이 교육과 보건 같은 기본 서비스에서 소외되지 않도록 정부가 각별한 관심을 두었음을 확인할 수 있었다.

## 배운 것으로 사회에 기여해야 한다

쿠바에는 의무적인 봉사Servicio 기간이 있다. 성별이나 대학 진학 여부에 따라 봉사의 내용과 기간이 달라진다. 남성은 고졸 연령이 되면 입대해 군 복무Servicio Militar를 한다. 대학에 가면 1년, 대학에 가지 않으면 2년간 복무해야 한다. 최근에 제도가 바뀌어 의대 입학생은 1년의 군 복무를 면제받는다. 대학에 가지 않으면 2년의 군 복무로 끝나지만 대학에 진학해 5년을 교육받고 나면 자신의 전공과 관련한 기관에 배치되어 2년간 사회봉사Servicio Social를 해야 한다. 회사, 학교, 병원, 약국, 스포츠센터 등에서 무급으로 일한다.

여성은 대학 입학 전 군 복무 의무는 없지만 본인이 원하면 1년 동안 참여할 수 있다. 대부분 여성은 대학에 바로 입학하고 졸업 후 3년 간 사회봉사를 한다. 대학에 가지 않은 여성은 모든 봉사에서 제외된 다. 이처럼 쿠바에서는 대학 졸업 후 사회봉사가 의무이고, 대개는 봉사 기간 종료 후 해당 기관에 취업하기 때문에 대졸 실업자가 거의 없다고 한다.

## 쿠바 청년의 사회봉사 체계

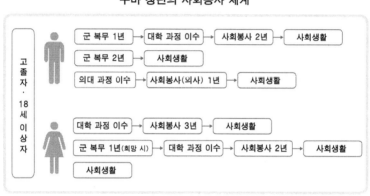

## 배움은 교도소에서도 이어진다

쿠바 교도소 이야기를 들으며 교육에 대한 쿠바의 관심을 실감할 수 있었다. 쿠바 교도소는 단순한 수감 시설이 아니다. 초등교육 과정에 서 고등교육 과정까지 개설되어 있으며, 18개 교도소에는 인문·문화 분야 대학 과정도 있다.

법학을 전공하는 대학생이 수업의 일환으로 교도소에 두 차례 방 문했던 경험을 들려주었다. "쿠바 교도소는 억압되어 있지 않아요. 학교가 있어서 공부도 하고, 일하면서 돈 버는 사람도 있어요. 노래 나 마술을 배우는 시간도 있어요. 유럽 어느 나라의 교도소는 호텔

같다는 얘기를 들었는데, 쿠바는 시설이 그만큼 좋지는 못하지만 프로그램은 좋다고 생각해요. 그들도 다시 사회에 나와야 하니까 필요한 것이 뭔지 찾아 돕고 교육받을 수 있도록 하는 것은 중요해요. 쿠바는 그렇게 하고 있어요."

사는 지역과 나이, 소득이 배움의 장애가 되지 않도록 고려한 쿠바의 교육 제도, 정부의 관심과 투자는 놀라운 성과를 이루었다. 쿠바는 유네스코 국제학력시험에서 중남미 국가 중 최고 성적을 내며, 높은 문해력을 자랑한다.

더욱 중요한 성과는 쿠바의 교육 체계에 대한 쿠바인의 자부심이다. 한 쿠바인이 자부심에 찬 목소리와 표정으로 한 말이 오랫동안 기억에 남았다. "부자든 가난하든 우리는 같은 교육을 받아요. 국가평의회 의장인 라울의 손자든 구두 수선집 손자든 같은 동네 살면 가장 가까운 학교에 가는 거니까요."

## 경쟁하지 않고 함께 배운다

쿠바 학생들에게 방과 후 무엇을 하는지 묻자 초등학교 저학년 학생들은 이렇게 대답했다. "교복을 벗어요" "놀아요" "목욕해요" "숙제해요" "간식 먹어요" … 이 질문을 한 이유는 쿠바 학생들도 사교육을 받는지 궁금해서였다. 몇몇 고등학생은 일주일에 하루 이틀 외국어를 배우러 간다고 했지만 소액의 비용만 지불하면 누구나 수강할 수 있는 문화원의 프로그램이었고, 한국의 학원과는 성격이 다른 곳이었다.

학교가 끝나고 무엇을 하느냐는 질문에 초등학생부터 고등학생까지 공통된 대답이 친구들과 함께 숙제도 하고 공부도 한다는 것이었다. 그 내용을 들어보니 국내에 '공부의 집Casa de Estudio'이라고 소개된 그것이 있었는데, 교사가 집이 가까운 학생 4~6명을 묶어 그중 한 명의 집을 지정해주면 그곳이 그 그룹의 공부의 집이 된다. 학생들은 공부의 집에서 일주일에 한두 번씩 모여 공부한다. 그룹에서 학습 능력이 뛰어나고 책임감이 강한 학생이 멘토가 되어 주도적으로 학습을 이끌며 어려워하는 학생을 돕는 역할을 한다.

교사는 그룹별로 과제를 주기도 한다. 그러면 공부의 집에서 학생들끼리 서로 질문하고 설명하면서 학습하고, 학교에 가서는 그룹 간에 서로 질문과 설명을 하는 방식으로 수업을 진행한다.

아바나 대학 법대에 다니는 인디라는 학창 시절 공부의 집 멘토를 맡았는데, 어려운 과제를 할 때 이 모임이 매우 유용했다고 회상했다. 어려운 숙제일수록 친구들과 함께하면 해결할 수 있고, 자신감을 가지고 수업에 임할 수 있다고 했다. 공부의 집은 학생들끼리 협력하도록 한다는 목적도 있지만, 쿠바의 주택 문제로 공부방을 따로 갖기 어려운 학생들에게 방과 후에 공부할 공간을 마련해주는 역할도 한다.

쿠바에서 방문한 학교의 교사에게 학생들끼리 경쟁하지 않고 협력하도록 만드는 방법이 무엇인지 질문했다. 그런데 통역사가 교사와 학생들과 한참 동안 이야기를 주고받은 뒤 들려준 대답은 이러했다. "경쟁이란 개념을 이해하지 못하겠대요. 다른 질문 해주세요."

고등학생은 석차가 공개되고 대입에 내신 점수가 들어가는데도 경쟁의식이 없느냐고 물었다. 학생들은 물론 더 잘하고 싶은 마음이 있는 건 사실이지만 친구가 도움을 요청하면 도와주고, 노트도 빌려주고, 선생님이 그룹을 만들어 공부하도록 하기 때문에 서로 도울 수밖에 없다고 대답했다. 학교에 다니기 시작하면서부터 친구와 서로 도우며 공부하는 것을 익히는 쿠바 학생들에게 '경쟁'은 이해하기 어려운 개념일지도 모르겠다.

한국 연수단에게 환영 인사를 하는 쿠바의 초등학교 5학년 학생들

# 국민의 기본 생활이 보장되는 나라

쿠바 정부는 국민에게 옷을 제외한 거의 모든 것을 제공한다. 국민의 기본 생활 보장을 위해 집과 돈을 주고 생필품과 의료, 교육 등의 사회 서비스를 무상으로 제공하며 물과 가스 등은 매우 저렴한 가격에 공급한다. 1963년 제정된 쿠바 사회보장법은 모든 국민의 기본 생활 보장이 정부의 책임이라고 표명했다. 이후 여러 차례 개정을 거쳐 현재의 사회보장 제도가 자리 잡게 되었다. 국민의 기본적 삶을 보장하기 위해 쿠바 정부가 실시하고 있는 제도와 프로그램을 살펴보자.

## 쿠바 정부가 국민에게 주는 현금 급여

쿠바 정부는 사회보장 제도Seguridad Social와 공공부조 제도Asistencia

Social에 따라 국민에게 현금 급여를 지급한다. 사회보장 제도는 노동자가 노동을 지속하기 어려운 상황이 되었을 때 급여를 주는 것으로 한국의 연금 제도나 산재보험, 고용보험 등과 유사하다. 공공부조 제도는 빈곤 계층이나 사회적 보상이 필요한 가족에게 지급하는 것으로, 한국의 국민기초생활보장제도와 같은 성격이다. 이러한 사회보장 제도 운영 및 급여 지급은 노동·사회보장부의 업무이다.

사회보장 제도에 의해 지급하는 급여는 장기 급여와 단기 급여로 나뉜다. 장기 급여에는 노령연금 Pensión por edad, 유족연금 Pensión por muerte del trabajador, 장애연금 Pensión por invalidez이 있다. 노령연금은 30년 이상 일했거나 퇴직 연령까지 일한 사람에게 지급하는 급여이다. 쿠바의 퇴직 연령은 성별에 따라 다른데, 남성은 65세이고 여성은 60세

쿠바 수도 아바나에서 가장 큰 도로인 23번가에 위치한 노동·사회보장부

이다. 하지만 퇴직 후에도 자신이 원하면 일을 계속할 수 있다. 유족연금은 노령연금 수혜자가 사망했을 때 가족에게 주는 급여이며, 장애연금은 신체적·정신적 문제로 이전의 일을 지속하기 어려운 노동자에게 주는 급여이다.

단기 급여에는 질병·사고 수당Subsidios por enfermedad, accidentes, 모성연금Pensión por maternidad, 부분장애연금Pensión por invalidez parcia이 있다. 질병·사고 수당은 질병이나 사고로 일시적으로 일할 수 없을 때 주는 급여이다. 모성연금은 출산과 육아를 위해 일을 쉬어야 하는 여성에게 주는 급여로, 한국의 육아휴직급여와 같다. 부분장애연금은 신체적·정신적 문제로 이전의 일을 단기적으로 지속하기 어려운 노동자에게 주는 급여이다.

이 외에도 대학 교육을 받는 노동자, 결핵 환자, 해외로 파견된 노동자Internacionalistas에게 주는 급여가 있다. 쿠바 정부는 쿠바의 전문인력을 다양한 국가에 파견한다. 의사가 가장 많이 파견되고, 간호사와 사회복지사도 남미, 아프리카, 아시아 등 다양한 국가에 파견된다. 대개 해외 파견은 2년 단위로 이루어지는데, 이를 쿠바인들은 '해외 미션을 나갔다'라고 표현한다.

공공부조 급여는 가족 구성원이 일을 통해 소득을 얻기 어려운 가구에 주는 급여이다. 그 외에 사회적 보상이 필요한 가족에게도 급여를 지급한다. 예컨대 참전 군인 가족, 징집된 청년의 가족, 미국의 무력 공격에 희생당한 가족, 중증 장애아동을 둔 가정, 사회복지 프로그램의 자격에 해당하는 이들에게 급여를 지급한다.

미국의 무력 공격에 피해를 입은 가족에 급여를 지급하는 점이 이색적인데, 미국은 쿠바 혁명 이후 다양한 방식으로 쿠바를 공격했다. 피그스만 침공 같은 대규모 무력 전쟁을 일으켰을 뿐 아니라 비행기 폭파, 설탕 공장 폭파, 백화점 폭파, 비행장 폭격, 선박 폭파까지 다양한 공격을 시도했다.[4] 쿠바 정부는 이로 인해 희생당한 쿠바인 가족을 지원하고 있다. 공공부조 급여는 현금뿐만 아니라 의약품, 식품, 가구, 매트리스 같은 현물을 지급하기도 하고, 시설 이용이나 가정 방문 서비스도 제공한다.

쿠바 노동·사회보장부 방문 시 쿠바의 기초 생계비가 법적으로 정해져 있는지, 있다면 얼마인지 질문했다. 공공부조 담당자인 파비앙의 대답은 이러했다. "최저 연금은 200세우페로 정해져 있지만 최저

쿠바 노동·사회보장부 로비에서 쿠바 사회복지사들과 한국 사회복지사들의 기념 촬영. 2017년 한국 사회복지사협회의 지원으로 저자를 비롯해 여덟 명의 사회복지사가 쿠바의 주민 참여 및 협업 시스템 탐색을 주제로 연수를 다녀왔다.

생계비가 따로 정해져 있지는 않아요. 가족 구성원의 특성에 따라 생계비를 지급하기 때문에 달라질 수밖에 없어요. 급여를 받는 일을 하고 있더라도 소득이 부족하면 지원하고 건강 문제가 있는 가족이 있으면 더 지원하거든요."

## 현금 이외에 정부가 주는 현물 급여

쿠바에는 전 국민을 대상으로 하는 무료 배급 제도가 있다. 이 배급 제도에 따라 생필품을 무상으로 지급하는데, 빈부나 계층에 관계없이 모든 가구에 리브레타Libreta라고 하는 배급표를 나눠준다. 배급품은 어린아이나 노인 등 가족 구성원의 특성을 고려해 정하고, 그 내용을 적은 배급표를 1년 단위로 지급한다. 배급품이 필요 없어 물품을 받으러 가지 않거나 받아서 다른 가정에 줄 수도 있지만, 배급표는 모든 가정에 배포된다.

2016년 기준으로 배급 물품은 쌀, 빵, 달걀, 식용유, 소금, 설탕, 닭고기, 생선, 우유, 요구르트, 음료수, 커피, 스파게티, 콩 등이다. 2011년에 배급 물품이 일부 축소되었는데, 비누(세면용, 빨래용)와 치약이 제외되었다. 이전에는 배급량보다 많은 양을 구입하려면 비싸게 사야 했지만 지금은 배급품에서 제외한 대신 싸게 판매한다. 심지어 담배도 배급했는데, 독한 담배와 약한 담배를 기호에 따라 배급했다. 담배까지 배급했다는 이야기에 놀란 표정을 짓자 한 쿠바인은 "건강에 좋지 않은 담배를 정부가 배급한 건 실수야 실수! 지금은 안 하고 있어"라고 말했다.

가족 구성원을 고려해 배급 물품의 품목과 양이 정해지며, 배급표를 가지고 상점에 가면 배당된 물품을 받을 수 있다.

또한 의료, 교육, 주거가 무상으로 제공된다. 의료와 교육은 국가가 국민에게 무상으로 제공하는 서비스이고, 집은 국가가 국민에게 무료로 제공하는 현물이라고 볼 수 있다.

### '냈다'는 시늉만 하는 공공요금

쿠바의 공공요금에 대해 묻자 돌아온 대답은 "냈다는 시늉만 하는 거야"였다. 쿠바에서는 일반 국민이 보유한 토지나 재산에 세금을 부과하지 않는다. 쿠바인이 내는 공공요금은 가스비, 전화비, 수도료와 전기료이다. 가스비, 전화비, 수도료는 매우 싸다. 혁명 정부는 일반 국민의 생활 안정을 위해 주택 임대료를 포함해 공공요금 가격을 대폭 낮추었다.

과연 쿠바의 공공요금이 얼마나 낮은지 직접 확인하고 싶어 쿠바인에게 공공요금 영수증을 부탁했다. 물론 가정마다 소비량이 다르겠지만, 내가 영수증을 부탁했던 집은 주거 환경이나 생활 수준이 비

교적 괜찮은 아바나 플라야 지역의 가정으로 일반 가정의 공공요금
수준을 짐작해볼 수 있었다. 4인 가족이 한 달간 가스, 물, 전화 사용
에 대해 지불한 요금은 25세우페(약 1,250원)였다.

단, 전기료는 예외이다. 쿠바의 전력 사정이 좋지 않고, 전기 사용

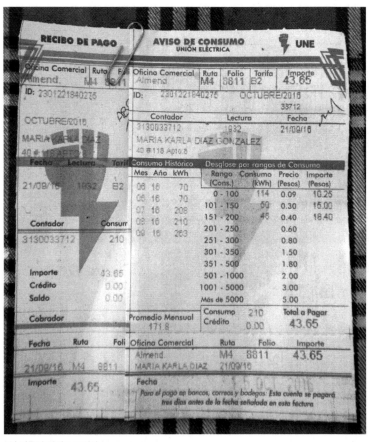

4인 가족의 전기료 고지서

량이 그 가구의 소득과 직결되기 때문인지 전기료는 다른 공공요금에 비해 비싸고 누진율을 적용한다. 앞서 예로 제시한 쿠바 가정도 전기료는 43.65세우페였다.

### 전기료 부과 체계

단위: 세우페(CUP)

| 사용량(kWh) | 1kWh당 요금 | 사용량(kWh) | 1kWh당 요금 |
|---|---|---|---|
| 0~100 | 0.09 | 301~350 | 1.5 |
| 101~150 | 0.3 | 351~500 | 1.8 |
| 151~200 | 0.4 | 501~1,000 | 2.0 |
| 201~250 | 0.6 | 1,001~5,000 | 3.0 |
| 251~300 | 0.8 | 5,001~ | 5.0 |

## 쿠바 정부의 주요 지출 항목은 교육과 보건

그 나라의 세출 구성을 보면 정부가 무엇을 중요시하고 어디에 우선순위를 두는지 알 수 있다. 쿠바 통계청이 발표한 2014년 쿠바 정부 본예산의 세출 항목과 비율은 다음 표와 같다. 가장 비중이 높은 항목은 교육비로 무려 25.1%를 차지한다. GDP 대비 교육비 비율이 세계 2위인 국가답다. 다음은 의료 및 공공부조 제도를 위한 지출(24.4%)로, 교육비와 유사한 수준이다. 세 번째로 높은 항목은 사회보장비(14.6%)이다. 그다음은 기타 단체 및 주민 지원비인데 길거리청소와 정비를 위한 지출, 그 밖의 단체 지원비, 사회복지시설에 대한 물품 지원비 등이 여기에 포함된다.

노동·사회보장부 부대표 미리암에게 쿠바 복지 제도의 특성에 대해 설명을 부탁했다. "우리는 모든 사람이 보호받을 권리가 있다는 관점에서 시작합니다. 보호받지 못하는 자가 없어야 하며, 보조금을 받기 위해 필수 조건을 맞출 필요는 없습니다. 필요하면 받는 것입니다. 연금을 받지 못하면 다른 지원을 받으면 됩니다. 노동을 할 수 없다면 보호해줘야 하고, 노동을 할 수 있는 조건을 만들어줘야 합니다. 그것이 쿠바의 복지입니다." 정부 세출의 64%를 국민의 생활 보장과 의료, 교육을 위해 사용하는 것이 어떻게 가능한지 의문이 들 수밖에 없었다. 하지만 쿠바 국민 대다수가 그리고 국가 수장과 주요 정책 결정자가 미리암 부대표와 같이 생각한다면 쿠바의 세출 구성은 당연한 결과일 것이다.

**쿠바 정부의 세출 구성(2014년)**

| 구분 | 금액(100만 페소) | 비율(%) |
|---|---|---|
| 생산 활동 지원 | 2,118 | 6.5 |
| 부동산·임대업 | 342 | 1.1 |
| 행정 | 1,517 | 4.7 |
| 국방 | 2,099 | 6.5 |
| 사회보장 | 4,747 | 14.6 |
| 기술 연구·개발 | 601 | 1.8 |
| 교육 | 8,167 | 25.1 |
| 보건·공공부조 | 7,929 | 24.4 |
| 문화·체육 | 2,106 | 6.5 |
| 기타 단체 및 주민 지원 | 2,867 | 8.8 |
| 합계 | 32,493 | 100 |

자료: 쿠바 통계청(2015)

# 누구나 무상으로 치료받는 나라

다큐멘터리 영화 〈식코Sicko〉는 쿠바 의료 체계가 국내에 널리 소개되는 계기가 되었다. 〈식코〉는 경제력 세계 1위, 의료 보장 수준 35위 국가 미국의 현실을 실제 사례와 함께 낱낱이 고발한다. 가난한 국민의 건강 보장에는 관심 없는 정부, 이익이 최우선인 민간 의료보험사 때문에 미국인은 손가락을 포기하기도 하고 목숨을 포기하기도 한다. 9·11 테러 발생 후 자원봉사를 하던 미국인이 봉사 과정에서 병을 얻었지만 병원은 증빙 서류를 요청하며 치료를 거부했다. 이에 제작진은 환자를 쿠바에 데려갔고 그는 그곳에서 치료받을 수 있었다. 외국 연수단이 쿠바에 방문하면 연수의 목적과 관계없이 꼭 방문하는 곳이 병원이다. 그만큼 쿠바는 자국의 의료 체계를 자랑스럽게 여긴다.

## 소수가 아닌 만인을 위한 의료 체계

쿠바는 1923년 세계 최초로 천연두를 근절하고, 1950년 소아마비 백신 접종을 제도화한 나라다. 이러한 훌륭한 성과에도 불구하고 1959년 혁명 이전 의료 서비스는 일부 부자들의 전유물이었다. 당시 의료기관을 이용할 수 있는 국민은 8%에 불과했다. 보건의료조합이 설립되어 의료 서비스가 이루어지기도 했으나 조합원은 전체 국민의 20% 정도였다. 특히 농촌과 도시 간의 격차가 심각했는데, 1955년 기준 농촌에 설치된 병원은 단 한 곳이었다.

몬카다 병영 공격(1953년)에 실패하고 재판을 받던 피델 카스트로의 최후변론을 보면 당시 쿠바 국민의 생활상과 의료 서비스 실태를 엿볼 수 있다.

> "농촌 학교의 취학 연령 아동의 절반이 맨발이고, 절반은 헐벗은 채 영양 실조 상태에 있으며 … 농촌 어린이 90%가 맨발을 통해 전염된 기생충으로 고통받고 있습니다. … 그들은 곱사등이가 되든지 서른이 될 때까지 성한 이가 하나도 남지 않을 것입니다. … 항상 만원인 공립병원은 막강한 정치가들이 추천하는 일부 환자만 수용합니다."

혁명 정부는 초기부터 헌법 50조에 '모든 국민은 건강할 권리와 의료 서비스를 받을 권리가 있다'고 명시하고 의료 정책 개선을 위해 노력했는데, 특히 농촌 의료를 중시했다. 2년간 산악지대에서 게릴라 활동을 하면서 농촌 지역 주민들이 교육과 의료 서비스에서 배제되고 빈곤에 시달리는 모습을 생생하게 목격했기 때문이다. 혁명군은 전투 중에도 농민들에게 무상 의료 서비스를 제공했다. 혁명 정부는 정부 수립 한 달 뒤인 1959년 2월 '농민 기술·의료·문화 지원국'을 창설했다.[5]

1960년에는 농촌사회 의료 서비스 제도를 고안해 농촌진료소를 설립하고 의사들을 파견했다. 당시 의대 졸업생은 졸업과 동시에 먼저 농촌에서 일하도록 했다. 1961년에는 기존의 건강복지부를 보건부로 변경하고 민간 병원과 민간 제약회사를 모두 국유화한 뒤 의료비를 무료로 하고 의약품 가격을 내렸다. 이러한 조치는 거센 반발을 불러오기도 했다. 수많은 의사가 쿠바를 떠난 것이다. 당시 6,000명이던 쿠바 의사 중 4,000명가량이 미국으로 떠났고, 250명이던 아바나 의과대학 교수가 1963년에는 단 12명만 남았다. 정부는 의료 인력난 문제를 해결하기 위해 임시방편으로 멕시코나 다른 라틴아메리카 의사들에게 도움을 청하는 한편 의사 양성을 위해 의대를 증설해 무료로 교육하고 대학병원을 설립해나갔다.

진료소는 치료뿐 아니라 역병 감시, 백신 접종, 건강 진단, 위생 교육까지 종합적으로 관리했다. 이런 일은 의사만으로는 불가능해 혁명수호위원회CDR와 쿠바여성연맹FMC 등의 주민 조직, 사회복지사와 협력해야 했다.

지역 차원의 다양한 보건의료 활동을 통합할 필요성이 제기되면서 1964년부터 시·군·구에 폴리클리니코Policlinico라 부르는 종합진료소를 설립해나갔다. 하지만 1차 의료기관의 기능을 해야 하는 종합진료소가 부족해 환자들이 빠른 진료를 받기 위해 병원 응급실로 직행하는 등 체계적 관리가 되지 않았다. 또한 예방이 중요함에도 병에 걸린 환자를 치료하는 데 그치는 한계를 나타냈다. 이러한 한계를 극복하기 위한 시도가 바로 세계적으로 유명한 '패밀리 닥터' 제도이다.

지역의 폴리클리니코 산하에 콘술토리오Consultorio라는 소규모 진료소를 설립하고 그곳에 패밀리 닥터와 간호사를 배치했다. 이들은 관할 지역 주민의 건강을 일선에서 돌보는 역할을 한다. 패밀리 닥터는 폴리클리니코에서 일하는 전문의(안과, 소아과, 내과, 산부인과, 외과 등)와 사회복지사, 심리학자 들과 협력하여 주민 건강을 책임진다. 1985년 시작된 콘술토리오는 산지와 농촌에 먼저 설치되었고, 이후

베다도 지역 폴리클리니코(종합진료소). 환자 진료뿐 아니라 의대 학생들의 실습 교육도 이루어진다.

도시 지역으로 확대되었다.

## 거미줄 안전망, 쿠바의 의료 체계

쿠바의 의료 서비스는 보편적Universal(모든 사람을 대상으로 하고), 무료 Garatis(무료로 제공하고), 접근 가능한Accesible(쉽게 접근할 수 있고), 지역적 Regionalizado(모든 지역을 포괄하고), 통합적Intergral(생물학적 질병뿐만 아니라 심리적·사회적 건강과 가족의 특성까지 파악하는) 의료 서비스를 지향한다.

현재 쿠바의 의료 체계는 1차, 2차, 3차로 체계화되어 있다. 쿠바 의료 체계에서 가장 중요한 역할을 하는 것은 패밀리 닥터가 상주하면서 주민 건강을 관리하는 콘술토리오이다. 콘술토리오에서는 가정의와 간호사, 오페라리오 세 명이 한 팀이 되어 일한다. 하나의 콘술

마나쿠아 지역 콘술토리오. 1층은 진료소로 사용하고 2, 3층에는 의사 가족과 간호사 가족이 산다.

베다도 지역 콘술토리오 진료실. 베다도 지역 콘술토리오에는 진료실만 마련되어 있고, 의사와 간호사는 각자 자기 집에서 출퇴근한다.

토리오는 약 7개 구역을 관할하며 1,000~1,500명의 주민을 관리한다. 패밀리 닥터 제도를 도입할 당시 정부 계획은 패밀리 닥터와 간호사가 주민 700~800명을 돌보는 것이었고 한동안은 계획대로 실현되었다. 하지만 2016년 인터뷰 및 외국 연수단을 위한 정부 자료에 따르면 당초 계획보다 더 많은 주민을 관리하고 있다. 쿠바 통계청 자료(2015년 기준)에 따르면 콘술토리오는 쿠바 전역에 총 1만 782개가 설치되어 있는데, 쿠바 인구가 1,121만 64명이니 콘술토리오당 평균 1,040명가량을 관리한다고 볼 수 있다. 이는 많은 의사가 해외 미션을 나갔기 때문이라고 한다.

콘술토리오가 있는 건물에 의사와 간호사가 거주하면서 상시로 지역 주민을 돌보고 있다고 소개하지만 전부 그런 것은 아니다. 의사

가족과 간호사 가족을 위한 주거 공간을 확보하지 못한 경우 의사나 간호사가 진료소와 떨어진 자기 집에 살면서 출퇴근하기도 한다.

폴리클리니코는 콘술토리오처럼 1차 의료기관이다. 폴리클리니코에는 관할 지역 내 콘술토리오의 패밀리 닥터가 소속되어 있고, 그 외 전문의와 치료사, 사회복지사 등이 배치되어 있다. 폴리클리니코에 소속된 소아과, 산부인과, 내과의는 콘술토리오에 파견 나가 패밀리 닥터와 협진한다. 보다 전문적 치료가 필요하다고 판단되면 패밀리 닥터는 폴리클리니코에 환자를 의뢰한다. 하지만 패밀리 닥터의 소견서 없이도 직접 폴리클리니코에 가서 진료받을 수 있다.

폴리클리니코에는 내과, 피부과, 이비인후과, 안과, 피부과, 족부과(발 치료 전문), 외과, 산부인과 등의 전문 진료과가 있고 그 외에 재활치료실, 천연치료실, 초음파실, 언어치료실, 전기치료실, 응급실 등이 있다.

2차 의료기관은 전문병원(외과, 산부인과, 소아과 혹은 종합병원)으로 쿠바 전역에 151개소가 있다. 3차 의료기관은 의학 관련 연구기관으로 12개소가 설치되어 있다. 그 외 치과 110개소, 혈액은행 28개소가 운영되고 있다.

### 쿠바 의료기관 현황

| 유형 | 콘술토리오 | 폴리클리니코 | 병원 | 연구기관 | 치과 | 혈액은행 |
|---|---|---|---|---|---|---|
| 개소 | 10,782 | 451 | 151 | 12 | 110 | 28 |

자료: 쿠바 통계청(2015년 기준)

## 쿠바의 의료 체계

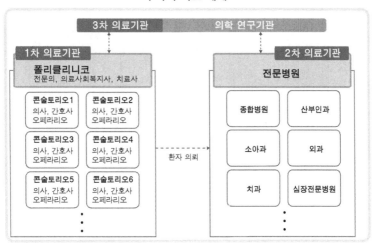

| 3차 의료기관 | 의학 연구기관 |

**1차 의료기관**

**폴리클리니코**
전문의, 의료사회복지사, 치료사

| **콘술토리오 1**<br>의사, 간호사<br>오페라리오 | **콘술토리오 2**<br>의사, 간호사<br>오페라리오 |
| **콘술토리오 3**<br>의사, 간호사<br>오페라리오 | **콘술토리오 4**<br>의사, 간호사<br>오페라리오 |
| **콘술토리오 5**<br>의사, 간호사<br>오페라리오 | **콘술토리오 6**<br>의사, 간호사<br>오페라리오 |

환자 의뢰

**2차 의료기관**

**전문병원**

| 종합병원 | 산부인과 |
| 소아과 | 외과 |
| 치과 | 심장전문병원 |

쿠바에서 가장 큰 병원인 에르마노스 알메이헤이라스 병원의 1층 로비

## 쿠바인의 건강에 대한 접근성은 모두 같다

인터뷰 중 패밀리 닥터는 "쿠바인의 건강에 대한 접근성은 모두 같다"라고 이야기했다. 그는 쿠바에도 계층이 나뉘고 빈부 격차가 있긴 하지만, 그것이 곧 건강 격차를 의미하지는 않는다고 했다. 그의 말은 사실일까? 체류 기간 알게 된 쿠바 의료 체계의 특징은 이러하다.

먼저 의료비가 정말로 무료이다. 물론 외국인은 예외이다. 외국인 치료가 허가된 병원에서만 치료받을 수 있고, 상당히 비싼 의료비를 지불해야 한다. 하지만 쿠바인들은 어떤 치료를 받건 무료이다. 병에 걸리거나 다쳐서 받아야 하는 치료 외에 낙태 수술, 성형 수술도 무료이다. 의사가 처방해주면 약국에 가서 약을 구입하는데, 비싸지는 않지만 약값은 유료이다.

병원에서 받은 처방전을 가지고 약국에 가야 약을 구입할 수 있다.

보통 일곱 블록마다 콘술토리오가 하나씩 설치되어 있어 쉽게 방문할 수 있지만, 그마저도 어려운 사람들은 의사가 직접 가정에 방문한다. 본인 관할 지역 내 주민을 네 개 그룹으로 분류하고 그룹에 따라 왕진 횟수를 달리한다. 임산부나 영아가 있는 가정은 방문 빈도가 훨씬 높다.

**패밀리 닥터 왕진 대상 분류**

| 그룹 | 분류 | 왕진 |
|---|---|---|
| 1 | 건강한 사람 | 연 1회 권고 |
| 2 | 위험군(흡연자, 음주자, 환경이 불안정한 사람) | 연 2회 의무 |
| 3 | 아픈 사람 | 연 3회 의무 |
| 4 | 장애가 있는 사람 | 연 4회 의무 |

콘술토리오에 소속되어 일하는 오페라리오가 왕진이 필요한 사람을 찾아내기도 한다. 이들은 각 가정의 위생 상태를 점검하고 모기 발생을 예방하는데, 매일 약 25개 가정을 방문한다. 그 과정에서 아픈 환자가 있는지, 혹 패밀리 닥터를 만나러 갈 수 없는 상황인지를 파악해 의사에게 보고한다.

쿠바 의사들은 단순히 환자의 병만 치료하는 것이 아니다. 기본적으로 패밀리 닥터 제도는 '환경이 건강을 좌우한다'고 보며 치료의 대상을 개인이 아니라 가족으로 본다. 환자를 가족이나 지역 사회 안에서 서로 영향을 주고받는 존재로 보기 때문이다. 그래서 의사의 왕진, 의사와 지역 주민의 소통을 매우 중요시한다.

환자의 진료 기록은 환자의 것이다. 콘술토리오에 가면 매우 낡은

왕진 가는 패밀리 닥터와 간호사

환자 가정에 방문해 보호자와 대화를 나누고 있는 패밀리 닥터와 간호사

서류철 안에 오래된 서류들이 있다. 환자 개인별 기록인데, 가구별로 정리되어 있다. 병력뿐 아니라 가구원 수, 나이, 학력, 직업, 주택 상태, 가족 관계까지 기록되어 있다. 이 모든 것을 파악하기 위해서라도 왕진이 필요하겠다는 생각이 들었다. 만약 환자가 이사를 가면 환자에게 그 기록 파일을 전달해 이사 간 지역의 콘술토리오에 제출하도록 하거나 의료진이 직접 전달하기도 한다. 한 개인의 병력이 하나의 문서로 정리되어 있고, 그것을 환자가 직접 볼 수도 있으며, 지속적으로 관리된다는 사실이 매우 새롭게 다가왔다.

쿠바 의료의 또 다른 특징은 서양의학과 동양의학 치료가 통합적으로 이루어진다는 점이다. 혁명 후 초기에는 서양의학 모델로 발전해오다가 1980년대에 동양의학에 관심을 갖게 되었는데, 1990년대 특별시기Periodo Especial 즈음 절대적 물자 부족이 낳은 궁즉통窮則通의 산물이 쿠바의 대체의학이다. 쿠바 병원에서는 침, 뜸, 오존요법, 마사지, 진흙요법, 지압치료가 이뤄진다. 물론 한국 병원에서도 가능한 치료이지만, 특이하게도 쿠바에서는 의대에 진학하면 서양의학과 동양의학을 동시에 배운다. 의대생이 침 치료, 음양오행설, 오장육부론, 진맥, 경락 등을 배우는 것이다.[6] 쿠바의 정책과 프로그램을 볼 때마다 '통합적 접근'의 모델을 보는 듯했는데, 의학 교육과 의료 서비스도 예외가 아니었다.

나는 연수 중 쿠바 의료기관을 수차례 방문했고, 한국 의학전문대학원 학생의 쿠바 병원 실습 현장도 참관했다. 또 몇 차례 의료 서비스를 직접 이용해보기도 했다. 미국의 오바마 대통령은 한국의 건강보험 제도가 부럽다고 했다는데, 나는 쿠바의 의료 보장 체계가 부럽다.

## 지역의 건강 문제는 의사와 주민이 함께 해결한다

쿠바의 패밀리 닥터는 환자 개개인의 건강을 책임지는 역할도 하지만 관할 지역의 건강 문제에 대한 총제적 진단과 해결에도 관여한다. 이에 대해 26년차 패밀리 닥터 다닐로는 다음과 같이 설명해주었다.

매년 폴리클리니코 차원에서 작성한 연간 보고서는 시, 도, 중앙 단위까지 보고되어 보건 정책 결정에 활용된다. 연간 보고서는 상부 보고를 위해서만이 아니라 지역 단위 건강 문제 해결에도 활용된다. 콘술토리오 패밀리 닥터는 자신의 관할 지역에 대한 내용을 기반으로 지역 주민과 함께 지역의 건강 문제를 토의하기 위해 모임을 갖는다. 한 번에 실시하기도 하고, 구역을 나눠서 여러 차례 모임을 갖기도 한다. 모임에서는 의사가 생각하는 건강과 관련한 주요 문제가 무엇인지 이야기하고 주민이 생각하는 문제에 대해 서로 자유롭게 토의한다. 그런 뒤 문제 해결 방법을 찾고 실천 계획을 세운다. 사안에 따라 여러 기관이 함께 해결하는데, 이때 '건강 활동가Activista salud'의 역할이 크다. 모든 문제는 지역 주민이 문제의 심각성을 알고 변화해야 해결할 수 있는데, 그러려면 우선 문제에 대한 주민들의 인지도를 높여야 한다. 여기서 건강 활동가는 구전 교육자 역할을 하는데, 이웃과 소통하기 좋아하고 활동적인 사람들을 교육해 지역 주민에게 관련 내용을 전달하도록 한다. 건강 활동가는 가정주부가 하기도 하고 초등학생이 하기도 한다.

# 아이를 소중히 여기는 나라

쿠바 체류 계획을 말하자 지인은 "쿠바? 애 많이 낳아놓고 가난해서 제대로 키우지도 못하는 그런 나라 아니야?"라고 이야기했다. 그 지인은 완전히 잘못 알고 있었다. 쿠바가 가난한 나라이긴 하지만 출산율이 높은 것도 아이를 제대로 키우지 못하는 것도 아니다. 내가 경험한 바로는 쿠바는 아이를 소중히 여기는 나라이다. 쿠바의 모자보건 정책은 쿠바가 자랑하는 프로그램 중 하나이다. 그 덕분인지 쿠바의 유아 사망률은 비슷한 경제 수준의 국가들에 비해 현저하게 낮다. 쿠바에서 임신, 출산, 양육을 경험한 여성에게, 정책 집행자가 아닌 정책 이용자의 입장에서 쿠바의 모자보건 정책에 대한 이야기를 들어보았다.

## 귀찮을 정도로 의사를 자주 만나야 하는 쿠바 임신부

출산한 지 3개월 된 산모를 만나 임신과 출산 과정에서 어떠한 서비스를 받았는지 물었다. 32세에 첫 출산을 한 나니의 임신에서 출산까지의 경험은 이러했다.

생리가 없어 콘술토리오에 갔더니 패밀리 닥터가 검사 후 임신했다면서 출산 예정일을 알려주었다. 8주 차에 임산부 카드를 만들어주었고, 비타민을 지급했다. 또 소고기와 우유가 배급품에 추가되었다. 임신 3개월째에 기형아 검사를 했고, 임신부와 태아에게 특별한 건강 문제가 없어 12, 20, 32주 차에 초음파 사진을 찍었다. 만일 임신부나 태아에게서 건강 문제가 감지되면 훨씬 더 세밀한 검사와 진료를 받아야 한다. 고혈압, 당뇨, 빈혈, 에이즈 검사를 지속적으로 받았다.

보통 15일에 한 번씩 콘술토리오에 가야 하는데, 안 가면 의사가

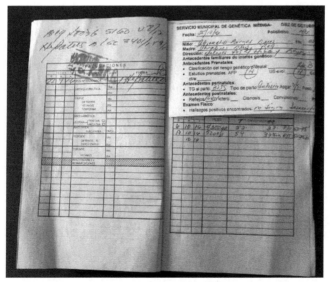

임신이 확인되면 임산부 카드를 만들어주고 태아와 임산부의 건강 상태를 기록 관리한다.

사람을 보내서 오도록 하고 직접 왕진을 오기도 한다. 패밀리 닥터에게 들은 바에 따르면 32주까지는 월 1회 정도 만나고, 9개월째는 월 2회, 마지막 달은 매주 만난다고 한다. 건강에 문제가 있는 경우에는 더 자주 만나고, 영양 문제나 저체중아 출산 가능성이 있다면 임신부는 산모의 집Hogar de Materno에 입소해야 한다.

산모의 집은 임신 중인 여성이 주거 환경이나 영양에 문제가 있을 경우 입소하는 시설이다. 그곳에서 출산 때까지 생활하면서 영양 섭취와 상담 등의 서비스를 받을 수 있다. 임신부가 입소해 서비스를 받는다는 점에서 한국의 미혼모 시설과 유사해 보이지만 입소 대상에 차이가 있다. 한국에서는 혼인 상태, 본인의 의사가 입소에 많은 영향을 미치는 반면, 쿠바에서는 패밀리 닥터와 산부인과 의사가 임신부와 태아의 건강 상태, 임신부의 환경을 고려해 입소 여부를 결정한다. 물론 임신부가 원치 않으면 산모의 집에 입소하지 않을 수도 있으나 대부분 의사의 지시를 따르고, 입소 후 상태가 호전되면 퇴소할 수 있다. 대개 고혈압 등의 질병이 있는 임신부, 고령 임신부나 청소년 임신부, 쌍둥이 임신부, 혹은 가족의 지원을 받기 어려운 임신부가 입소한다. 산모의 집에서 운영하는 프로그램은 출산 및 양육 교육, 운동, 심리상담, 문화 프로그램, 아빠 교육 등이 있다. 임신부는 모든 서비스를 무료로 이용할 수 있다.

아바나 비에하에 있는 산모의 집 원장 레이날은 패밀리 닥터로 일하다가 어린이 심장전문의 자격을 취득해 산모의 집으로 일터를 옮겼다. 그녀 외에 간호사, 사회복지사, 심리상담사, 치과의사, 요리사, 세탁원, 미화원 등이 일하고 있는데, 그녀는 "우리는 모두 힘을 합해

아바나 비에하 지역에 있는 도냐 레오노르 페레스 카브레라 산모의 집. 시설명은 호세 마르티의 어머니 이름에서 따왔다.

일해요. 입소한 임신부를 돌보는 것도 중요하지만 그들 가족의 상황도 살펴야 하니까요"라며 직원의 역할에 대해 이야기했다. 가장 보람된 순간을 묻자 시설에 입소했던 임신부들이 건강한 아이를 출산했다는 소식을 들을 때 가장 보람을 느낀다고 한다. "한번은 52세 여성이 시험관 수정으로 임신했는데 우리 시설에 입소해서 보살핌을 받았어요. 여기서는 출산 전까지만 보호하고 출산은 산부인과에서 하기 때문에 소식을 알 수 없었는데, 어제 10개월 된 건강한 아이를 데리고 왔답니다. 그럴 때 보람을 느끼죠."

보통 임신부는 출산일이 다가오면 어느 병원에서 출산할지 패밀리 닥터와 상의해 결정한다. 쿠바에서는 어떤 경우에도 일반 가정에서 출산할 수 없고, 병원에서 아이를 낳아야 한다. 세계은행 자료에 따르면 쿠바는 숙련된 의료진이 참석한 출산율이 100%이다.

출산일이 가까워지면 임신부는 산부인과 전문의와 출산 방법을 상의한다. 자연분만이 어렵다고 판단되면 제왕절개 수술을 하지만 대부분 자연분만을 한다. 나니의 경우 임신 후 간 기능에 문제가 생겨 37주 만에 출산해야만 했기에 촉진제를 맞고 자연분만 하는 방법을 택했다. 출산 방법을 결정하는 데 의사와 임신부 중 누구의 의견이 더 중요한지 묻자 나니는 "쿠바 정부는 영아 사망률이나 산모 사망률에 관심이 아주 많아요. 만약 출산 과정에서 문제가 생기면 그 의사는 끝장난 거나 마찬가지예요. 그래서 의사들이 아주 신중히 결정하기 때문에 대부분 임신부는 의사의 제안을 따르는 편이에요"라고 대답했다.

쿠바의 산모 사망률은 10만 명당 4명으로 캐나다, 영국과 같은 수준이다. 191개국 중 31번째로 낮다. 하지만 처음부터 쿠바의 산모 사망률이 낮았던 것은 아니다. 1963년에는 산모 10만 명 중 42명이 사망하는 매우 심각한 수준이었지만 공공의료 정책의 확대와 더불어 꾸준히 낮아지고 있다.[7] 유아 사망률은 2015년 기준 4.3명으로, 아메리카 대륙 OECD 가입국의 유아 사망률에 비해 낮은 수준이다.

**아메리카 국가의 유아 사망률**

단위: 명(신생아 10만 명당 유아 사망 수)

| 국가 | 미국 | 캐나다 | 멕시코 | 칠레 | 쿠바 |
|---|---|---|---|---|---|
| 유아사망률 | 6.0 | 4.7 | 18.8 | 7.2 | 4.3 |

자료: 쿠바 통계청, 한국 통계청

출산 후 아이와 산모의 건강에 별문제가 없으면 3일 만에 퇴원한다. 패밀리 닥터에 따라 산모와 만나는 횟수에 차이가 있을 수 있는데, 베다도 지역의 패밀리 닥터는 첫 주에는 매일 산모 가정에 방문하고 이후 한 달 동안은 주 1회, 2개월부터는 한 달에 한 번씩 방문하거나 콘술토리오에 오도록 해 검진을 한다고 했다.

나니는 언제까지, 얼마나 자주 병원에 가야 하는지는 잘 모르겠고, 의사가 다음 약속을 잡아주면 병원에 가는 식이라고 했다. 그리고 전날 "예방 접종 하러 내일 병원에 와야 한다"는 의사의 전화를 받았다고 했다. 인터뷰 내내 "정말 그렇게 자주 의사를 만나요? 정말 모든 것이 무료예요?"라며 놀라는 내게 나니는 의사를 너무 자주 만나야 해서 귀찮을 정도라고 했다.

통역을 도와주던 쿠바 거주 한국 여성은 자신의 임신 기간을 회상하면서 "쿠바 정부는 너무 심하다 싶을 만큼 산모를 관리한다"며 임산부를 위한 심리상담 프로그램을 소개해주었다. 여성이 임신을 하면 원하는 임신인지, 임신으로 인한 스트레스는 없는지, 임신에 대한 가족의 반응은 어떤지, 가족이 잘 도와주고 있는지 등에 대해 상담을 진행한다. 상담사는 여성이 임신으로 인한 심리적 문제가 없다고 판단될 때까지 계속 상담을 진행한다.

**쿠바의 마더 박스**

쿠바는 아기를 출산하면 선물 꾸러미를 지급한다. 북유럽 국가에서 산모에게 지급하는 '마더 박스'와 같은 것이다. 아기 이불, 수건, 샴푸, 천 기저귀 10개, 배냇저고리, 비누 2개, 속옷, 베이비오일, 쪽쪽이 등이 들어 있는 박스를 주는데 약간의 돈을 지불한다. 나니는 "얼마 냈는지 잘 기억이 나지 않는데 아주 조금 냈던 것 같아요"라고 회상했다. 그러면서 자신은 자격이 안 돼서 돈 주고 샀지만 저소득층 가정에는 아기 요람도 지급된다고 이야기했다.

쿠바에서는 대부분의 엄마가 가능한 한 오랫동안 모유 수유를 한다. 쿠바의 육아휴직이 1년으로 연장된 데도 모유 수유 기간을 보장해달라는 여성들의 주장이 한몫했다. 모유가 충분하지 않은 경우 1개월 동안은 특수 분유를, 2개월 차부터는 일반 분유를 정부에서 지급한다.

아이가 성장하는 과정에서 필요한 백신 역시 모두 무료이다. 총 12종의 예방 접종을 하는데, 그중 11종은 쿠바에서 직접 개발한 백신이다. 병원에서 만들어주는 아이 수첩에는 태아 때부터 실시한 검사 결과와 예방 접종에 대한 내용이 정리되어 있다. 패밀리 닥터가 아이의 연령대에 필요한 백신을 맞을 수 있도록 안내해준다.

쿠바의 '당신의 아이를 위한 교육Educa a tu hijo 프로그램'과 '엄마와 아이 프로그램Programa de Materno-Infantil, PAMI'은 선진적 모자보건 사업으로 국내에도 자주 소개된다. 나니에게 이들 프로그램 참여 경험을 묻자 '엄마와 아이 프로그램'은 종합진료소의 산부인과 의사가 패밀리 닥터와 함께 그 지역의 산모와 아이의 건강을 관리하는 프로그램이라 일반 임산부는 별도로 의사를 만날 일이 없다고 했다. '당신의 아이를 위한 교육 프로그램'은 병원에 갔을 때 게시판에서 관련 내용을 보긴 했지만 전문가가 집에 방문하거나 따로 교육받은 적은 없다고 했다.

## 생후 6개월은 엄마가 양육하도록

쿠바는 1963년 12주간의 유급 육아휴직을 보장하는 산휴법을 제정했다. 법 개정과 함께 육아휴직 기간이 18주로 확대되었고, 이 기간에는 급여의 100%가 지급된다. 휴가를 더 원한다면 40주를 추가로 신청할 수 있는데, 이 기간에는 급여의 60%가 지급된다.

제도의 마련만큼 중요한 것이 제도를 자유롭게 이용할 수 있는 사회적 분위기이다. 한국만 해도 부모가 각각 1년의 육아휴직을 사용할 수 있도록 제도가 마련되어 있지만 휴직 기간 최대 100만 원까지만 급여가 보장되고 그마저도 15%는 복직 후에 지급되는 등의 문제를 보완할 장치와 사회적 분위기가 성숙하지 않아 제도가 활발히 이용되고 있지 않다. 불과 몇 년 전만 해도 20%대이던 육아휴직 이용률이 최근에는 40%대까지 증가하긴 했지만[8] 아직도 절반이 넘는 부모가 육아휴직을 이용하지 않고 있다. 더욱이 전체 육아휴직 이용자 중 남성의 비율은 2014년 기준 4.5%에 불과한 실정이다.[9]

그렇다면 쿠바는 어떠할까? 쿠바에서는 육아휴직의 사용과 직장 복귀가 매우 일반적이고 당연한 일이다. "출산 3개월 전부터 쉴 수 있고, 아이를 키우기 위해서 1년을 쉴 수 있어요. 그동안 급여가 나오는 건 물론이고, 국가가 운영하는 보육시설도 무료예요. 일하는 엄마는 시설을 이용할 권리가 있기 때문에 거기서 돌봐줘요." 또 다른 여성의 대답도 비슷했다. "쿠바는 누구나 육아휴직을 쓸 수 있어요. 그런 다음에는 보육시설에 아이를 맡길 수 있어요. 엄마가 국가 기관에서 일하거나 의사나 교사이면 국가가 운영하는 보육시설 이용에 우선권이 있어요. 공공 보육시설에 맡길 수도 있지만 사설 보육시설에 맡길 수도 있어요. 한 달에 5세우세cuc(약 6,000원) 정도만 내면 돼요."

1년 만에 직장으로 복귀하지 못하는 경우도 있기는 하다. 육아휴직이 끝나면 보육시설Circulo Infantil에 아이를 맡기고 직장에 복귀하는데, 그 조건이 아이가 걸을 수 있어야 한다는 것이다. 아이가 걷지 못하면 직장 복귀를 미루고 아이를 양육하도록 한다. 이때 추가로 주어지는 육아휴직 기간은 3개월이다. 하지만 1년이 지나지 않았어도 본인이 일하고 싶다면 출근할 수 있다.

쿠바 육아휴직 제도의 특징은 한 아이를 기준으로 육아휴직을 신청할 수 있는 사람이 여섯 명이라는 점이다. 아이의 부모 외에 조부모, 외조부모도 손주 양육을 위해 육아휴직을 신청할 수 있다. 단, 이들 중 한 명만 육아휴직을 쓸 수 있다. 2003년부터 아이의 아빠도 육아휴직을 신청할 수 있도록 했는데, 남성은 생후 6개월 이후부터 1년간 육아휴직을 쓸 수 있다. 하지만 여전히 주로 여성이 육아휴직을 사용한다. 남성의 육아휴직이 가능하도록 법이 개정된 2003년 이후 2016년 9월까지 육아휴직을 사용한 남성은 196명뿐이다. 쿠바여성연맹 국제관계부 아시아·유럽 담당자인 다이나 로드리게스는 아직 쿠바인들에게는 육아가 여성의 몫이라는 인식이 강해 남성의 육아휴직 이용률이 낮다고 설명했다.

**임신과 출산 때문에 경력이 단절되지 않는다**

출산과 육아가 경제 활동을 그만둬야 하는 이유가 되기도 하는 한국의 상황을 이야기했더니 이해할 수 없다는 표정으로 "당신 나라에는 육아휴직 제도가 없어요? 아니면 한국은 엄마가 아이를 직접 키워야 한다고 생각하는 사람이 많아요?"라며 반문했다. 주변에 자녀 양육을 위해 직장을 그만두는 경우를 본 적이 있느냐는 질문에는 "아직 한 번도 그런 경우를 본 적이 없어요. 원래 전업주부였다면 모를까. 아직 육아휴직 기간이 많이 남았지만 지금 당장이라도 나가서 일하고 싶은데요?"라고 대답했다.

### 쿠바 여성의 연령대별 경제 활동 참여율

| 나이 | 해당 연령대 전체 여성 인구(명) | 해당 연령대 경제 활동 참여 여성 수(명) | 여성 경제 활동 참여율(%) |
|---|---|---|---|
| 15~16 | 138,648 | 900 | 0.65 |
| 17~19 | 203,742 | 20,800 | 10.21 |
| 20~29 | 757,116 | 372,000 | 49.13 |
| 30~39 | 674,438 | 400,700 | 59.41 |
| 40~55 | 1,479,483 | 956,200 | 64.63 |
| 56~ | 1,477,881 | 67,200 | 4.55 |

자료: 쿠바 통계청(2015년 기준)

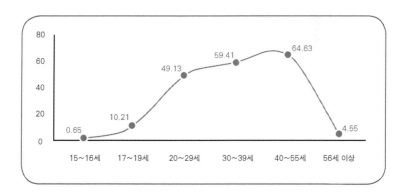

노동자 권리 보호 업무를 맡고 있는 사회복지사의 얘기를 들으며 모성 보호에 대한 쿠바의 의지를 다시금 확인할 수 있었다. 쿠바에서는 임신을 사유로 여성을 해고한 사실이 밝혀지면 출산과 육아에 든 비용 모두를 고용주나 회사가 부담해야 한다. 기본적 비용이 아니라 아기를 위해 산 기저귀, 요람, 옷 등 모든 비용을 지불해야 한다.

이러한 제도와 제도 이용을 당연시하는 문화 때문인지 출산과 육아로 인한 경력 단절의 증거라 할 수 있는 M자형 여성 경제 활동 참여율 그래프가 쿠바에는 적용되지 않는다. 쿠바 여성이 경제 활동 참여율은 연령 증가와 함께 상승한다. 출산과 육아 연령대에 대폭 감소하다가 다시 증가하는 M자형 그래프가 아니다. 정년인 55세까지 지속적으로 상승하다가 이후 급감하는 양상이다.

한국과 쿠바의 유사점 중 하나가 낮은 출산율이다. 쿠바(1.46명)가 한국(1.24명)보다 높긴 하지만 193개국 중 168번째로 낮은 출산율을 보이고 있다.[10] 국가가 임신 확인 순간부터 출산까지 책임지고 관리하고 산후 관리, 무상 보육, 무상 교육, 무상 의료가 이뤄짐에도 쿠바의 출산율은 낮다. 한국의 출산과 양육 지원, 교육, 의료 정책을 고려해볼 때 현재 한국의 출산율은 결코 낮은 수준이 아니라고 생각한다. 그간 언 발에 오줌 누기 식이었던 출산 장려 정책들을 생각하면 앞으로 갈 길이 멀기만 하다.

# 남녀평등 29위의 나라

매년 세계경제포럼WEF은 국가별 남녀 성 격차 지수Gender Gap Index, GGI 를 조사해 발표한다. 2015년 한국은 145개 국가 중 115위를 차지한 반면 쿠바는 29위를 차지했다. 성 격차 지수는 경제 활동 참여와 기회, 교육 성취, 건강과 생존, 정치적 권한 등 네 영역을 평가해 산출한다. 쿠바는 경제 영역에서 다소 낮은 순위를 보일 뿐 나머지 영역에서는 매우 높은 순위를 보이고 있다. 쿠바는 정말로 성평등한 나라일까?

### 성별에 따른 임금 차이는 없다

2015년 경제 활동 참여율과 실업률을 보면, 쿠바 인구 전체의 경제 활동 참여율은 69.1%로 한국의 61.9%보다 높다. 여성의 경제 활동 참여율은 54.2%로 한국의 51%보다 조금 높다. 2012년 OECD 가입국의 여성 경제 활동 참여율 62.3%와 비교해볼 때 쿠바와 한국 모두 여성의 경제 활동 참여율이 낮은 편이다. 특이한 점은 두 나라 모두 남성과 여성의 경제 활동 참여율 차이가 크다는 점이다.

**한국과 쿠바의 성별 경제 활동 참여율**

단위: %

| 구분 | 쿠바 | | | 한국 | | |
|---|---|---|---|---|---|---|
| | 전체 | 여성 | 남성 | 전체 | 여성 | 남성 |
| 경제 활동 참여율 | 69.1 | 54.2 | 82.9 | 61.9 | 51 | 73 |
| 실업률 | 2.4 | 2.6 | 2.3 | 3.2 | 3.1 | 3.3 |

자료: 쿠바 통계청(2016), 한국 통계청(2016)

쿠바여성연맹의 담당자는 통계청 자료는 공식적 집계 결과일 뿐 현실은 조금 다르다고 설명했다. 자영업자나 민간 사업장에서 일하는 여성이 많은데 그들은 집계되지 않았을 거라며 쿠바 여성의 60~70%는 경제 활동에 참여하고 있다고 했다. 하지만 그렇다 하더라도 쿠바 남성의 경제 활동 참여율 83%에 비하면 여전히 낮은 수치이다.

쿠바의 남녀 경제 활동 참여율 차이에는 두 가지 이유가 있다. 먼저 2011년 연금 제도 개혁 전까지 쿠바 여성의 정년은 55세였다. 개혁 이후 여성의 정년이 59세로 조정되긴 했지만, 55세 기점으로 쿠바 여성의 경제 활동 참여율이 급감하는 현상이 남녀 간의 차이에 영향을 미쳤을 것으로 추정된다.

두 번째는 육아는 여성의 역할이라는 쿠바인의 인식이다. 물론 가사와 양육에 적극적으로 참여하는 쿠바 남성도 있지만 아직도 아이는 엄마가 키우는 것이라는 인식이 팽배하다. 쿠바 여성에게 "아이는 누가 키워?"라고 질문하면 "엄마가 키우지"라는 응답이 태반이었다. 공공 보육 시스템이 잘 갖추어져 있어도 가정에서 육아의 부담은 여전히 여성의 몫으로 인식되고 있다. 요리, 청소, 장보기를 하는 쿠바 남성은 자주 볼 수 있지만 육아를 전담하거나 육아에 적극적인 남성은 보기 어려웠다.

하지만 경제 활동을 하는 여성은 남성과 동일한 임금을 받는다. 한국은 학력이 같을 경우 남성의 평균 임금이 여성의 평균 임금보다 더 높지만, 쿠바에서는 성별에 따른 임금 차이가 없다.

## 쿠바 남성보다 똑똑한 쿠바 여성

세계경제포럼은 성별 문자 해독률, 성별 초·중·고등교육 취학률 등을 통해 교육 성취를 평가한다. 쿠바의 문자 해독률은 100%에 가깝다. 하지만 성별에 따라 조금 차이가 나는데, 여성의 문자 해독률은 99.9%로 남성의 문자 해독률 99.86%보다 약간 높다. 초등학교 취학률은 남학생이 0.1% 높고, 중학교 진학률은 여학생이 4.8% 높다.

### 성별 문자 해독률과 취학률

단위: %

| 구분 | 남성 | 여성 |
|------|------|------|
| 청소년 문자 해독률 | 99.86 | 99.90 |
| 초등교육 취학률 | 99.3 | 99.2 |
| 중등교육 취학률 | 81.0 | 85.8 |

자료: 쿠바 통계청, Actualitix

대학 및 대학원 이상 교육 과정 진학자 성비를 보면 2015, 2016년 대학 진학자 총 16만 5,926명 중 여학생이 9만 8,816명으로 59.6%를 차지하고 있다. 대학원 이상 과정 진학자는 54.4%가 여성이다. 또한 기술 전문직 66.4%가 여성이고 교수, 기술자, 연구자의 50% 이상을 여성이 차지하고 있다.[11]

### 성별 대학(원) 진학률

| 구분 | 남성 | 여성 | 전체 |
| --- | --- | --- | --- |
| 대학 진학자<br>(2015, 2016년) | 67,110명<br>(40.4%) | 98,816명<br>(59.6%) | 165,926명<br>(100%) |
| 대학원 이상 과정<br>진학자(2014년) | 172,956명<br>(45.6%) | 224,343명<br>(54.4%) | 379,299명<br>(100%) |

자료: 쿠바 통계청(2016)

## 남아가 더 많이 태어나지만 더 오래 사는 여성

쿠바 통계청 자료를 보면 2015년 기준 5세 미만 유아의 수는 남아가 32만 2,255명, 여아가 30만 2,590명이다. 남아 수가 더 많은 점을 지적하며 쿠바에도 남아 선호 사상이 있는지 질문했다. 하지만 대답을 듣기 전 남아 선호 사상이 무엇인지, 왜 그런 생각을 하는지 설명하느라 꽤 많은 시간을 소비해야 했다. 남아 선호 사상이 무엇인지 쉽게 이해하는 사람이라 하더라도 그렇게 생각하는 사람은 전혀 없을 거라는 대답이 돌아왔다. 쿠바에서는 낙태가 합법이고 비교적 쉽게 할 수 있지만 아들을 낳기 위한 방법으로 사용되지는 않는 듯했다.

인구 구성에서 남성 비율이 더 높은 것은 60세 미만 연령대까지이고, 60세 이상 연령대에서는 여성 비율이 더 높다. 쿠바 여성의 기대 수명은 81세인 반면 남성의 기대 수명은 77세로 여성이 남성보다 장수하는 현상은 쿠바도 예외는 아니었다.

## 라틴아메리카에서 가장 여성 친화적인 국가

쿠바에도 유리 천장이 있을까? 2012년 《뉴욕 타임스》의 한 기자는 쿠바를 라틴아메리카에서 가장 여성 친화적인 국가로 평가했다. 이런 평가의 배경에는 쿠바 입법부의 높은 여성 비율이 있다.

시의회, 도의회, 국회 등 의회 구성원 중 여성 비율을 알아보기 위해 가장 최근의 총선거(2012~2013년) 결과를 정리해보았다. 시의원 중 여성 비율은 33.5%로 비교적 낮은 비율이었다. 하지만 도의회와 국회는 여성 의원 비율이 50% 내외를 나타냈다. 이는 2016년 20대 국회의원 선거 결과 17%(국회의원 총 300명 중 51명)만이 여성이었던 한국과 비교해볼 때 월등히 높은 비율이다.

### 쿠바의 여성 의원 비율

| 구분 | 시의회(2012) | 도의회(2013) | 국회(2013) |
|---|---|---|---|
| 전체 의원 수 | 14,537 | 1,269 | 612 |
| 여성 의원 수 | 4,873 | 647 | 299 |
| 비율 | 33.5% | 51% | 48.9% |

자료: 쿠바 통계청(2014)

더욱이 국회 부의장이 여성이며, 국가평의회 의원 31명 중 여성 의원이 13명(41.9%)이다. 15개 도의회 중 10개 도의회 의장 역시 여성이다(66.6%). 또 쿠바 22개 중앙행정조직 장관 중 7명(31.8%)이 여성이다. 쿠바여성연맹의 다이나 로드리게스는 고위직 중 몇 %가 여성이라는 단순히 수치만을 봐서는 안 되고 어떤 역할을 하고 있는지를 봐야 한다고 강조했다. 그러면서 쿠바 행정부 중 강하고 중요한 부처, 예컨대 법무부, 식량부, 교육부, 재정경제부, 내무부 장관과 감사원장이 여성이라며 힘주어 말했다. 2016년 기준으로 중앙부처 17개 중 단 두 곳(11.8%)만이 여성 장관인 한국과는 대조적이다.

## 여자라서 행복한 쿠바나Cubana

지금까지 살펴본 성평등에 관한 통계 자료 외에도 쿠바가 성차별이 많지 않은 사회라는 단서는 많다. 그중 하나가 쿠바인들이 성을 쓰는 방식이다. 한국은 특별한 경우 외에는 아버지 성을 따른다. 하지만 쿠바인들은 풀 네임을 쓸 때 아버지 성, 어머니 성, 이름 순으로 쓴다. 간혹 아버지 성을 따르지 않고 어머니 성만 쓰는 쿠바인도 보았다.

쿠바에서는 가족의 해체와 재구성이 빈번히 일어나는데, 만남과 헤어짐, 결혼과 출산, 이혼에서 여성이 주도권을 가진다. 설사 그렇지 않은 경우라 하더라도 여성이 자신의 감정과 판단에 따라 결정할 수 있는 여지가 많다. 쿠바는 무상 의료와 무상 교육, 배급 등으로 기본 생활이 보장되고, 급여 수준이 높지 않기 때문에 남성의 급여가 생활에 미치는 영향이 매우 미미하기 때문이다. 불성실하고 가정에 충실하지 않은 남편과 관계를 유지해야 할 이유가 없는 것이다.

아이를 낳고 키우는 일에서도 여성의 선택이 중요하다. 쿠바는 낙태가 합법이고, 낙태를 터부시하는 분위기가 없다. 원치 않는 임신을 했다면 남성의 동의 없이 여성이 혼자 낙태를 결정할 수 있고, 무료로 수술을 받을 수 있다. 여성의 선택을 중시하는 문화가 반영된 것

쿠바여성연맹 국제관계부 아시아·유럽 담당 다이나 로드리게스는 쿠바의 성평등과 차별 금지를 위한 제도와 사업에 대해 세 시간.동안 열정적으로 설명해주었다.

이다. 이혼을 하면 아이들은 주로 엄마와 생활하는데, 이는 아이는 엄마가 키워야 한다는 인식 때문인 듯하다.

쿠바에도 가정 폭력이 있는지 묻자 쿠바여성연맹의 로드리게스는 쿠바 부부도 갈등이 있을 수밖에 없고 그러다 보면 폭력이 오가기도 한다고 대답했다. "가정이 사적 공간이긴 하지만 가정이 가정답지 못하면 문제를 드러내도록 해 치료하고 해결해야 합니다. 이는 쿠바여성연맹의 중요한 역할 중 하나입니다. 부부만의 문제라는 관습을 깨고 알리도록 해야 합니다." 쿠바의 성평등에 대한 질문이 이어지자 그녀는 "쿠바에서 한국 드라마의 인기가 대단한데, 한국 드라마를 보면서 여성 차별을 느낄 때가 많아요. 성평등을 위한 노력은 쿠바보다 한국이 더 필요해 보여요"라며 일침을 가했다.

자영업에 종사하는 20대 후반 여성은 "쿠바 사람들은 성관계를 가질 때 여자가 결정해요. 장소와 시간을 결정해서 남자에게 얘기하면 남자가 따르는 거죠"라고 말했다. 20대 초반 여대생은 부모님의 일상을 얘기해주면서 "쿠바에서는 여성이 더 강해요. 중요한 일은 엄마가 결정하는 경우가 많아요"라고 했다. 또 50대 초반의 남자 의사는 이렇게 말했다. "집에서 주로 아내가 얘기하고 결정해요. 그럼 저는 항상 마지막에 이 한마디를 하죠. '내 사랑, 알겠어요!'"

피델 카스트로는 한 인터뷰에서 "요즘 여성이 모든 전문 분야에서 두각을 드러내며 엄청난 힘을 과시하고 있습니다. 아마 언젠가는 쿠바남성동맹을 만들어야 할 날도…"라고 언급하면서 성평등 정책의 결실을 과시하기도 했다.[12]

쿠바 여성의 사회와 가정에서의 지위와 권한에 대해 알아가면서 오래전 한국 TV 광고에 나오던 카피가 생각났다. "여자라서 행복해요." 하지만 이 카피는 한국보다 쿠바에 더 잘 어울리는 듯하다.

# 성교육의 다른 이름은 '사랑'입니다

이 말은 쿠바 성교육 연구소 세네섹스CENESEX, Centro Nacional Educación Sexual의 국제관계 담당자 데니스가 연구소의 사업을 설명하며 한 말이다. 쿠바인은 성에 매우 개방적이다. 이는 쿠바인의 태도나 행동을 통해서도 알 수 있었고, 기관 방문 시 했던 질문과 답변에서도 알 수 있었다. 몇 가지 질의응답 내용을 소개해본다.

**쿠바인들의 비혼 비율은 얼마나 되나요?**

쿠바는 혼인 신고를 하는 경우가 거의 없고 동거 문화이기 때문에 그런 수치를 산출하기가 어렵습니다.

**성에 대해 개방적이다 보니 데이트 폭력도 심각할 것 같은데요?**

여성이 싫다고 거절하면 그것이 수용되는 문화이기 때문에 성폭행을 정의하기도 어렵고 신고도 거의 없습니다. 대신 콘돔 사용을 적극적으로 교육하고 홍보합니다.

**성매매 금지를 위한 정책이 있나요?**

조직적으로 성매매를 알선하는 사람을 처벌하는 경우는 간혹 있지만, 성매매가 개인의 선택이라면 특별한 처벌은 없습니다.

## 미혼모를 위한 정책은 무엇이 있나요?

여성이 혼자 아이를 키우는 데 도움이 필요하면 지원하지만 쿠바에는 '미혼모'라는 용어가 따로 없습니다. 법적 혼인 상태가 아니어도 아이 아빠에게 양육비를 요구할 권리가 있고, 여성이 원하면 아빠를 찾기 위해 유전자 검사를 요구할 수도 있습니다. 설사 남성이 아이를 원치 않았다 하더라도 콘돔을 사용하지 않은 것에 대한 책임을 져야 하기 때문입니다.

이 질의응답 내용만 보면 쿠바에는 성병과 에이즈 환자가 많고 출산율이 높으리라고 추측할지도 모른다. 하지만 둘 다 아니다. 성에 대한 개방적 태도와 교육을 통해 성행위로 인한 부정적 영향을 잘 예방하고 있다.

성교육 연구소 관계자는 성교육이란 단순히 피임법을 교육하는 것이 아니라 성폭력을 예방하고, 성소수자에 대한 인식을 개선하고, 커플의 성생활 컨설팅까지 포괄하는 것이라고 설명했다. 2017년 연간 사업을 예로 들면서 설명을 덧붙였는데, 2~6월에는 사랑의 날, 어머니날, 아버지날이 있는 기간이어서 어머니, 아버지, 가족에 대한 교육을 했고, 5월에는 호모포비아에 대한 교육, 7~9월에는 성 건강에 대한 교육을 실시했으며, 10~11월은 성폭력 예방 교육, 12월에는 성병과 에이즈 예방 및 퇴치 운동을 실시했다고 했다.

성교육 연구소에는 심리상담사와 인류학자로 구성된 지역부, 법적 지원부, 국제관계부, 홍보부, 연구부가 있으며, 지역 주민 대상 교육과 상담, 캠페인뿐 아니라 성 관련 통계 관리와 법적 지원도 맡고 있다. 또한 사회복지사, 보건부, 쿠바여성연맹, 대학의 전문가 등과 협력하여 사업을 진행한다.

쿠바인에게 성이란 감추고 터부시해야 하는 것이 아니라 느낀 대로 표현하되 그 행위에 대해서는 책임을 져야 하는 것이다. 초등학생이 교복을 입고 운동장에서 친구들이 보는 앞에서 키스하는 일이 흔하지는 않지만 쿠바에서는 가능하다.

쿠바 성교육 연구소 세네섹스는 보건부 소속 기관으로 약 70명이 근무하고 있다.

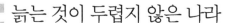

# 늙는 것이 두렵지 않은 나라

영화 〈부에나 비스타 소셜 클럽Buena Vista Social Club〉의 주연 격인 콤파이 세군도는 영화 제작 당시 아흔 살이었다. 그는 카메라 앞에서 시가를 피우며 이렇게 말했다. "내 목숨이 허락하는 한 여자들을 사랑할 거야. 인생에서 여자와 꽃과 로맨스는 정말 아름다운 존재거든." 그 장면을 보고 '쿠바의 노인들은 모두 세군도처럼 건강하고 열정적일까?' 하고 생각했다. 쿠바 여성들이 한국 드라마를 보며 모든 한국 남성이 드라마 주인공처럼 잘생기고 매너 있고 부자일 거라고 생각하는 것과 다를 바 없지만, 쿠바 노인에 대한 궁금증이 쿠바행의 이유 중 하나였다.

## 장수의 나라 쿠바

쿠바인의 평균 수명은 79.26세(2013년 기준)로 아메리카 대륙에서 캐나다(81.4세) 다음으로 길다(미국은 78.84세). 또 쿠바는 100세 인구가 100만 명당 346명이나 되는 장수 국가이기도 하다. 사실 쿠바인의 평균 수명은 한국의 81.46세보다 낮기 때문에 그리 놀랄 만한 것이 못된다고 생각할지도 모른다. 하지만 단순히 평균 수명이라는 수치만 비교해서는 안 된다. 국가의 부나 가구 소득에 따라 건강 수준이나 수명이 차이 난다는 사실은 모두가 안다. 그런데 예외가 있다. 바로 쿠바이다. 쿠바와 국민 소득이 유사한 다른 국가들의 평균 수명은 쿠바의 평균 수명에 미치지 못한다. 도미니카 공화국의 평균 수명은 73.32세이며, 태국은 74.25세, 세르비아는 75.14세 수준이다.

길어지는 수명으로 쿠바에서 인구 고령화는 피할 수 없는 현실이 되었다. 65세 이상 노인 수가 158만 9,075명으로 전체 인구의 14.14%에 달해 이미 고령 사회로 접어들었다. 2015년 기준으로 한국(13.1%)보다 높은 비율이다. 콘술토리오에서 패밀리 닥터가 진료하는 현장을 며칠 참관할 기회가 있었는데, 진료를 시작하기 전에 의사는 아마도 대부분 환자가 노인일 거라며 쿠바의 고령화에 대해 설명해주었다.

쿠바에서 노인들이 많이 모여 있는 모습을 보고 싶다면 은행이나 공원에 가면 된다. 노인들은 은행에 주로 연금을 찾으러 간다. 쿠바의 연금 제도는 1963년 시행되었는데, 당시 기대 수명을 고려하여 퇴직 연령을 남성 60세, 여성 55세로 정했다. 하지만 기대 수명은 길어지고 출산율이 낮아지면서 노동자의 평균 연령이 높아져 국민 입장에서도 정부 입장에서도 정년 연장이 필요했다. 그 결과 2009년 사회보장법 개정으로 퇴직 연령이 남성 65세, 여성 60세로 연장되었다.

아바나에서 인상 깊었던 것 중 하나가 공원이었다. 크고 작은 공원이 동네마다 있고, 그야말로 남녀노소 모두가 모여 시간을 보낸다. 특히 공원이 와이파이 구역이면 빈 벤치를 찾기 어려울 정도이다. 아침 시간에는 좀 특별한 광경을 볼 수 있는데, 나이 지긋하신 분들이 공원에 모여 운동을 한다. 아침이면 거의 모든 공원에서 운동하는 노인을 볼 수 있다. 한 공원에서 두 그룹이 서로 다른 운동을 하기도 한다. 태극권 비슷한 운동도 하고, 봉을 이용한 운동을 하기도 한다.

운동하는 무리는 같은 동네에 사는 노인들로 구성된 동아리 '120세 클럽'이다. 120세 클럽은 거주지를 중심으로 콘술토리오

아침마다 공원에 모여 운동하는 노인들. 쿠바 어디에서나 흔하게 볼 수 있는 풍경이다.

2~3개 단위로 조직된다. 그룹별로 매일 아침 모여 체조를 하고, 생일파티를 열거나 박물관 견학, 영화 관람, 독서 모임, 만들기 등 다양한 활동을 한다.

120세 클럽은 고령화가 본격화되기 전인 1984년에 조직되기 시작했다. 당시 한 폴리클리니코가 지역 노인들을 대상으로 조사했는데, 노인들이 외로움, 건강에 대한 염려, 약품 의존 문제를 겪고 있는 것으로 나타났다. 심리학자, 사회학자 등 전문가들은 노인들의 자조 조직을 만들어 다양한 활동과 소통이 이루어지도록 하자는 해결책을 제안했다. 120세 클럽은 아바나의 한 지역에서 시작되어 전국으로 확산되었다.

패밀리 닥터는 120세 클럽의 운동 지도 선생님에게 노인별로 어떤 운동이 필요하고 어떤 운동을 피해야 하는지 조언해주기도 한다. 패밀리 닥터인 다닐로는 노인 환자는 우울 예방이 가장 중요한데 노인 동아리가 큰 도움이 된다며 여기서 커플이 만들어지기도 한다고 귀띔해주었다.


## 빠른 고령화, 부족한 노인복지시설

시설에 입소해 보살핌을 받는 쿠바 노인은 2015년 기준 1만 1,726명으로 65세 이상 노인 인구 158만 9,075명의 0.74%로 매우 낮은 수준이다. 쿠바에서 노인을 위한 시설은 오가르 데 안시아노스Hogar de ancianos와 카사 데 아부엘로스Casa de abuelos 두 가지 유형이 있다. 오가르 데 안시아노스는 한국의 요양원 같은 시설로 전국에 147개소가 있다. 카사 데 아부엘로스는 한국의 노인주간보호센터처럼 아침에

에르마나스 히랄 요양원. 쿠바의 대부분 공공기관처럼 건물 앞에 호세 마르티 흉상이 있다.

시설에 방문해 프로그램에 참여하고 저녁에 귀가한다. 2015년 기준 265개가 운영되고 있다.

아바나의 에르마나스 히랄Hermanas Giral 요양원은 1944년 바티스타가 자신의 장인, 장모를 모시기 위해 설립한 시설로 70년 이상 운영되고 있는 시설이다. 방문 당시 158명의 노인이 생활하고 있었는데 건강 상태에 따라(특히 치매 여부) 일곱 개 유닛으로 분류해 운영하고 있었다. 직원은 총 179명으로 간호사이면서 전염병 관리학 석사 학위를 가진 시설장, 의사 세 명 외에 간호사, 사회복지사, 영양사, 물리치료사, 작업치료사, 약사, 행정직 직원으로 구성되어 있다. 종사자들은 네 팀으로 나눠 12시간씩 교대 근무를 하고, 주로 간호사들이 노인들을 돌본다.

입소 노인들이 좋아하는 프로그램은 일주일에 한 번 외부 강사가 방문해 진행하는 댄스 수업과 드라마·영화 감상이다. 요양원은 노인들의 의식주뿐 아니라 재활을 위한 프로그램을 제공한다. 시설장 이본에게 시설 운영에 어려운 점은 무엇인지 묻자 치매 환자가 많아 재활 프로그램 진행이 쉽지 않고, 간호사들이 노인들의 대소변을 관리하는 일이 가장 힘들다고 토로했다.

특이하게도 손톱 관리를 해주는 직원이 따로 있었고, 사회복지사는 주로 입소 노인과 가족의 관계가 잘 유지되도록 상담하고 프로그램을 진행한다. 쿠바에서는 10월 1일이 노인의 날인데, 그날은 모든 가족이 시설에 방문해 파티를 연다.

패밀리 닥터로부터 노인 시설이 부족해 노인들이 시설을 이용하지 못하고 개인적으로 간병인을 고용한다는 얘기를 들었던 터라 시설장

플라야 지역의 카사 데 아부엘로스. 외국인 방문자를 환영하기 위해 중창을 들려주고 있다.

에게 노인 시설의 수요 공급 현황에 대해 질문했다. 역시 수요에 비해 공급이 부족한 상황이라며 정부가 시설을 확대해가고 있지만 더 많은 시설이 필요하다는 대답이 돌아왔다.

카사 데 아부엘로스는 한국의 노인주간보호센터 같은 시설이다. 아침에 가족들이 출근하면서 시설에 모셔다 드리면 아침 식사를 하는 것으로 하루가 시작된다. 저녁까지 세 끼의 식사와 두 번의 간식, 운동, 노래, 박물관 방문 등 여가 프로그램을 제공한다. 카사 데 아부엘로스에 입소하기 위해서는 스스로 이동할 수 있는 건강 상태여야 하며, 경증 치매 노인도 이용할 수 있다. 치매 노인은 따로 작은 방에서 간호조무사의 보살핌을 받는다. 방문했던 곳에서는 전체 관리 책임을 지는 사회복지사와 간호사 한 명, 주방 인력 네 명, 청소 인력 두 명, 치매 환자 보호를 위한 간호조무사 네 명이 함께 일하고 있었다. 기관의 규모에 따라 간호조무사가 없기도 하고, 행정 담당자가 따로 있는 경우도 있다. 오가르 데 안시아노스와 카사 데 아부엘로스를 이용하기 위한 절차는 매우 체계적이다.

## 노인복지시설 이용 절차

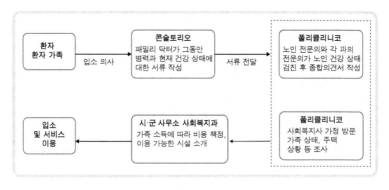

① 시설 이용을 원할 경우 환자 본인이나 가족이 콘술토리오 패밀리 닥터에게 시설 이용 의사를 밝힌다.

② 가정의는 환자의 병력과 현재 건강 상태, 복용 중인 약 등에 대한 서류를 작성해 폴리클리니코에 보낸다.

③ 폴리클리니코에서 노인 전문의가 다른 전문가들과 함께 노인의 상태를 검진한 후 종합의견서를 작성해 폴리클리니코의 사회복지사에게 전달한다.

④ 사회복지사는 노인의 집에 방문해 노인이 시설 이용이 필요한 상황인지, 가족의 상황은 어떠한지 조사하고 세 종류의 서류를 우리나라의 시청, 군청에 해당하는 무니시피오Municipio 사회복지과에 전달한다.

⑤ 무니시피오 사회복지과의 사회복지사는 해당 가구의 가족 관계, 소득 수준에 따라 우선순위와 비용을 책정한다.

⑥ 지역 내 이용 가능한 시설을 이용 희망자에게 연계한다.

카사 데 아부엘로스가 제공하는 하루 세 끼 식사와 두 번의 간식, 각종 여가 활동에 대한 비용은 1인당 월 24세우페(약 1,200원)이다. 오가르 데 안시아노스 이용료는 월 60세우페(약 3,000원)이다. 2017년 쿠바 방문 시 앞으로 이용료를 여섯 배 정도 인상할 계획이라고 했는데, 갑자기 크게 오르는 이용료에 반발은 없는지 묻자 이미 노인과 가족들에게 충분히 설명했고 이용 만족도가 높아 대부분 가격 인상에 동의한다고 했다. 또한 지불 능력이 없는 가족은 사회복지사가 정부 지원 신청서를 제출하면 정부가 지원해주기 때문에 큰 반발은 없다고 덧붙였다.

학교, 병원, 산모의 집, 요양 시설, 장애인 시설 등 쿠바의 서비스 기관이 대부분 감소 추세에 있는 반면 카사 데 아부엘로스만 2010년 234개소에서 2015년 265개소로 증가했다. 연수단이 방문한 플라야 지역의 카사 데 아부엘로스도 30년 이상 정신장애인 시설로 운영하다가 2015년부터 기능을 전환해 운영하고 있다고 했다. 이유는 역시 쿠바의 고령화 때문이었다.

"쿠바가 고령화되어가면서 정책적으로 이런 시설을 늘리고 있어
요. 노인이 늘어나고 있지만 젊은 가족들이 돌보기 어려운 상황이에
요. 가족과 함께 살아도 혼자 지내야 하는 시간이 많아지고, 가족 내
에서 결정권이 없어지고 소외되는 등의 문제가 발생하는데 집에만
혼자 있다 보면 문제가 심각해질 수 있어요. 이런 문제를 해소하기
위해 정책적으로 시설을 늘리고 있어요. 하지만 아직도 공급보다 수
요가 많아 우리 시설도 이용자들이 대기하고 있는 상황이에요. 돌아
가시거나 건강이 많이 나빠져 요양 시설로 가시기 전에는 공석이 생
기지 않거든요."

발관리사가 카사 데 아부엘로스에 방문해 노인의 발 관리를 하고 있다.

## 쿠바인의 장수 비결

장수·노화·건강연구센터Centro De Investigaciones sobre Longevidad, Envejecimiento y Salud의 움베르토 소장은 쿠바의 고령화 현황과 대응에 대해 설명해주었다. 장수·노화·건강연구센터는 고령화에 대응하기 위해 설립한 기관으로, 고령화 관련 연구와 노인 대상 서비스 제공자 교육을 한다. 의사, 간호사, 사회복지사에게 노인 돌보는 방법, 위험 관리, 약물 관리 등에 대해 교육하는 것이다. 또 노인 동아리인 120세 클럽에 다양한 조언을 하기도 한다.

한번은 한국의 방송사에서 쿠바의 장수 비결에 관심을 가지고 쿠바로 취재를 왔는데, 그 팀에 합류해 건강한 노년을 보내고 있는 쿠바 노인들을 만나볼 기회가 있었다. 102세의 할아버지는 진한 에스프레소 한 잔을 마시고는 자신의 장수 비결을 이야기해주셨다. "평생 누군가에게 해 끼치지 않고 살려고 노력했다네. 축제나 특별한 날 아니면 술, 담배를 삼갔고, 늘 긍정적인 생각을 하며 살았지. 남을 불편하게 하면 나는 더 불편한 법이거든." 94세 할머니는 취미를 묻는 질문에 "얼마 전 무릎 수술을 해서 예전처럼은 못 하지만 춤추는 걸 좋아해"라고 대답했다. 주변에 모인 사람들이 박수와 함께 춤을 요청하자 잠시 망설이는 듯하더니 음악이 나오자 65세 아들과 함께 살사 스텝을 선보였다. 또 65세의 아들은 동네 노인들 앞에서 어린 학생들과 흐트러짐 없는 자세로 우슈 시범을 보였다.

쿠바인들이 장수하는 비결이 무엇이라고 생각하느냐는 물음에 쿠바에서 가장 큰 병원인 에르마노스 알메이헤이라스Hermanos Almeijeiras 병원의 의사인 마르시아 하이 카사레스는 "쿠바에는 노인을 위한 매

우슈 시범과 살사 춤을 보여준 65세 아들과 94세 어머니. 장수 비결을 이야기하는 102세 할아버지와 그를 돌보는 70대 며느리

우 다양한 프로그램이 있어요. 또 어릴 때 무료 백신 접종부터 시작해 건강 관리와 질병 예방이 철저히 이루어지기 때문이라고 생각해요"라고 의사답게 답했다. 한편 움베르토 소장은 성공적인 사회보장 시스템 덕이라고 대답했다. "쿠바는 의료와 교육이 무료예요. 그리고 다양한 사회복지 제도가 있어요. 어려움에 처할 때마다 국가가 필요한 것들을 보장해주기 때문에 누구나 오래 살 수 있는 겁니다."

젊어서 보험료를 내지 않았어도 연금을 받을 수 있고, 아침이면 공원에 나가 동년배들과 함께 운동하고 취미 생활도 즐기고, 몸이 아프면 지역 주민들이 찾아와 말벗을 해주고, 무료로 의사의 왕진 서비스를 받을 수 있는 쿠바 노인들을 보니 한국의 노인들보다 삶의 질이

나아 보였다. 하지만 쿠바는 여전히 노인 돌봄의 책임이 가족에게 있다는 점이 우려스러웠다. 시설이 절대적으로 부족해서인지 돌볼 만한 가족이 있으면 시설 입소가 매우 어렵다. 그렇다 보니 가족의 수발 부담이 크다. 아직 퇴직 연령이 되지 않은 아들이 아버지 수발을 위해 조기 퇴직을 하고, 먼 친척이 홀로 사는 고령의 친척을 수발하기 위해 그 집으로 이사 오는 것도 보았다. 돌봄이 필요한 노인이 입소할 수 있는 시설의 확충뿐 아니라 자신의 집에서 수발 받기 원하는 노인을 위한 돌봄 인력의 확충이 시급해 보였다.

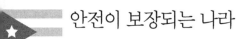

# 안전이 보장되는 나라

쿠바 여행 안내서를 보면 여행지로 쿠바를 추천하는 이유가 매우 다양하다. 온갖 수식어를 사용해 쿠바의 아름다운 자연, 문화유산, 이국적 건축물, 음악과 춤 등을 소개하며 떠나라고 부추긴다. 하지만 내게 가장 인상적이었던 문구는 '여자 혼자서도 안전하게 여행할 수 있는 나라'였다. 여행이란 어딘가로 떠나지만 결국 안전하게 돌아오기 위한 것이기에 여행지의 안전은 매우 중요한 요건이다. 쿠바는 정말로 안전한 나라일까?

### 어떤 자연재해에도 인명 피해는 최소

쿠바는 지리상 허리케인에 노출될 위험이 매우 높다. 남태평양 지역의 강한 햇빛으로 상승 기류가 왕성하게 발생하여 적란운을 만들어

내고 이것들이 모여 거대해지면서 열대저기압인 허리케인으로 발전한다. 허리케인의 에너지원은 해수면에서 공급되는 수증기인데 해수면이 따뜻해질수록 위력이 강해진다.[13] 지구 온난화로 허리케인이 최근 더욱 빈번히 발생하고 있다.

남태평양과 대서양 한가운데, 적도 근처에 위치한 쿠바는 상시적인 허리케인 위험 구역이다. 허리케인에 대한 기록이 시작된 때부터 최근까지 쿠바를 강타한 허리케인은 모두 109개이다. 게다가 대부분이 3급 이상의 대형 허리케인이었다. 이러한 지리적 특성 때문에 자연재해 위험 감소와 재난 대비는 쿠바 정부의 중요한 과제였으며, 쿠바가 이룬 성과는 국제적으로 인정받고 있다.

2001년 허리케인 미셸(4급) 때문에 아메리카 대륙에서 9,000명 넘게 사망했을 때 쿠바에서는 단 다섯 명만이 목숨을 잃었다. 거의 매년 허리케인이 쿠바를 덮쳤고 2005년에는 5급 허리케인이 연거푸 세 차례나 상륙하기도 했다. 하지만 2012년 허리케인 샌디로 열한 명이 사망한 것 외에는 대부분 인명 피해가 없거나 있어도 극소수였다.

2015년은 쿠바에 허리케인이 발생하지 않은 해였지만 2016년은 달랐다. 2016년 10월, 5급의 강력한 허리케인 매슈가 쿠바 남동 지역을 강타했는데 바야모Bayamo 지역의 피해가 가장 컸다. TV 화면에 보이는 피해 상황은 처참했다. 집이 모두 무너지고 길에는 부서진 건축물 잔해와 쓰레기가 널브러져 있었다. "아무것도 남은 게 없어요. 아무것도 없어요." "제가 아끼던 카메라가 없어졌어요. 카메라뿐이 아니에요. 모두 없어졌어요, 모두." 피해자들은 실의에 빠져 말했다.

쿠바 친구에게 이번 허리케인 때문에 사망한 사람은 없는지 물었더니 "아니, 그런 얘기 전혀 못 들었는데"라면서 말을 이었다. 그녀는 쿠바 서부 지역 피나르 델 리오Pinar del Río 출신으로 허리케인을 많이 경험했다. "이유는 모르겠지만 쿠바를 지나가는 허리케인은 꼭 우리 지역을 지나가더라고. 허리케인이 오면 집에 있을 수가 없어. 정부가 대피소를 마련하고 그곳으로 대피하도록 하거든. 대피소에 가면 음식, 침구, 물, 모든 것이 다 있어. 의사도 있고. 집에 먹을 것도 없는데 안 갈 이유가 없지. 우리 엄마는 집 아닌 다른 곳에 있는 게 불편하다고 대피소에 잘 안 가려고 하시는데, 강한 허리케인이 온디고 하면 제일 먼저 대피소로 가셔. 어쨌든 쿠바에서 허리케인 때문에 다치거나 죽으면 그건 그 사람 책임이야. 정부가 시키는 대로 하지 않았기 때문이거든."

그녀는 최근 쿠바 정부가 경제적으로 어려워 복구 작업이 전과 같지 않다며 안타까운 표정으로 말을 이어갔다. "대피소에서 안전해질 때까지 있다가 집에 오면 물건들이 그대로 있어. 아주 튼튼한 탱크를 마을에 세워두고 사람들이 마을을 지키지. 그리고 집이 부서지면 국가가 모두 무료로 고쳐주었어. 그런데 이번 매슈 피해자들에게는 그렇게 못 한다고 하더라고. 쿠바 정부가 요즘 돈이 없거든. 국가가 도와주기는 하지만 그 집 주인이 일부를 지불해야 한다고 하더라고. 아무것도 없을 텐데. 피해자를 돕기 위해 후원금을 모금한다고 해서 나도 후원하려고."

또 다른 친구도 허리케인 대피 경험을 이야기해주었다. "열일곱 살때 허리케인이 쿠바 전역을 덮쳐서 열흘간 전기 없이 지낸 적이 있어요. 허리케인이 오면 사이렌을 울려 귀가 조치를 하고 비상 연락망에 따라 연락을 해요. 학생들이 연락망 역할을 하기도 하고요. 책임자들은 대피소에 음식이나 약이 충분한지 확인하고, 라디오 방송국은 허리케인 상황을 계속 방송해줘요."

대피소로 피신하기도 하지만 자기 집에 머무르거나 이웃집으로 대피하기도 한다. 지스레이디는 집 상태가 양호해 경보가 울리면 집에 머물렀다고 한다. "안테나를 안전한 곳에 내려놓고, 나뭇가지를 잘라내기도 하면서 만반의 준비를 하는 거죠. 허리케인이 지나가고 나면 다 같이 청소하고 페인트칠도 하며 뒷수습을 해요." 인디라의 집은 허리케인을 견딜 만큼 안전하지 않아 항상 이웃집으로 대피하곤 했다. 가족 넷이 모두 한 집으로 피신하면 불편하지 않은지, 가족들이 각자 따로 피신을 가는지 묻자 인디라는 "가족이 함께 가야죠. 쿠바 사람들은 그런 상황에서 서로 돕는 것을 당연하게 생각해요. 그렇게 남의 집으로 대피하는 게 불편하기도 하지만 재미도 있어요. 허리케인이 오면 전기를 다 끊기 때문에 밤에는 깜깜하고 바람이 세게 불어 무섭거든요. 그래서 일부러 재미있는 얘기 하면서 밤새 시간을 보내요"라고 대답했다.

쿠바인은 국가의 재해 방지 대책을 절대적으로 신뢰하는 듯했다. 또 사는 지역에 개의치 않고 이재민들의 상황에 진심으로 안타까워하며 후원하는 모습에서 국민 간의 연대를 엿볼 수 있었다. 라울 카스트로는 2016년 매슈로 가장 큰 피해를 입은 바야모 지역을 방문해 "(허리케인의) 공격은 매우 강했지만 우리는 극복할 것입니다El golpe fue muy fuerte, pero nos recuperaremos"라고 말했다.

# Raúl: el golpe fue muy fuerte, pero nos recuperaremos

por YAIMA PUIG MENESES
fotos ESTUDIOS REVOLUCIÓN

MAISÍ, Guantánamo.— "Ahora es vital que se conozcan con exactitud y lo más rápido posible las afectaciones, para saber qué hace falta en cada lugar", puntualizó el General de Ejército Raúl Castro Ruz durante una reunión de trabajo realizada este lunes en el Consejo de Defensa Municipal. Allí precisó cuestiones determinantes para avanzar en la recuperación de Maisí, donde los poblados de La Máquina (cabecera municipal), Punta de Maisí y Los Llanos, fueron los más golpeados por el paso de Matthew.

El Presidente del Consejo de Defensa Nacional estuvo acompañado por el general de cuerpo de ejército Ramón Espinosa Martín, viceministro de las Fuerzas Armadas Revolucionarias, quien se encuentra en los territorios más afectados, junto a otros dirigentes nacionales y locales, controlando las medidas implementadas en la etapa de recuperación.

Delvis Legrá Azahares, presidente del Consejo de Defensa Provincial de Guantánamo, informó al General de Ejército sobre los principales daños ocasionados y las acciones que se ejecutan para restaurarlos.

Dijo que se estima que más del 90% de las viviendas fueron seriamente dañadas, así como la mayoría de las instalaciones estatales. También sufrieron severas afectaciones servicios vitales para la población, como las comunicaciones, la electricidad y el abasto de agua.

Durante el encuentro se conoció, además, el impacto negativo que tuvo el fenómeno atmosférico sobre las diferentes vías de acceso a esta localidad y la agricultura, fundamentalmente las plantaciones de café del municipio, el cual es el mayor productor de este grano en el país.

Ante tal escenario, el General de Ejército enfatizó en la urgencia de buscar alternativas para garantizar a la población el suministro de los recursos necesarios. De la misma manera, insistió en la importancia de recoger todas las experiencias adquiridas por el paso de este evento climatológico, para

Raúl intercambió con los presidentes de los consejos populares luego de escuchar la información ofrecida por Lina Pedraza Rodríguez, ministra de Finanzas y Precios, relacionada con la implementación de la decisión del Gobierno Revolucionario para la venta de materiales de la construcción a los damnificados.

El Presidente del Consejo de Defensa Nacional escuchó las explicaciones de los dirigentes locales sobre la situación del territorio tras el paso de Matthew.

que puedan ser útiles en futuros escenarios.

El Presidente del Consejo de Defensa Nacional participó también en la reunión que tuvo lugar en la sede del Partido municipal donde Lina Pedraza Rodríguez, ministra de Finanzas y Precios, informaba a los presidentes de los ocho consejos populares de este municipio sobre cómo implementar la decisión del Gobierno Revolucionario relacionada con la venta de materiales de la construcción a los damnificados.

En las calles, el pueblo esperaba al Presidente cubano para saludarlo y al igual que en otras jornadas, le mostró su confianza en la Revolución. "Ustedes recibieron un golpe muy fuerte, pero nos recuperaremos", les aseguraba el mandatario extenuado a las personas, en especial a las mujeres. En tanto, la población daba gracias una y otra vez a Fidel y al propio Raúl por estar siempre junto al pueblo.

"Tengo mucha fortaleza, voy a salir adelante", expresaba Eloris Fuente López, quien albergó en su vivienda a casi 40 personas.

"¡Confíe en nosotros que vamos a salir adelante! ¡Lo más importante es que estamos vivos! ¡Salude al Comandante! ¡Cuídese mucho!". Fueron algunos de los mensajes que le manifestaba la población a su paso. Raúl, por su parte, les agradeció la resistencia mantenida y los convocaba a incorporarse lo más pronto posible a sus labores cotidianas, en especial al reinicio de las clases, para lo cual, enfatizaba, puede adecuarse cualquier espacio.

Otra vez hubo fotos, besos, consejos, anécdotas, lágrimas de emoción y esperanzas.

"Los felicito porque son valientes, aguerridos y muy revolucionarios. Estoy orgulloso de los cubanos y las cubanas de todo el país, pero sobre todo de ustedes, por lo que han pasado una prueba más dura", en cambió Raúl, emotivo, dirigido a los efectos de la pobladores.

2016년 당시 국가평의회 의장이던 라울 카스트로가 허리케인 피해가 가장 컸던 바야모 지역을 방문해 주민들을 위로하는 모습을 보도한 쿠바 일간지 《그란마》 기사

매슈가 지나가고 얼마 되지 않아 내가 머물던 아바나에 밤새 바람이 불고 아침부터 비가 내렸다. 흔치 않은 일이었다. '허리케인이 오고 있나? 쿠바에서 대피 경험을 해볼 수 있는 건가? 우리 집에는 누가 대피 방법을 알려주러 올까?' 하고 생각했다. 그런데 오후가 되면서 날씨는 좋아졌고, 귀국까지 더 이상 허리케인은 오지 않았다.

하지만 2017년 쿠바를 덮친 허리케인 어마는 더 큰 피해를 입혔다. 그간의 모든 기록을 깰 만큼 강력했던 어마는 쿠바에서도 열한 명의 목숨을 앗아갔다. 그중 일부는 버스를 타고 가던 길에 변을 당했는데, 강력한 바람에 무너진 건물의 잔해가 버스 위로 떨어졌다고 한다. 또 지역에 따라 하루에서 일주일까지 전기가 들어오지 않는 등 피해가 계속되었다. 하지만 어마가 쿠바를 강타하고 나서 3개월 뒤에 방문했을 때에는 길 한쪽에 쓰러져 있던 아름드리나무를 제외하고는 허리케인이 지나갔는지 알아채지도 못할 만큼 말끔하게 정리되어 있었다.

## 쿠바인이 모기와 싸우는 방법

쿠바에서 지내는 동안 저녁 6시면 어김없이 한국 외교부로부터 문자 메시지를 받았다. "지카 바이러스 모기 주의(모기기피제, 긴소매, 긴바지 착용) 임신부는 특히 조심. 귀국 후 헌혈 금지 1개월, 콘돔 사용, 임신 연기 2개월, 2주 내 발진 발열 발생 시 1339 신고."

최근 뎅기열과 지카 바이러스가 급속히 확산하면서 인류를 위협하고 있다. 뎅기열은 매년 전 세계 100여 개국 5,000만~1억 명에게서 발병하는 질환이다.[14] 전 세계적으로 발병자가 증가하면서 해외여행을 다녀온 한국인의 뎅기열 발병도 급증하고 있다. 뎅기열 발생 지역은 적도에서 남북으로 위도 35도까지 광범위하다. 이 위험 지대에는 전 세계 인구의 40%인 25억 명이 사는데, 쿠바도 이 위험 지대에 속한다.

지카 바이러스는 1947년 처음 발견되었는데, 2007년까지 확진 환자가 열세 명밖에 되지 않았고 누구도 지카 바이러스가 인류를 위협하리라고 예측하지 않았다. 하지만 브라질 올림픽 개최 즈음에 지카 바이러스의 위험성이 널리 알려지기 시작했다. 그동안은 감염자 중 일부만 독감 같은 증상을 보이는 것으로 알고 있었는데, 임신부가 감염되면 소두증이 있는 태아를 출산할 수 있고 조기 유산, 태아 사망의 가능성도 있다는 연구 결과가 발표되었다. 2016년 3월 당시 지카 바이러스 의심 환자는 5만 1,473명이었다.[15] 특히 올림픽이 개최될 브라질에서 가장 많은 환자가 발생해 위협적일 수밖에 없었다.

뎅기열과 지카 바이러스는 모기를 통해 감염된다는 점과 백신이 개발되지 않아 예방이 최선이라는 공통점이 있다. 쿠바는 지리와 기후 특성상 모기를 매개로 한 전염병 발병 가능성이 매우 높다. 연평균 기온이 섭씨 24.5도이며 평균 습도가 80%인 쿠바는 모기가 많을 수밖에 없다. 기온이 가장 낮은 1, 2월을 제외하고는 대부분 한국의 여름과 비슷한 고온 다습한 날씨이다.

한편 배수 시설이 열악해 가정집 하수가 그대로 길가로 흘러나오기도 하고, 파손된 도로와 골목길 곳곳에 물이 고여 있고 이끼가 끼어 있기도 하다. 블록마다 분리수거가 안 된 큰 쓰레기통이 악취를 풍기며 놓여 있다. 반려동물의 배설물이 길가에 어찌나 많은지 쿠바에서 하늘을 보고 걷는 일은 위험하기까지 하다. 모기가 서식하기에 딱 알맞은 환경이다.

쿠바의 집들은 지은 지 매우 오래되었고, 덥고 습한 날씨 때문에 창문이 많고 크다. 게다가 건축 자재가 부족해 집을 개보수하기가 무척이나 어렵다. 이런 상황이다 보니 창문에 방충망을 설치하는 일은 엄두도 못 낸다. 비교적 상태가 좋은 집이나 호텔도 방충망이 설치된 곳을 본 적이 없다. 그렇다고 모기 퇴치를 위한 약품이 있는 것도 아니다. 약국에 가서 모기 살충제를 달라고 해봤지만 약사는 웃으며 그런 건 없고 폴리클리니코에 가서 방역을 부탁하라며 주소를 적어주었다. 방역사가 집에 찾아와 해주는 소독 말고는 뭔가 해볼 수 있는 방법이 없다고 봐야 한다.

쿠바에는 아직 분리수거 개념이 없어서 음식물 쓰레기와 일반 쓰레기를 모두 한 통에 버린다.

이런 상황임에도 쿠바가 다른 나라에 비해 전염병 피해가 거의 없는 것은 체계적 관리 덕이다. 폴리클리니코에는 환자를 진료하는 의료진만 있는 것이 아니다. 관할 지역 내 전염병 확산 방지와 모기 퇴치를 담당하는 부서가 따로 있다. 일선에서 활동하는 이들은 방역사Fumigador와 오페라리오Operário이다. 방역사는 훈증 소독이 필요한 집을 방문해 소독을 한다. 오페라리오는 패밀리 닥터가 있는 콘술토리오에 소속되어 일한다. 쿠바에서 회색 치마나 바지에 흰색 상의를 입고 가가호호 방문하는 사람을 봤다면 그들이 바로 오페라리오이다. 오페라리오의 주요 업무는 하루에 대략 스물다섯 가구를 방문해 모기 발생 위험이 있는지, 전염병을 앓는 사람이 있는지 확인하는 것이다. 모기 발생 위험이 높은 집을 발견하면 폴리클리니코의 방역사와 함께 방역을 한다.

또 다른 대응책은 해외에서 감염된 쿠바인이 귀국 후 병을 전염시키지 않도록 하는 것이다. 쿠바인들은 외국에 다녀오면 반드시 혈액 검사를 받아야 한다. 공항이나 항만역에서 입국과 동시에 혈액을 채취하지 않는 한 이런 관리 시스템은 작동 불가능하다. 하지만 쿠바 입국 당시에 혈액을 채취하는 모습을 볼 수 없었기 때문에 허울뿐인 제도라고 생각했다. 외국에 다녀온 쿠바인 모두의 혈액을 검사하는 것이 어떻게 가능한지 의심 가득한 목소리로 묻자 패밀리 닥터가 웃으며 설명했다. "이민국에 해외 방문자를 관리하는 전산 프로그램이 있어요. 그들의 주소를 확인해 해당 폴리클리니코로 보내면 폴리클리니코는 혈액 검사가 필요한 사람 명단을 다시 콘술토리오로 보내요. 패밀리 닥터가 간호사나 오페라리오를 통해 혈액 검사에 필요한

오페라리오는 회색 하의와 흰색 상의 유니폼을 입고 근무한다. 왼손에 든 서류는 각 가정의 점검 사항을 정리한 것이고, 바닥의 페트병에는 하수구에 뿌리는 약품이 담겨 있다.

서류를 그 집에 전달하면 그 사람은 혈액 검사를 받고 그 결과를 다시 콘술토리오에 제출해야 합니다.”

한번은 딸아이가 배탈이 나서 며칠 고생하다가 외국인이 이용하는 시라 가르시아 병원에 갔다. 10분 정도 진료받을 생각으로 갔는데 혈액 검사, 변 검사, 의사 문진까지 병원에서 다섯 시간도 넘게 머물다 와야 했다. 외국인은 내국인과 달리 상당한 진료비를 지불해야 한다. 병원에서 머무르는 시간이 길어지면서 돈 받는 환자라고 과잉진료하는 것은 아닌지 의심스럽던 차에 담당 의사의 설명을 들을 수 있었다. 지카 바이러스나 뎅기열이 있는지 확인해야 해서 혈액 검사를 했고, 검사 결과 아무 문제 없다고 설명해주었다. 쿠바의 철저한 전염병 관리 체계를 새삼 실감했다.

반면 한국의 관리 체계는 달랐다. 매일 문자 메시지를 통해 주의하라고는 했지만 정작 어떤 조치도 없었다. 귀국 당시 공항에서 중남미 국가에서 온 사람은 신고하라는 게시문을 보고 신고할 곳을 찾았다. 따로 장소가 마련되어 있는 것은 아니고 입국자들 열감지 하는 곳 귀퉁이에 담당자 한 명이 서 있었다. 중남미에서 입국해서 신고하려고 한다 했더니 실제로 체온을 재보는 것도 아니고 "열나거나 이상 증상 없으세요?"라는 의례적 질문과 함께 A4 용지 반쪽 분량의 안내문을 전해주는 것이 전부였다.

## 범죄로부터 안전한 나라

흔히들 중남미 국가는 매우 위험하다고 생각한다. 그도 그럴 것이 콜롬비아, 멕시코, 도미니카 공화국, 코스타리카 등은 마약 카르텔의 활동 무대여서 총기 사고와 살인이 빈번하게 일어난다. 원래 마약 카르텔의 주활동지는 콜롬비아와 멕시코였는데 코스타리카로까지 활동 지역을 확대하면서 마약 거래가 증가하고, 덩달아 살인 사건도 증가하고 있다. 2013년 EU 보고서에 따르면, 도미니카 공화국이 카리브해 마약 거래 지휘본부 역할을 하면서 마약 수송이 급증하고 있다.[16]

이런 국가들 가까이에 위치해 있다 보니 쿠바 역시 강력 범죄가 많은 나라로 인식되곤 한다. 하지만 쿠바는 아메리카 대륙 전체에서 범죄율이 가장 낮은 국가이다.[17] 2014년 시드니 대학 조사에 따르면, 쿠바와 인구수가 비슷한 인접국 도미니카 공화국은 범죄가 증가하는 반면 쿠바는 줄어들고 있다.[18]

쿠바는 왜 범죄가 적을까? 몇 가지 이유가 있다. 1990년대 미국의 지속적인 경제 제재와 소련 붕괴로 국민들의 기본 생활조차 유지하기 힘든 상황이 되자 쿠바 정부는 관광 산업으로 눈을 돌렸다. 관광객을 유치하기 위해서는 먼저 관광객에게 안전한 환경을 만들어야 했으므로 쿠바 정부는 관광객을 범죄로부터 보호하는 정책을 추진했다.[19] 쿠바에는 경찰 인력이 매우 많다. 언제 어디서든 경찰을 볼 수 있다. 이는 경찰이 항상 주민과 외국인을 지켜보고 있다는 의미이기도 하다.

범죄자에 대한 강력한 처벌도 낮은 범죄율과 관련 있어 보인다. 마약은 강력 범죄와 긴밀하게 연관되어 있는데, 쿠바 정부는 마약 운반이나 사용을 매우 엄격하게 처벌한다. 피델 카스트로의 절대적 신임

쿠바 어디를 가든 흔히 볼 수 있는 경찰. 외국인이 많은 곳에는 경찰이 특히 더 많다.

을 받았던 오초아 장군이 사형선고를 받은 것도 마약 구입 및 운반에 연루되었기 때문이다. 그리고 다른 남미 국가들과는 달리 일반인이 총기를 소지할 수 없다는 점도 강력 범죄가 적은 이유 중 하나이다.

그렇다고 쿠바에 범죄자가 전혀 없는 것은 아니다. 살인, 폭력 등 강력 범죄는 적은 반면 경제사범이 많다. 주로 어떤 사유로 구속되는지 물어보니 남자는 절도 때문에, 여자는 성매매 때문에 구속된다고 한다. 남의 물건을 빼앗는 절도도 있지만 회사 물건을 빼돌리는 식의 절도로 구속되는 일도 많다. 워낙 물자가 부족한 나라이다 보니 견물생심이 더욱 강하게 작용하는 듯하다. 성에 대해 매우 개방적인 나라지만 조직적 성매매 행위는 처벌 대상인데, 성매매 역시 그 속내를 들여다보면 돈을 벌기 위한 행위로 볼 수 있다.

쿠바에서 지내는 동안 쿠바 사람들로부터 물건을 잃어버리지 않도록 조심하라는 이야기를 종종 들었다. 주로 "카메라는 손에 들고 다니지 말고 목에 걸거나 가방에 집어넣어라" "인터넷 쓰러 공원에 갈 때 컴퓨터나 휴대폰 잘 간수해라" "버스 탈 때 가방은 앞쪽으로 메라" 같은 충고였다. 실제로 주변에서 피해 사례를 종종 볼 수 있었다. 공원에서 친구를 만나 잠시 인사하는 동안 벤치에 놓았던 가방이 통째로 사라진 사건, 쿠바 청년들과 함께 운동을 했는데 그들이 먼저 가고 난 뒤 보니 휴대폰과 지갑도 같이 사라진 사건, 바지 뒷주머니에 넣어놓은 휴대폰이 사라진 사건, 민박집 주인이 청소할 사람을 소개해주어 청소하도록 자리를 비켜줬는데 나중에 보니 현금이 사라진 사건 등등 다양했다.

다행히 나는 체류 기간 큰 피해를 당한 적은 없다. 내가 예약해둔 민박집으로 가는 길을 안내해주겠다며 호의를 가장해 접근해서는 자기들 잇속을 챙기려고 엉뚱한 민박집으로 안내해준 남자들 때문에 고생한 일이 있긴 했지만 말이다.

한번은 집 근처 공원에서 산책하는데 네다섯 살쯤 돼 보이는 아이가 친구와 놀다가 뭐가 불편했는지 할아버지를 찾으며 큰 소리로 울음을 터뜨렸다. 그런데 그 아이 할아버지 대신 웬 중년 남성이 나타나 그 아이를 어디론가 데려갔다. 중년 남성을 따라가면서도 아이는 계속 할아버지를 찾으며 울었다. 혹시 중년 남성이 아이에게 못된 짓을 하진 않을까 걱정되어 뒤따라가 보았는데, 중년 남성은 아이의 할아버지가 있는 곳까지 아이를 얌전히 데려다주었을 뿐이었다. 아이가 아파트 놀이터에 절대 혼자 나가 놀지 못하게 하고, 친구와 논다고 해도 베란다 창문으로 수시로 안전을 확인하던 나의 모습이 떠오르면서 여기는 쿠바임을 새삼 실감했다.

쿠바가 치안이 좋다는 점은 많은 사람이 인정하는 바이다. 쿠바인을 대상으로 한 조사에서도 집 밖에 혼자 나가는 것이 두렵지 않다는 응답이 70%였다.[20] 아이들은 보호자 없이도 공원과 길가에서 자유롭게 뛰어논다. 이는 이웃 공동체 덕분이기도 하다. 이웃끼리 서로 굉장히 잘 알고 있고, 항상 거리를 지켜보는 누군가가 있다. 나는 열두 가구가 사는 2층짜리 아파트에 살았는데, 2층의 제일 안쪽 집이었다. 집에 드나들 때마다 1층 1호 할아버지가 창문을 통해 항상 오가는 나를 지켜보았다. 처음에는 감시받고 있다는 생각에 언짢았지만 시간이 지나면서 그 할아버지의 존재가 매우 든든하게 느껴졌다.

남미 여행 뒤 쿠바에 도착해 공항에서 택시를 탄 적이 있다. 연세 지긋한 택시 기사분과 이런저런 이야기를 나누다 남미를 여행하고 돌아오는 길이라고 했더니 기사분의 긴 잔소리가 시작됐다. 남미 나라들 위험하지 않느냐, 총으로 싸우는 사람들도 있고 강도도 많은데 왜 그렇게 위험한 곳을 갔느냐는 걱정이었다. 그리고 쿠바가 얼마나 안전한 곳인지 한참 동안 설명을 들어야 했다.

쿠바도 사람 사는 곳이기에 과격한 폭력도 일어나고 남을 해치는 경우도 있다. 하지만 누군가 길 가는 나를 아무 이유 없이 폭행하지는 않을는지, 공원에서 놀고 있는 아이를 데려가 나쁜 짓을 하지는 않을는지 따위는 걱정하지 않아도 된다. 물론 좀도둑과 과잉친절을 베푸는 선남선녀, 거짓말쟁이는 조심해야 하지만 말이다.

## 귀신 잡는 한국 해병대, 모기 잡는 쿠바 오페라리오

오페라리오는 패밀리 닥터가 근무하는 콘술토리오에 소속되어 모기 발생과 전염병 확산을 예방하는 일을 한다. 가가호호 방문해 물통에 고여 있는 물은 없는지, 쓰레기는 잘 처리하고 있는지, 냉장고 아래 물이 고여 있지는 않은지, 달걀 껍데기는 깨뜨려 버리고 있는지 등등을 확인한다. 페트병에 담긴 약품을 하수구에 뿌려주기도 한다. 하루 동안 방문한 가구 목록과 점검 결과를 서류에 적어 콘술토리오의 패밀리 닥터에게 확인받는다.

또 주민들에게 모기가 발생하지 않도록 설명해주고, 전염병 증상이 있으면 진료받도록 한다. 만약 지속적인 제안에도 개선 노력을 하지 않으면 벌금을 부과하기도 한다. 벌금을 내지 않으면 재판에 소환될 수도 있다.

보통은 자신의 관할 구역 내 가구들을 방문하지만 특정 구역에 뎅기열이나 지카 바이러스 감염 환자가 발생하면 폴리클리니코 소속 모든 오페라리오가 그 지역에 파견되어 일한다. 오페라리오는 외국에 다녀온 쿠바인들에게 혈액 검사에 필요한 서류를 전달하는 일, 몸이 아픈데도 치료받지 않는 환자가 있을 경우 이를 의사에게 알리는 일도 한다. 모기 발생을 예방하는 것이 이들의 주요 역할이지만 패밀리 닥터와 지역 주민을 이어주는 역할도 한다.

오페라리오가 되는 데 자격 제한은 없다. 의무교육을 받았다면 연령과 학력에 상관없이 3개월가량의 교육만 받으면 된다. 호르헤는 고

군복무 대신 오페라리오 업무를 하고 있는 쿠바 청년. 군복무 기간에 군대 대신 국가 기관이나 공공 단체에서 공익 활동을 하는 한국의 사회복무요원과 유사해 보였다.

등학교 졸업 후 23년간 해군으로 일했는데 나이가 들어감에 따라 해군 생활이 힘들어져 교육을 받은 후 2년째 오페라리오 일을 하고 있다. 데니스는 중학교 졸업 후 오페라리오 일을 한 지 1년이 되었다. 낮에는 일하고 밤에는 고등학교 과정을 마치기 위해 학교에 다닌다. 일하는 데 어려움은 없는지, 혼자서 집집마다 방문하는 일이 어렵지는 않은지 묻자 데니스는 "처음 일을 시작했을 때는 주민들이 내가 누구인지 모르기 때문에 일일이 설명해야 해서 조금 힘들었지만 지금은 모두 나를 알아보고 문도 잘 열어주고 하기 때문에 특별히 어려운 점은 없어요"라고 대답했다. 14년째 오페라리오 일을 하고 있는 케니아는 "우리가 하는 일이 사람들의 건강을 지키는 일이기 때문에 매우 중요하다고 생각해요"라고 말했다.

인터뷰한 패밀리 닥터와 오페라리오는 모든 콘술토리오에 오페라리오가 배치되어 있다고 설명했다. 하지만 내가 아바나에 체류하는 동안에는 오페라리오가 집으로 찾아온 적이 한 번도 없었다. 대신 군인이 몇 번 방문했다. 이런 상황을 말했더니 좀 더 솔직한 이야기를 들려주었다. 오페라리오로 일할 인력이 부족하기도 하고, 오페라리오에게 문을 잘 열어주지 않으며 협조적이지 않은 동네도 있다는 것이다. 내가 살던 동네도 오페라리오들이 일하기 싫어하는 동네 중 한 곳인데, 그냥 방치할 수는 없으니까 군인들을 파견해 오페라리오 역할을 대신하도록 하고 있다고 했다.

십대 후반의 군인은 집에 방문해 물통이 몇 개 있는지, 물이 고여 있는 곳은 없는지, 쓰레기는 잘 처리하고 있는지 등을 확인했다. 오페라리오처럼 점검을 한 뒤 하수구에 약품을 뿌려주고는 방문 기록을 남기고 갔다.

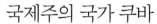

# 국제주의 국가 쿠바

남을 돕거나 내가 속하지 않은 집단을 돕는 일은 여유가 있을 때나 가능하다고들 생각한다. 당장 내가 먹고살 만해야 남을 돕는 일에 관심을 갖는 것이 당연할지도 모른다. 하지만 간혹 이런 '당연함'을 넘어서는 행동을 하는 사람들이 있다. 근검절약해 어렵사리 모은 돈을 이웃돕기 성금이나 장학금으로 쾌척하는 사례들이 심심치 않게 보도되곤 한다.

어려운 상황에서도 남 돕기에 앞장서는 국가도 있다. 바로 쿠바이다. 모든 사람의 건강을 보장하고자 하는 쿠바 정부의 노력은 국경을 넘어서까지 이루어지고 있다. 한 저자는 국경을 뛰어넘는 쿠바의 원조 활동을 성경에 등장하는 '과부의 동전 한 닢'에 비유했다.

## 의료 전문가 해외 파견

쿠바에는 '헨리 리브 국제구조대'라는 조직이 있다. 2005년 9월 결성된 구조대는 세계 어디든 재해로 의료 서비스가 필요한 곳이 생기면 달려가 지원한다. 조직의 목적이 이러한 만큼 참여 조건도 독특하다. 의학 지식뿐 아니라 역학 지식을 갖춰야 하고, 적어도 두 가지 언어를 구사할 수 있어야 하며, 건강해야 한다. 선발되고 나면 두메산골에 들어가기 위한 낙하산 훈련도 받는다.

구조대가 결성된 배경은 이러하다. 2005년 8월 29일 허리케인 카트리나가 미국 루이지애나주와 미시시피주를 덮쳐 1,702명이 사망했다. 긴급 피난 명령에도 불구하고 이동 수단이 없었던 저소득층이 주로 피해를 당했다. 재해 이후 미국과 쿠바의 대응은 매우 대조적이었다. 미국 의회는 피해 복구와 긴급 대책을 위해 예산을 편성했지만 당시 부시 대통령은 군사 예산을 삭감해가면서 재해 복구 예산을 쓸 수 없다며 복구 책임을 지방정부에 떠넘겼다.

반면 어찌 보면 적대국이라 할 수 있는 쿠바는 허리케인 피해 소식을 접하고는 곧바로 1,586명의 의료진을 구성해 미국에 파견 의사를 밝혔다. 하지만 미국은 이를 거부했다. 쿠바는 이때 구성한 조직을 해산하지 않고 추가로 신청을 받아 3,000명 규모의 의료구조단을 결성했는데 이것이 바로 헨리 리브 국제구조대이다.

쿠바는 구조대가 결성되기 전부터 의료 지원 활동을 펼쳤는데, 그 시초는 혁명 정부 수립 직후인 1960년까지 거슬러 올라간다. 칠레, 알제리, 니카라과, 가이아나, 앙골라, 스리랑카 등 어려움에 처한 곳이면 어디든 의료팀을 파견했다. 혁명에 반대한 의사들이 대부분 해외로 빠져나간 상황에서도, 소련 해체로 지원이 끊겨 극심한 경제적 어려움에 처해 있을 때도 쿠바는 해외 원조 활동을 지속했다.

2005년 파키스탄과 2006년 인도네시아에서 헨리 리브 국제구조대는 결성 이후 가장 두드러진 활동을 보였다. 쿠바 의료진의 활동은 몇 가지 점에서 다른 국가의 원조 활동과 달랐다. 먼저 다른 국가의 지원팀은 단기간 활동에 그친 반면 쿠바 의료진은 장기간 활동했다. 재해 피해자에 대한 응급 치료에 그치지 않고, 평소 의료 서비스를 받을 수 없었던 지역 주민들을 치료하기까지 했다. 그리고 예방 활동과 교육, 심리적 지원도 병행했다. 둘째, 파견된 의료 인력 중 상당수가 여성이었다. 종교적 이유로 남자 의사에게 치료받을 수 없는 여성 환자들이 자칫 방치될 수도 있었는데 쿠바 여성 의료진 덕에 여성 환자에 대한 치료도 가능했다. 셋째, 단순히 도움을 주는 데 그치지 않고 그들이 떠난 이후에도 치료가 지속되도록 조치했다. 쿠바 의료진은 활동 마지막 단계에 자신들이 떠난 뒤 그 자리를 대체할 의료진을 양성했는데, 그 나라의 의대생과 군의관 들을 교육했다. 그리고 치료가 가능하도록 의료 기기와 의약품을 기부하고 본국으로 돌아왔다.

쿠바 의료진의 투철한 활동을 짐작하게 하는 미담들이 있다. 쿠바 의사들의 활동에 대해 파키스탄 작가 탈리크는 "파키스탄 국민은 사랑을 의미하는 새로운 단어 하나를 배웠습니다. 그것은 쿠바라는 단어입니다"라고 기록했다. 인도네시아 지진 후 파견된 쿠바 구조대는 3개월 체류 기간에 산모 34명의 출산을 도왔는데, 그중 한 부부는 감사의 마음으로 아이 이름을 '쿠바'라고 지었다.

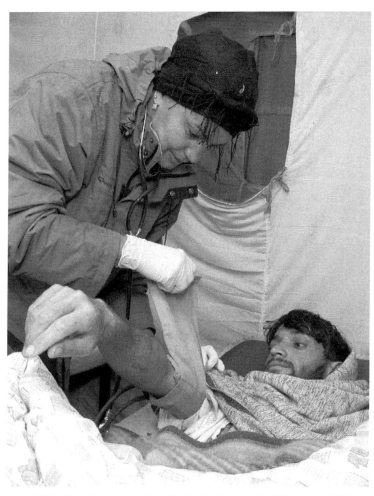

쿠바 의사들은 재난 지역이나 의료 사각지대에 파견되어 의료 서비스를 제공한다. 재난 지역에는 비교적 단기간 파견되어 무상으로 환자를 치료하고, 의료 인력이 충분치 않은 지역에 파견되는 경우 보통 2년간 활동한다.

현재 베네수엘라 등에 파견한 의료 인력이 쿠바의 주요 외화 수입원인 것은 맞지만, 재난 지역에 대한 의료진 파견은 모두 무상으로 이루어졌다. 재난으로 수천 명이 사망하고 부상당한 상황에서 국교도 수립하지 않은 나라의 의료진이 돈 한 푼 받지 않고 오랫동안 머물며 치료하는 모습을 본 사람들은 무엇을 느꼈을까? 언어도 통하지 않고 기후도 맞지 않는 곳에서 혹독한 날씨를 견뎌내고 현지어를 배워가며 환자를 정성으로 보살펴주는 모습을 보면 어떤 생각이 들까? 쿠바의 의료 지원을 받은 국가는 자연스럽게 쿠비의 우방이 될 수밖에 없을 것이다. 피델 카스트로는 이 모든 것을 미리 계산했을까? 의료 인력 파견에 적과 동지, 지역을 가리지 않았다. 계산된 결과이든 아니든 인도적 원조 활동은 쿠바의 외교에도 긍정적 영향을 미쳤다.

UN 인권위원회는 매년 미국의 쿠바 경제 봉쇄 해제를 두고 투표를 하는데, 쿠바의 지원을 받은 국가들이 계속해서 쿠바에 대한 경제 제재에 찬성하는 표를 던지기는 어려울 것이다. 2004년 미국 부시 대통령은 파라과이를 방문해 쿠바 경제 봉쇄 해제에 반대해달라고 요청했다. 하지만 니카노르 두아르테 대통령은 기권을 선택했다. 이런 결과를 예상했는지 파키스탄이 재난을 당했을 때 미국은 파키스탄 정부에 쿠바의 지원을 받지 말라고 압력을 가하기도 했다.

1960년 지진 피해를 입은 칠레에 의료팀을 파견한 것을 시작으로 쿠바가 타국에 파견한 의료 인력은 10만 명을 넘어섰고, 쿠바 의료 인력의 도움을 받은 국가는 무려 110개국에 달한다. 처음에 수혜국들은 쿠바의 의료 원조를 곱게 보지 않았다. 사회주의 혁명 활동을 하려는 것은 아닌지, 정치적 의도가 있는 것은 아닌지 의심했다. 그래서 쿠바의 의료 지원 활동은 언론의 조명을 받지 못했다.

정기웅 박사는 미국과 일본이 오랜 기간 막대한 자원을 해외 원조에 쏟아부어 왔지만 제3세계 국가들로부터 지지를 못 받는 반면 쿠바는 강한 국가가 아님에도 국제 정치에서 무시할 수 없는 영향력을 행사한다고 했다. 그러면서 성경 구절을 인용해 쿠바 의료 외교의 성과를 평가했다. "과부의 동전 한 닢은 부자의 금화 열 닢보다 가치 있는 것이다."[21]

## 전 세계 학생을 위한 라틴아메리카 의과대학

1999년 개교한 라틴아메리카 의과대학은 쿠바에 있지만 쿠바인이 아닌 외국인을 위한 의과대학이다. 1998년 중미와 카리브해 주변에 호르헤, 미치 같은 대형 허리케인이 덮쳐서 온두라스, 니카라과, 과테말라, 엘살바도르에서 1만 8,000명 넘게 사망하거나 행방불명되는 큰 피해를 입었다. 언제나처럼 쿠바는 의료진을 파견했지만 현지 사정이 너무 열악해 피해자들을 치료하는 데 한계를 느꼈다. 그래서 쿠바 정부는 의료 인력을 파견하는 것도 중요하지만 현지 의사를 양성하는 일이 시급하다고 판단했다.

마침 이베로아메리카 정상회의가 쿠바 수도 아바나에서 개최되었을 때 의과대학 설립을 제안했다. 쿠바에 쿠바인이 아닌 가난한 나라의 젊은이들에게 의학 교육을 하기 위한 대학을 설립하는 계획이었다. 정상회의에서 논의된 후 바로 설립이 추진되었으며, 대학 건물은 해군학교가 있던 곳을 개축해 사용했다. 그래서 라틴아메리카 의과대학은 해변에 자리 잡고 있다.

한국에서 이런 일이 계획되었다면 언제쯤 실현될 수 있었을까? 관련 법 검토, 예산 확보, 부지 마련, 시설 건축, 인력 채용 등 거쳐야 할 과정이 많아 오랜 시간이 소요되었을 것이다. 어쩌면 주요 정책 결정자와 이해 관계자의 동의를 얻지 못해 영영 실현되지 못했을지도 모른다.

입학 자격은 25세 미만의 고졸 이상 학력자로 의사 업무를 수행할 신체적·정신적 건강 상태를 갖춘 빈곤 계층이어야 한다. 총 6년의 교육 과정 중 2년은 라틴아메리카 의과대학에서 배우고 나머지 4년은 쿠바 학생들과 각 지역의 의과대학에서 공부한다. 6년 동안의 등록금, 식비, 책값 모두 쿠바 정부가 부담하며 얼마간의 용돈도 지급한다. 이런 교육을 받고 나서 수혜 학생이 지켜야 하는 의무는 단 하나

아바나 중심부에서 30분쯤 떨어진 곳에 위치한 라틴아메리카 의과대학

로, 본국으로 돌아가 일정 기간 의료 봉사 활동을 해야 한다. 국가에 따라 쿠바의 의사 면허를 가지고 바로 의사로 활동할 수 있는 경우도 있지만 자국에서 다시 시험을 봐야 하는 경우도 있다.

## 기적의 안과 수술

피델 카스트로의 통 큰 계획 중 하나인 '기적의 안과 수술Programa de Milagro'은 2004년 7월 1일 시작되었다. 백내장, 녹내장, 당뇨병 등으로 시력을 잃은 사람들을 치료해주겠다는 계획으로, 의학 기술의 발달로 치료가 가능함에도 돈이 없거나 의료 서비스에 접근할 수 없어 실명한 사람들에게 무료로 치료 기회를 주겠다는 것이다. 더욱 놀랍게도 쿠바 국민만이 아니라 전 세계인을 대상으로 450만 명을 치료하겠다는 목표를 세웠다. 국적에 상관없이 원하는 사람이면 누구에게나 치료 기회를 주겠다는 말이다.

다소 황당해 보이는 계획이지만 결론부터 말하자면 2014년까지 34개국 260만 명의 환자가 수술을 받고 시력을 되찾았으며, 2016년 현재에도 지속되고 있다. 계획 자체도 통 큰 결단이었지만 그 과정도 남다르다.

이 계획의 커다란 수혜국인 파나마는 당시 쿠바와의 관계가 편치만은 않은 상황이었다. 2000년 파나마에서 이베로아메리카 정상회의가 개최되었는데, 회의에 참석한 피델 카스트로를 CIA가 고용한 루이스 포사다가 암살하려다 실패한 사건이 있었다. 당시 파나마 대통령이었던 미레야 모스코소는 암살자 포사다를 체포했으나 미국의 압력에 석방해버렸다. 물론 그사이 대통령이 바뀌긴 했지만 쿠바는 이런 사건이 있었던 파나마와 국교를 회복하고 매년 1만 명이 넘는 파나마인에게 안과 수술을 받도록 했다.

요시다 타로는 쿠바 방문 중 취재를 돕던 사람이 호텔에서 퇴거 명령을 받았던 일을 저서에서 소개한 바 있다. 이유인즉 안과 수술을 받으러 온 외국인과 그 가족들이 호텔에 묵어야 하기 때문에 다른 손님들은 호텔에서 나가야 한다는 것이었다. 치료비는 물론 안과 수술을 받으러 오는 환자와 가족의 호텔 숙박비, 식사비, 입국 경비도 모두 무료였다. 또한 의학적 치료 외에도 사회복지사들이 환자와 가족을 돌보는 역할을 맡았다.

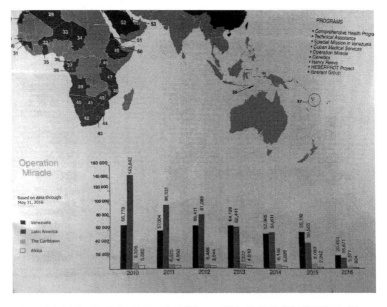

기적의 안과 수술을 받은 환자 수를 연도별, 국적별로 소개한 《그란마》 국제판 7월 22일 자 기사

## 끝나지 않은 고통, 타라라 진료소의 아이들

1986년 우크라이나 체르노빌 원자력 발전소가 폭발했다. 당시 집계된 피해도 컸지만 더 심각한 사실은 참사의 영향이 지속되고 있다는 점이다. 당시에 태어나지도 않았던 아이들이 갑상샘암, 백혈병, 심상성 백반, 건선, 측만증, 근위축증 등 온갖 질병과 장애에 시달리고 있었다.

1990년 이 아이들을 위해 쿠바가 나섰다. 아이들을 쿠바로 데려와 상태에 따라 3개월 정도 치료해주기도 하고 4년 넘게 쿠바에 머무르게 하며 치료해주기도 했다. 골수 이식, 신장 이식, 백혈병 치료, 심상성 백반이나 탈모증 치료 등 다양한 치료가 이루어졌다. 사람 태반과 상어 연골을 이용해 개발한 로션은 머리카락과 눈썹을 다시 나게 하고 피부 장애에 효과가 있어 당시 치료에 활용되었다. 총 2만 명 이상이 쿠바 타라라 진료소에서 치료를 받았다.

의학적 치료만이 아니었다. 치료를 받으러 온 아이들은 질병과 장애, 다른 사람과 다른 외모 때문에 마음의 상처를 입고 위축되어 있었다. 이런 아이들의 마음이 카리브해의 햇살 아래에서 음악과 춤, 놀이를 통해 치유되도록 했다. 물론 이 역시 무료로 이루어졌다.

## 서사하라 학생을 위한 교육 프로그램

서사하라는 아프리카 북서부 대서양 연안에 있는 곳이다. 1969년까지 스페인령이었으나 탈식민지 운동이 일어나자 모로코와 모리타니가 역사적 연고성을 내세우며 서사하라 영토 소유권을 주장했다. 이와 동시에 원주민들은 '폴리사리오'라는 독립 단체를 조직해 해방 운동을 전개했다.

　1975년 국제사법재판소가 '서사하라인들은 민족 자결의 권리가 있다'는 의견을 발표했음에도 스페인, 모로코, 모리타니는 이를 무시하고 영토권 분할 협상을 했다. 영토의 3분의 2는 모로코가 차지하고, 나머지는 모리타니가 차지했다. 이에 반발해 서사하라 주민들은 '사하라 아랍 민주 공화국'의 독립을 선포했다.

　모로코는 독립을 선포한 사하라 아랍 민주 공화국에 공세를 가했고, 공화국은 알제리의 지원을 받아 모로코와 모리타니를 공격했다. 모리타니는 영유권을 포기했으나 모로코는 모리타니령 서사하라도 모로코 영토로 선포하며 지금까지도 서사하라에 절대적 영향력을 행사하고 있다. 모로코 정부는 서사하라의 무역과 경제권을 쥐고 가격을 통제하며 이권에 개입하고 있다. 또 영토를 지킬 목적으로 지뢰나 레이저로 서사하라 주민들을 감시한다. 독립을 선포한 사하라 아랍 민주 공화국을 남미와 아프리카는 국가로 인정하지만 그 외 대부분 국가는 인정하지 않아 UN 가입이 불가능한 상황이다.

　서사하라에는 자원이 거의 없고, 강수가 부족해 농사를 짓기도 힘들다. 그래서 대부분이 유목과 어획 등을 하며 살거나 알제리 영내에 있는 난민 보호 구역에서 지낸다. 보호 구역에는 다른 나라에서 보내오는 구호 물품 외에는 아무것도 없다. 교육을 받기도 어렵다. 스페인을 비롯해 몇몇 국가가 서사하라 난민을 지원하고 있는데, 쿠바도 그중 하나이다.

　쿠바가 서사하라 난민을 돕는 방법은 서사하라의 청소년을 쿠바로 데려와 교육하는 것이다. 서사하라 청소년은 쿠바에서 무상으로 공동생활을 하면서 고등학교까지 교육받을 수 있다. 고등학교 졸업 후에는 쿠바의 대학에 진학할 수도 있고 자국으로 돌아갈 수도 있으며 다른 나라에 가서 일할 수도 있다.

한국은 1987년 공적개발원조ODA 활동을 시작해 원조 규모가 꾸준히 증가하고 있다. 2010년에는 OECD 산하 개발원조위원회 Development Assistance Committee, DAC 회원국이 되었다. 한국이 1945년 해방 이후 55년간 국제사회로부터 받은 도움을 현재 가치로 환산하면 600억 달러가 넘는데, 받은 만큼 되돌려주려면 20년 넘게 걸릴 것이라 한다.[22] 개발원조위원회 회원국 중 한때 원조 수혜국이었던 나라는 한국이 유일하다. 수혜국에서 제공국으로 지위를 전환한 것만으로도 놀라운 일이긴 하지만, 아직 다른 개발원조위원회 회원국에 비해 원조의 절대 규모나 국민소득 대비 비율이 낮은 편이다.

저개발 국가를 돕기 위한 예산을 확대하는 데 대해 의견이 분분하다. 한국의 국제적 위상에 비해 국제 원조가 양적으로나 질적으로나 부족하므로 확대 개선할 필요가 있지만, 일각에서는 한국의 경제 사정을 고려해 원조 규모 확대에 신중을 기해야 한다고 주장한다. 하지만 쿠바의 국제 원조 활동을 보면 돕는 데 적당한 때가 따로 있는 것이 아니라 의지의 문제라는 생각이 든다.

# 2
## 쿠바가
## 가진
## 콩 한 쪽

쿠바가 혁명 이후 이룬 성과들은 반드시 쿠바가 처한 경제적, 대내외적 상황을 고려해 평가해야 한다. 성과 그 자체만 놓고 본다면 북유럽 선진 복지국가에 비해 보잘것 없어 보일 수 있다. 한국의 제도나 프로그램이 더 나은 측면도 있다. 하지만 쿠바 정부가 처했던, 그리고 여전히 지속되고 있는 어려운 상황들을 고려하면 그들이 이룬 성과를 '기적'이라고 평가하는 데 공감할 것이다. 1959년 혁명군은 결국 권력을 잡는 데 성공했지만 일반 국민의 삶을 개선하고 평등한 사회를 만들겠다는 그들의 열망을 실현하기에는 가진 것이 너무 없었다. 새 정부가 삶을 개선해줄 것이라는 국민의 기대는 컸지만, 혁명을 전복하려는 반대 세력 또한 만만치 않았다. 이 장에서는 혁명 당시부터 최근까지 쿠바 정부가 처한 대내외적 상황을 소개하고자 한다. 국가의 어려움은 국민의 삶에 직접적 영향을 미치기에 여기에는 쿠바인들의 일상도 함께 담겨 있다.

# 쿠바 정부의 재정

혁명 당시 아바나는 중남미에서 가장 화려한 도시였다. 하지만 대부분이 일부 상류 계층을 위한 시설이었고, 일반 국민의 삶은 비참했다. 1957년 가톨릭대학교연합이 발표한 보고서는 혁명 전 쿠바의 사회상을 잘 보여준다. 보고서에 따르면 지방에 사는 쿠바인들 가운데 4%만이 고기를 먹었고 3%만이 빵을 먹었다. 달걀을 먹을 수 있는 사람은 20% 미만이었다. 지방 거주자의 75% 이상이 나무로 지은 오두막에 살았고, 고작 2%만이 수돗물을 마셨으며, 9%가 전기를 사용했다. 전체 인구의 약 24%가 문맹이었고, 기대 수명은 59세였으며, 영유아 사망률은 인구 1,000명당 60명이었다. 인종 차별은 일상적이었다.[23] 카스트로가 꿈꾼 농민의 토지 소유, 산업화, 주택 문제와 실업 해결, 교육과 보건 체계 개선은 열망으로만 되는 것이 아니었다. 혁명 직후부터 최근까지 쿠바 정부의 재정 상황을 보면 '콩 한 쪽도 나눠 먹는다'는 말이 절로 떠오른다.

## 텅 빈 정부 곳간

해결해야 할 과제가 산적했지만 혁명 정부는 재정 상황이 매우 열악했다. 국립은행 보유금은 바티스타 정부의 부당 지출로 법적 최저 수준에도 못 미쳤다. 게다가 바티스타와 그 측근들이 국립은행과 재무부가 보유하고 있던 달러를 훔쳐 도주하기까지 했다. 쿠바 정부의 준비금은 100만 달러 정도밖에 안 남은 반면 공채는 12억 달러가 넘었고, 예산 결손액이 8억 달러에 달했다.[24]

비축된 돈이 없으니 새 정부는 국민 저축과 조세 수입에 의지해 국가를 운영해야 하는 상황이었지만 세금을 낼 만한 부유한 쿠바인들은 재산을 처분하고 예금을 인출해 조국을 떠났다.[25] 게다가 미국이 피그스만 침공 실패 후 경제 봉쇄를 가하면서 혁명 정부의 재정적 어려움은 가중되었다.

1959년 체 게바라는 산업부 장관으로 임명되었지만 부처를 운영할 자금이 없었고 재무부 기금마저 고갈된 상황이었다. 게바라는 바티스타가 빼돌린 쿠바의 국고를 반환해줄 것을 미국 정부에 요청했다. 바티스타가 혁명군에 쫓겨 도망치면서 쿠바 국립은행에서 4억 2,400만 달러를 빼내 미국 은행에 분산 예치해둔 돈을 돌려달라는 요구였다. 하지만 미국 국가안전보장회의NSC는 이를 거부했다.[26]

게바라와 그의 동료들은 기금 모금을 위한 캠페인을 벌였다. 혁명을 소재로 한 크리스마스카드도 제작해 판매했다. 전국에서 국민들이 자발적으로 현금이나 보석을 기증하기도 했다. 정부 부처 직원들 또한 기금을 보탰고, 부양가족이 없는 혁명가들은 봉급의 절반을 내놓기도 했다. 이후 미국의 압력으로 차관 도입이 어려워지자 노동자 봉급의 4%, 정부 각료 봉급의 10%를 기금으로 공제하는 법안을 통과시켰다.[27]

쿠바는 혹시 있을지 모르는 미국의 공격에 대응할 무기가 필요했다. 이때도 국민들은 무기 구입을 위해 모금 활동을 벌였다. 여성들은 과일 주스와 스낵을 팔아 돈을 모았고, 예술가들은 춤과 노래로 기금을 모금했다. 이때 마침 쿠바를 방문한 프랑스 작가 보부아르는 이 광경을 목격하고 "난생처음 폭력을 통해 얻은 행복을 목격했다"라고 했다.[28]

## 미국의 제재와 소련의 지원

쿠바 혁명 정부는 세계가 미국을 중심으로 한 자본주의 세력과 소련을 중심으로 한 공산주의 세력으로 나뉘어 팽팽한 긴장감 속에 대치하던 냉전 시대에 수립되었다. 혁명 전까지 미국의 소유나 마찬가지였던 쿠바에서 혁명이 일어났으니 혁명 세력의 향배는 미국과 소련 모두에게 초미의 관심사였다. 미국은 코앞에 있는 쿠바가 소련과 동맹을 맺는 것을 용납할 수 없었다.

혁명 정부가 미국인의 재산을 국유화하자 미국은 무력으로 혁명 정부를 무너뜨리려 했다. 무력 공격을 하고, 대외 교역을 원천 봉쇄해 고사시킬 계획이었다. 미국과의 교역만 금지한 것이 아니었다. 미국은 적절한 채찍과 당근을 이용해 다른 국가들이 쿠바와 교역하는 것도 막았다. 쿠바와 교역하는 국가와는 교역을 중단한 것이 채찍이라면, 쿠바와 단절을 약속한 국가에 경제적 지원을 한 것은 당근이었다. 채찍과 당근의 효과는 매우 컸다. 소련과 중국을 제외하고 어느 국가도 미국의 뜻을 거스르고 쿠바와 교역을 지속할 용기가 없었다.

반면 소련에게는 미국 본토에서 200킬로미터도 안 떨어진 거리에 우방국을 둘 수 있는 절호의 기회였다. 쿠바 입장에서도 소련이나 중국 말고는 다른 대안이 없었고 결국 소련과의 동맹을 통해 돌파구를 찾았다. 미국이 그동안 쿠바에서 수입하던 설탕의 수입을 거절하자 소련이 그만큼의 분량을 5년간 수입하겠다고 하면서 소련과 쿠바 간의 긴밀한 경제 협력 관계가 시작되었다.

쿠바가 소련 쪽으로 기운 직접적 계기는 미국의 피그스만 침공이었다. 그동안은 쿠바 정부의 정치 이념을 공식적으로 밝히지 않았으나 미국의 피그스만 침공 후 피델 카스트로는 "쿠바는 사회주의 표방 국가"라고 선언했다.

소련은 이후 쿠바 설탕의 주 수입국이 되었고, 쿠바에 필요한 석유와 무기, 기계, 기술의 공급처가 되었다. 소련은 쿠바가 필요로 했던 석유 및 관련 제품의 100%, 비료 60%, 철강 80%, 곡물 94%, 트럭 80%, 목재 98%를 지원했다.[29] 1970년대 쿠바의 경제 체제는 소련을 모델로 한 계획 경제 체제였지만 온전히 모방만 한 것은 아니었다.[30] 소련의 지원에도 만성적인 생산 부족 문제를 해결하지 못하자 자본주의적 요소를 도입해 해결하고자 했다. 예를 들어 자영농, 협동조합, 국영농장이 직접 소비자에게 생산물을 팔 수 있도록 허용했으며, 자본주의 국가의 투자를 장려하기 위해 1982년에는 외국투자법을 제정했다. 또 미국으로 망명한 쿠바인의 모국 방문과 송금을 허용해 상품과 달러가 쿠바에 유입되었다.

경제 성장률 그래프를 보면 소련에 대한 쿠바의 의존도를 파악할 수 있다. 쿠바는 1980년과 1987년에 잠시 마이너스 성장률을 보였지만 그 외에는 플러스 성장률을 보였는데, 1990년부터 1993년까지는 큰 폭의 마이너스 성장률을 기록했다. 이는 1989년 소련 붕괴에 따른 것으로 이후 3년간 쿠바는 생산이 35% 감소했다. 공장의 80%가 폐쇄되었고, 많은 노동자가 직장을 잃어 실업률이 40%에 이르렀다.[31] 그동안 지나치게 소련에 의지하고 있었던 것이다. 운송과 생산 기능이 거의 마비되었고, 식량이 부족해 약 50만 명이 실명 위기를 겪었으며, 쿠바 국민의 평균 체중이 10킬로그램가량 감소했다. 미국은 이 기회에 쿠바를 붕괴시킬 의도로 경제 제재를 더욱 강화했다.

**쿠바의 GDP 성장률 추이**

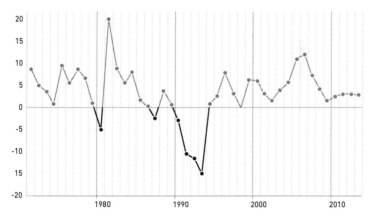

소련 몰락 후 기댈 곳이 없어진 쿠바는 자생적으로 돌파구를 찾아야 했다. 1990년 7월 피델 카스트로는 '특별시기'를 선포하고 '전쟁만큼 국가의 생존에 심각한 위협'에 대처하기 위한 조치를 마련했다. 쿠바 정부는 관광산업 활성화, 외국 기업과의 합작회사 확대, 자영업 허용, 미국 달러 합법화 등을 통해 어려움을 헤쳐 나가고자 했다. 쿠바의 경제 성장률은 1994년 이후 회복세를 보이긴 했지만 여전히 2% 수준이었다. 다행히 쿠바의 우방인 베네수엘라의 지원으로 회복세를 보였지만 무역 수지 적자는 커져갔다.

## 2011년 라울 카스트로의 개혁

2008년 피델 카스트로가 건강 문제로 사임하고, 닷새 만에 라울 카스트로가 국가평의회 의장 겸 각료회의 의장으로 선출되었다. 2011년 6차 공산당 대회에서 라울 카스트로는 좀 더 획기적인 경제 개혁의 필요성을 제기하고, 새로운 경제 가이드라인을 통과시켰다. 신 경제 모델에 기초한 경제 개혁은 국영 부문, 사회 정책, 농업 분야에서 진행되었다.

국영 부문의 개혁은 국영 기업의 인력을 감축해 민간 부문으로 이전하고 국영 기업의 유연성과 자율성을 인정해 생산량과 효율성을 높이고자 했다. 세금을 내고도 남는 이익금의 50%는 자율적으로 사용할 수 있게 하여 성과급을 지급할 수 있도록 한 것도 하나의 예이다. 2011년에는 노동자의 80%가 국영 기업의 노동자였지만 2015년에는 민간 부문에 속한 노동자가 25%로 증가했다.

사회 정책의 개혁도 이루어졌다. 효율성이 낮다고 판단한 교육 프로그램을 폐지하고, 의료기관 수와 인력을 감축했다. 정년을 연장하고 사회보장 제도 분담금을 납부하도록 했다. 배급 항목에서 소고기, 비누, 담배, 코코아 등은 제외했다.

농업 부문에서는 국영 농장의 낮은 생산성을 극복하기 위해 사용하지 않는 국가 소유 땅을 개인과 협동조합에 10년에서 25년까지 사용권을 주고 세금을 면제해주는 제도를 만들었다.

## 쿠바 정부의 주요 수입원

한국은 세금이 주요 수입원으로 세금과 사회보장 기여금이 전체 수입의 92.6%에 달하고 세외 수입은 7.4%에 불과하다. 하지만 쿠바는 세금이 국가 재정에서 차지하는 비율이 57.7%에 그치며 세외 수입이 42.3%에 달한다. 세금을 내는 사람은 일반 국민이 아니라 고용주이다.

**쿠바 정부의 세입 구조(2014년 기준)**

단위: 100만 페소, %

| 구분 | 금액 | 비율 |
|---|---|---|
| 재화소비세 | 12,768 | 28.9 |
| 서비스세 | 1,564 | 3.5 |
| 공공요금 | 2,711 | 6.1 |
| 근로소득세 | 4,246 | 9.6 |
| 소득세 | 480 | 1.1 |
| 사회보장 기여금 | 2,774 | 6.3 |
| 기타 세금 및 통관 수수료 | 951 | 2.2 |
| 세금 소계 | 25,493 | 57.7 |
| 국영 기업 부담금 | 3,115 | 7.0 |
| 기타 비세금 수입 | 15,577 | 35.3 |
| 비세금 소계 | 18,693 | 42.3 |
| 총수입 | 44,186 | 100 |

자료: 쿠바 통계청

쿠바 정부는 1959년 혁명 이후 세금을 폐지하고 의료, 교육, 식품, 공공요금, 교통, 사회보장에 필요한 자금을 국가에서 부담해왔다. 그렇기에 쿠바인들에게 세금이란 매우 생소한 것이었다. 일반 개인의 경우 재산과 소득에 부과하는 세금은 매우 미미하고, 재화나 서비스를 이용하는 데 부과하는 간접세가 대부분이다. 2016년 9월까지는 그랬다. 하지만 이제는 쿠바인들도 세금을 내는 상황이 되었다. 앞서 소개한 사회 정책 개혁에 따른 조치이다. 쿠바 일간지 《그란마》*의 2016년 9월 2일 자 보도에 따르면 국영 기업 직원은 10월부터 임금에 따라 사회보장 출연금과 세금을 납부해야 한다. 이 조치로 150만 명이 세금을 내게 되었다.

쿠바 정부의 수입원을 출처별로 살펴보면, 주요 수입원은 전문 인력 수출을 통한 외화 획득이다. 쿠바 정부는 의료 및 교육 인력을 중남미를 비롯해 전 세계에 파견하고 있다. 헨리 리브 국제구조대처럼 재난이 발생했을 때 일시적으로 파견하는 경우도 있지만, 2년 정도 체류하면서 의료와 교육 분야에 종사하기도 한다. 쿠바에서는 이를 '해외 미션'이라고 부른다. 2014년 기준으로 65개국에 5만 명의 인력이 파견되어 있다. 그중에는 인도적 목적으로 무상으로 파견하는 경우도 있지만, 대부분은 전문 인력이 파견된 국가에서 쿠바 정부에 현금이나 석유 같은 현물로 대가를 지불한다. 쿠바 정부는 인력 파견에 대한 대가로 받은 돈의 상당액을 국고로 전환하고 일부만 급여로 지

---

● 《그란마Granma》는 쿠바 공산당 기관지이자 쿠바에서 구독자 수가 가장 많은 일간지이다. '그란마'는 지명이기도 한데, 쿠바 동남쪽에 있는 그란마는 피델 카스트로가 이끈 게릴라전의 주요 무대였다. 또한 그란마는 피델 카스트로가 혁명 동지들과 멕시코에서 쿠바로 올 때 타고 온 배의 이름이기도 하다. 현재 이 배는 아바나 비에하에 있는 혁명박물관 뒤편에 전시되어 있다.

급한다. 이때 국고로 전환된 돈이 '기타 비세금 수입'의 일부가 된다.

베네수엘라에 2년 동안 미션을 다녀온 다닐로에게 미션을 나간 동안 급여를 얼마나 받았는지 물어봤지만 정확한 액수는 얘기해주지 않았다. 단, 쿠바에 있을 때보다는 조금 더 받지만 쿠바 급여 체계를 기준으로 급여가 지급되기 때문에 미션을 나간다고 큰돈을 버는 것은 아니라고 했다.

또 다른 주요 수입원은 관광업을 통해 버는 외화이다. 외국 관광객은 쿠바에 방문해서 하는 모든 행위에 가격을 지불해야 한다. 외국인은 원칙적으로 쿠바 국민이 쓰는 화폐의 24배 교환율을 가진 세우세 CUC라는 화폐를 사용해야 한다. 호텔이나 민박집에서 잠을 자고, 음식을 먹고, 음료를 마시고, 차를 타고, 관광지에 입장하는 모든 것이 쿠바 입장에서는 외화 수입이다. 외국 관광객은 국영 기업이나 개인 자영업자에게 비용을 지불한다. 그러면 그중 운영자의 수익을 제외한 많은 부분이 국영 기업 부담금, 소득세, 재화소비세, 서비스세 등의 항목으로 정부에 납부된다.

2011년 쿠바는 201개 유형의 자영업을 허용했는데, 가장 활발히 운영되는 사업 유형은 식당, 외국 여행자에게 숙박과 식사를 제공하는 민박Casa Particular, 택시 영업이다. 물론 대부분 이용자가 외국인이고, 수익에 따라 일정 비율을 세금으로 내야 한다. 자영업자의 세율은 소득에 따라 최저 15%에서 최고 50%까지이다.

하지만 자영업자가 운영하는 사업장은 대개 소규모이고, 대규모 여행사나 관광 관련 업종은 쿠바 정부가 직접 운영한다. 쿠바 정부가 사업체를 운영하는 방식은 운영 주체에 따라 크게 두 가지로 나뉘는

데, 쿠바 정부가 단독으로 운영하는 방식과 외국 기업과 합작으로 운영하는 방식이 있다. 합작 운영의 경우 쿠바 정부와 외국 기업이 각각 51 대 49의 지분을 가지고 운영하되 수익의 50%를 쿠바 정부에 내야 한다.

### 개인 자영업자의 세율

| 연소득(CUC) | 세율 |
|---|---|
| 10,000 이하 | 15% |
| 10,000~20,000 | 20% |
| 20,000~30,000 | 30% |
| 30,000~40,000 | 40% |
| 50,000 이상 | 50% |

자료: Pons Pérez(2014)[32]

내 경험을 이야기하자면, 쿠바 생활 초기에 외국인으로서 쿠바 물가를 감당하는 것이 만만치 않았다. 주인집에 딸린 방 하나를 사용하고 아침 식사를 제공받는 대가로 지불한 가격이 한 달에 1,000달러가 넘었다. 노동자 한 달 월급이 25달러인 나라에서 한 끼 식사를 제공받는 하숙비로 1,000달러를 지불한 것이다. 비싼 물가보다 더 견디기 힘들었던 것은 갖은 방법으로 바가지를 씌우고 거짓말하는 쿠바인들과 소득을 제대로 신고하지 않는 집주인이었다. 체 게바라가 이런 나라를 만들겠다고 그 희생을 감수했나, 이런 곳을 보려고 지구 반 바퀴를 돌아 왔나 하는 생각에 한동안 짜증과 실망을 넘어 분노가 치밀었다.

시간이 지나면서 쿠바라는 나라에 대해 나만의 정의를 내렸다. "쿠바는 외국인 등쳐서 자국민들 무료로 교육하고 치료해주고 먹여 살리는 나라이다." 이렇게 마음을 정리하고 나니 나의 모든 소비가 '착한 소비'가 되었다. 어쨌거나 쿠바 정부의 돈줄은 외국인과 해외에 파견된 의료 인력이다.

# 쿠바의 산업 구조

낭만적 생활을 기대하고 쿠바에 간 것은 아니었지만 상상하지 못했던 불편을 감수해야 했다. 맥주보다 구하기 힘든 생수와 화장실 휴지, 탈 엄두가 안 나는 만원 버스, 너무도 낡은 합승 택시, 섬나라인데도 구하기 힘든 생선, 찾아보기 어려운 공산품…. 물론 호텔에서 생활했다면, 모든 끼니를 외국인이 주로 이용하는 식당에서 해결했다면, 넉넉하게 체류 비용을 쓸 수 있었다면, 좀 더 꼼꼼하게 여행 가방을 챙겨 갔더라면 그런 고생은 안 해도 됐을지 모른다. 일상의 불편함은 대상도 분명하지 않은 누군가에 대한 원망과 불평이 되었다. 하지만 시간이 지나고 쿠바의 산업 구조와 유통 방식, 수출입 현황을 이해하게 되면서 원망과 불평은 '없어도 사는 데 별 지장 없네' 하는 독백으로 변했다.

## 설탕의 나라 쿠바는 옛말

쿠바 하면 떠오르는 것 중 하나가 사탕수수이다. 식민 지배 시기에 쿠바의 금을 모조리 채굴해간 스페인과 미국은 농경지에 대규모 사탕수수 농장과 제당 공장을 만들어 쿠바인의 노동력을 앗아가고 토양을 척박하게 만들었다. 그 외 산업이라 할 만한 것은 부자들의 쾌락을 위한 유흥업뿐이었다. 혁명 후 쿠바 정부는 산업을 다양화하고 일자리를 만들기 위해 노력했지만 결코 쉬운 일이 아니었다. 피델 카스트로는 가장 신임했던 체 게바라를 산업부 장관에 임명했다. 게바라는 산업 부흥을 위해 하루 16시간씩 근무하면서 고군분투했지만 그에게도 녹록지 않은 과업이었다.

인재들은 대부분 해외로 빠져나갔고, 정부 재정이 열악한 상황에서 미국의 경제 제재로 외국 자본을 유치하기도 어려웠다. 사탕수수 농업에 지나치게 의존해 다른 산업은 발전하지 못했다. 그나마 소련과 동구권 국가들이 쿠바의 설탕을 통상 거래 가격보다 높은 가격으로 수입해준 덕에 유지될 수 있었다. 하지만 소련 해체 후 쿠바는 설탕을 생산하면 할수록 손해를 보는 상황이 되었다.

그러자 쿠바 정부는 2002년부터 사탕수수 경작지의 60%에 다른 작물을 심도록 했고, 제당 공장 55개소를 폐쇄했다. 공장 폐쇄로 구조조정이 불가피하여 제당 공장 노동자의 25%가 정리해고 되었다. 이 과정에서도 쿠바의 느리지만 설득과 이해, 합의를 통한 정책 추진 과정을 엿볼 수 있다. 1994년 정리해고 계획을 발표하고 1998년 정리해고 작업에 착수했는데, 먼저 검토위원회를 구성하여 공장별로 최소 5회 이상의 회의를 통해 정리해고에 대해 설명했다. 때로는 장관이 현장을 방문해 직접 설명하기도 했다. 해고된 노동자들은 이직하거나 조기 퇴직을 했지만 대부분 노동자는 '업무로서의 학습' 재취업 프로그램에 참여했다. 전일제 재취업 훈련을 받으면서 급여를 받는 프로그램, 일이 있을 때 일하고 일이 없을 때만 훈련받는 프로그램, 일을 지속하되 일주일에 한 번 공장에 개설되는 프로그램, 공장 주위 가정에서 공부할 수 있는 프로그램, 퇴근 후 참여하는 프로그램 등 프로그램은 다양했다. 실직자뿐 아니라 설탕 산업 종사자들도 앞으로의 전직을 고려해 교육을 받도록 했다. 프로그램 운영을 위해 폐쇄된 공장 공간을 대학으로 활용하기도 했다.[33]

대규모 구조조정에도 불구하고 설탕 생산 자체만으로는 수익을 낼 수 없었다. 이런 상황에 대응하기 위해 쿠바 정부는 유기농 설탕, 사

설탕 산업의 비중은 줄었지만 쿠바 정부에는 아직도 설탕부라는 부처가 있다.

탕수수를 이용한 주류, 기타 부산물 등 고부가가치 상품 생산과 마케팅에 주력했다.

## 1차 산업 비중이 높아도 어려운 식량 자급

혁명 이후 50여 년이 지났고 설탕 산업에 대한 대규모 구조조정이 있었지만 쿠바의 산업 구조는 초기의 한계를 극복하지 못하고 있다. 쿠바의 산업 구조를 살펴보면 쿠바인들의 생활상을 이해할 수 있는데, 이해를 돕기 위해 한국의 산업 구조와 비교해보았다.

### 쿠바의 산업별 사업체 및 종사자 수

| 산업 유형(2015년 기준) | 사업체 수(비율) | 종사자 수(비율) |
|---|---|---|
| 농업, 축산업, 임업, 수산업 | 5,512(55.0%) | 898,500(18.5%) |
| 광산업 | 24(0.2%) | 28,900(0.6%) |
| 설탕 산업 | 13(0.1%) | 55,000(1.1%) |
| 제조업(설탕 제외) | 429(4.3%) | 406,200(8.4%) |
| 건설업 | 243(2.4%) | 268,200(5.5%) |
| 전기, 가스, 물 제조 및 공급업 | 70(0.7%) | 82,200(1.7%) |
| 교통, 유통, 통신업 | 149(1.5%) | 305,800(6.3%) |
| 판매·수리업 | 571(5.7%) | 488,900(10.1%) |
| 숙박 및 요식업 | 256(2.6%) | 281,500(5.8%) |
| 금융업 | 31(0.3%) | 34,500(0.7%) |
| 부동산 및 임대업 | 543(5.4%) | 62,300(1.3%) |
| 기술 개발 및 연구 | 115(1.1%) | 28,900(0.6%) |
| 교육 | 296(3.0%) | 543,800(11.2%) |

| | | |
|---|---|---|
| 보건 및 사회부조 | 501(5.0%) | 516,500(10.6%) |
| 주민행정, 국방, 사회보장 | 702(7.0%) | 356,600(7.3%) |
| 문화·체육 | 379(3.8%) | 186,800(3.8%) |
| 전 주민 대상 서비스업 | 180(1.9%) | 315,900(6.5%) |
| 전체 | 10,014(100%) | 4,860,500(100%) |

자료: 쿠바 통계청

## 한국의 산업별 사업체 및 종사자 수

| 산업 유형(2014년 기준) | 사업체 수(비율) | 종사자 수(비율) |
|---|---|---|
| 농업, 임업 및 어업 | 2,921<br>(0.16%) | 32,258<br>(0.20%) |
| 광업 | 1,118<br>(0.06%) | 14,236<br>(0.09%) |
| 제조업 | 264,980<br>(14.22%) | 3,772,565<br>(23.54%) |
| 전기, 가스, 증기 및 수도 사업 | 1,367<br>(0.07%) | 61,350<br>(0.38%) |
| 하수·폐기물 처리, 원료 재생 및 환경 복원업 | 6,583<br>(0.35%) | 75,593<br>(0.47%) |
| 건설업 | 94,639<br>(5.08%) | 1,055,023<br>(6.59%) |
| 도매 및 소매업 | 433,849<br>(23.28%) | 2,229,778<br>(13.91%) |
| 운수업 | 41,554<br>(2.23%) | 707,356<br>(4.41%) |
| 숙박 및 요식업 | 346,632<br>(18.60%) | 1,513,996<br>(9.45%) |

| | | |
|---|---|---|
| 출판, 영상, 방송통신 및 정보서비스업 | 31,200 (1.67%) | 478,874 (2.99%) |
| 금융 및 보험업 | 38,313 (2.06%) | 694,669 (4.33%) |
| 부동산 및 임대업 | 72,783 (3.91%) | 413,530 (2.58%) |
| 전문, 과학 및 기술 서비스업 | 74,708 (4.01%) | 895,260 (5.59%) |
| 사업 시설 관리 및 사업 지원 서비스업 | 38,725 (2.08%) | 962,353 (6.00%) |
| 교육 서비스업 | 86,640 (4.65%) | 819,321 (5.11%) |
| 보건 및 사회복지 서비스업 | 124,064 (6.66%) | 1,374,858 (8.58%) |
| 예술, 스포츠 및 여가 관련 서비스업 | 42,544 (2.28%) | 259,531 (1.62%) |
| 협회 및 단체, 수리 및 기타 개인 서비스업 | 160,952 (8.63%) | 666,685 (4.16%) |
| 전체 | 1,863,572 (100%) | 16,027,236 (100%) |

자료: 한국 통계청

표에서 보듯 현재 설탕 산업 사업체는 총 13개로 55,000명(1.1%) 정도만 종사하고 있어 설탕 산업이 쿠바 산업에서 차지하는 비중은 크지 않다. 두 나라를 비교해봤을 때 먼저 눈에 띄는 것이 사업체 수의 차이이다. 2015년 기준 한국 인구수는 5,170만 명으로 쿠바 인구수 1,117만 명의 4.5배 수준이다. 하지만 한국의 사업체 수는 쿠바의 186배에 달한다.

쿠바 사업체 대부분이 국영으로 운영되어오다가 민간 자영업 및 협동조합을 허용해 사업체 수가 증가하고 있음에도 여전히 그 수가 매우 적다. 게다가 농업, 임업, 어업 및 축산업 사업체 수가 55%를 차지하고 있는데, 쿠바가 아직 1차 산업 중심이며 다양한 산업이 발달하지 않았음을 알 수 있다.

더욱 우려되는 점은 1차 산업 사업체 비율이 높음에도 쿠바의 식량 자급률이 낮다는 사실이다. 쿠바는 식량의 대부분을 수입하고 있다.[34] 한국에 쿠바의 유기농업, 도시농업이 소개되던 시기에 발표된 기사들은 쿠바의 식량 자급률이 95% 혹은 100%라고 했는데, 한때는 사실이었는지도 모르지만 적어도 현재는 아니다.

2008년 쿠바 정부는 식량 생산성을 높이기 위해 개혁을 실시했다. 국영으로 운영되던 농장 104곳을 해체해 지방 조직에 농장 경영권을 넘겨주고, 자영농에게 임대해주던 정부 소유 유휴지 규모를 확대했다. 본래 쿠바 정부는 농업 분야에 외국인 투자를 허가하지 않았지만 식량 위기에서 벗어나기 위해 일부 농업 분야에 외국 자본 유치를 유도하기도 했다.[35]

2016년 쿠바에 방문한 캐나다 총리는 양국 간 협력 방안의 하나로 과수 경작을 위해 낙후된 장비를 교체하고 기술을 이전하는 것을 논의했다. 또 캐나다는 쿠바에 국제개발연구소International Development Research Center를 설립해 재해 예방과 더불어 식량 증산, 농산품 품질 개선, 수출 상품화를 도와 쿠바 1차 산업의 경쟁력을 강화하도록 했다. 쿠바에 대한 캐나다의 공적개발원조 프로그램 중 세 개가 농업 개선에 관한 것이다.[36]

쿠바의 수입 현황을 보면 쿠바의 식량 수급 현황을 더 잘 이해할 수 있는데, 전체 수입품 중 식품이 차지하는 비율이 15%에 달한다. 쿠바는 곡물 소비량의 80%를 수입하는데[37]이는 석유와 기계류 다음으로 높은 비율이다. 쌀은 중국과 베트남에서 수입하고, 밀은 프랑스, 감자는 캐나다와 네덜란드에서 주로 수입한다. 그 외 육류 및 육류가공품, 유제품 등도 수입에 의존하고 있어 많은 외화를 주식 수입에 쓰고 있다.[38]

**쿠바의 수입 현황**

단위: 1,000페소

| 수입 항목(2014년 기준) | 금액 | 비율(%) |
|---|---|---|
| 식품(육류, 해산물, 곡류, 유제품 등) | 1,917,741 | 14.7 |
| 음료 및 담배 | 54,786 | 0.4 |
| 비식용 원료(연료 제외) | 210,423 | 1.6 |
| 광물성 연료, 윤활유 및 관련 물질 | 5,618,959 | 43.1 |
| 동식물성 기름 및 왁스 | 147,456 | 1.1 |
| 화학제품(의약품 등) | 1,233,839 | 9.5 |
| 중간 제조품(가죽, 광물 등) | 1,134,266 | 8.7 |
| 기계 및 수송 장비 | 1,978,073 | 15.2 |
| 기타 제조업 생산품 | 741,301 | 5.7 |
| 계 | 13,036,844 | 100 |

자료: 쿠바 통계청

개인적으로는 생필품과 식재료를 쿠바 내에서 생산하든 수입하든 손쉽게 구할 수 있기만을 바랐다. 제철 과일과 채소, 돼지고기는 비교적 쉽게 구할 수 있었지만 구하기 힘든 식재료 때문에 끼니를 어떻게 해결해야 할지 고민의 연속이었다. 소고기, 바닷가재, 생선, 문어, 감자 등은 택시를 타고 가야 하는 큰 슈퍼마켓에 가든지 일반 시장에 가서 뒷거래를 해야만 살 수 있는 식재료였다. 그나마도 소고기와 감자를 제외하고는 모두 냉동 제품이었다. 섬나라에서 싱싱한 해산물을 살 수 없다는 것이 믿기지 않겠지만 사실이다.

## 쿠바는 도시농업 선진국?

한국인에게 쿠바 하면 떠오르는 단어를 물으면 체 게바라, 시가, 살사 등과 더불어 많이 듣는 대답이 '도시농업'이다. 그동안 쿠바 도시농업이 방송과 글을 통해 국내에 여러 번 소개되었고, 쿠바 도시농업을 배우기 위해 한국에서 연수단도 많이 방문했다.

쿠바 도시농업이 성장한 계기는 특별시기에 심각한 식량 위기 문제를 해결하기 위해서였다. 절대적으로 먹을 것이 부족했고, 생산을 하더라도 거리가 먼 곳으로 운반할 수가 없었다. 위기를 극복하려는 필사적 노력은 괄목할 만한 성과를 이루어냈다. 단지 식량 위기를 극복했을 뿐만 아니라 건강한 먹을거리를 공급하는 계기가 되었다.[39] 도시농업 관련 일자리를 창출했고, 도시농업을 위한 동호회가 활성화되면서 커뮤니티 내 연대가 높아졌다.[40] 미국 스탠퍼드 대학 연구팀은 쿠바 도시농업에 대해 생산성 향상과 생태 보존이라는 두 마리 토끼를 잡은 '인류 미래의 위대한 희망'이라고 극찬했다.[41]

그러나 쿠바에서 도시농업이 활성화되었다는 데에는 일부 동의할 수 없는 부분이 있다. 일반적으로 도시농업이란 시가지 구역 내에서 이뤄지는 농업을 의미한다. 즉, 도시 팽창과 함께 건물들이 들어서면서 흩어진 토지 조각을 이용해 작물을 경작하는 것이다. 그런데 쿠바는 각 주의 중심 도시로부터 5킬로미터 이내에서 이뤄지는 농업을 도시농업이라고 한다. 한국이라면 근교농업이라고 불렀을 것이다.

용어 사용은 차치하더라도 도시농업이 발달했다는 쿠바이기에 도시 곳곳에서 작물을 재배하는 모습을 상상했지만 아바나에서 지내는 동안 도시농업의 나라에 살고 있다는 생각이 전혀 들지 않을 만큼 작물 재배지를 보기 힘들었다. 오히려 한국이 더 도시농업 국가가 아닌가 하는 생각이 들었다. 한국에서는 공터만 있으면 아무리 좁은 땅이라도 뭐라도 심어 수확하지 않던가.

그러나 쿠바가 유기농업의 나라라는 점만은 확실하다. 도시농업을 활성화시킨 특별시기 당시 유통을 최소화해야 해서 도시 내에서도 작물을 재배했고, 그동안 사용했던 화학 비료도 바닥이 나서 대안을 마련해야 했다. 아열대 기후라 해충이 많아 다른 지역보다 유기농업이 쉽지 않음에도 지속적인 연구로 놀라운 성과를 낼 수 있었다. 화학 비료 대신 지렁이 퇴비를 만들고, 다양한 미생물과 왕겨, 마늘과 고추 추출액을 활용한 농약을 만들어 화학 농약을 대체했다. 작물의 특성을 고려해 윤작하거나 혼작하는 방법도 활용한다.[42]

화학 비료나 농약을 쓰지 않아서인지 쿠바 농산물은 겉모습이 실하지 않다. 마늘 한 통의 크기가 한국의 반도 안 되는데 그 안에 열 알이 넘게 들어 있다. 인내심을 키우고 싶다면 쿠바 마늘 까기를 추천한다. 채소에는 벌레가 많고 흙이 많이 묻어 있다. 수확한 채소는 되도록 빨리 먹어야 한다. 한국과는 비교도 안 될 정도로 빨리 상한다. 냉장고에 보관해도 며칠 안 돼서 물러진다. 아마도 사용하는 비료와 농약의 차이인 듯싶다.

쿠바의 도시농업이 유명세를 타다 보니 다들 궁금해하고 본래 연수의 목적과 관계없이 도시농업 관련 기관을 방문하기도 한다. 2016년 패밀리 닥터 중심의 1차 의료 체계를 탐색하기 위해 방문한 한국 연수단 가운데 유기농산물 급식에 관심이 많은 분이 있었다. 그분은 심지어 의과대학 부총장과의 인터뷰에서조차 쿠바의 도시농업과 유기농 식품에 대해 질문했다. 하지만 부총장의 대답은 그분의 기대에 미치지 못했던 것 같았다. 나중에 사적인 자리에서 내 생각을 전했다. "쿠바의 도시농업이 한국에 다소 과장되게 소개된 것 같아요. 도시농업이란 도심이나 도시 근교에서 농사를 짓는다는 건데, 소련 붕괴로 지원이 끊겨서 당장 먹고살 게 없다 보니 조그만 땅이라도 있으면 뭐라도 심어 수확해야 해서 시작된 것이거든요. 하지만 지금은 좀 달라졌어요. 아무리 좁은 땅이라도 뭐라도 심어 수확하는 한국이 오히려 더 나은 것 같아요. 쿠바에서는 그런 모습 보기가 힘들어요. 쿠바 사람들은 밥, 빵, 고기 좋아하지 채소는 그다지 좋아하지 않아요." 그분은 믿고 싶지 않다는 표정이었다.

채소는 수출입이 쉽지 않고, 수입품은 가격이 비싸기 때문에 쿠바인들에게는 부담스럽다. 그리고 보관이나 유통 시설이 잘 갖춰져 있지 않다 보니 제철에 로컬 푸드를 먹어야 하는 곳이 쿠바이다.

싸고 맛 좋은 쿠바의 제철 과일

## 모든 것이 귀한 나라

쿠바 산업 구조의 또 다른 특징은 제조업 비율이 낮다는 점이다. 한국은 제조업 사업체 비율이 14.22%, 종사자 비율이 23.54%인 반면 쿠바는 제조업 사업체 비율이 4.3%, 종사자 비율이 8.4%에 불과하다. 이렇다 보니 모든 공산품이 희소하고 매우 귀하다.

쿠바에서 몇 개월 이상 체류하는 사람들이 모이면 서로 하는 질문이 "혹시 ○○ 어디서 파는지 아세요?"이다. 섬유유연제, 커피 거름 종이, 일회용 비닐팩, 비닐장갑, 아세톤, 고무장갑, 수세미, 화장지, 쓸 만한 공책, 수정액, 테이프, 티백, 손수건, 접이식 우산, 스타킹, 린스 등등 그 품목도 참으로 다양하다. 나열한 목록 중 몇 가지는 운 좋게 구했지만 귀국할 때까지 영영 못 구한 것도 있었다.

사정이 이렇다 보니 뭐든 함부로 버릴 수 없고 아껴 쓸 수밖에 없다. 다 마시고 난 빈 생수병은 휴지통에 버리기도 전에 누군가 달라고 하는 사람이 꼭 나타난다. 심지어 쓰레기를 모아 버린 비닐봉지의 쓰레기를 비워내고 봉지를 가져가는 사람도 있다. 사람들이 많이 오가는 곳에 쓰던 물건을 내놓고 팔기도 한다. 일종의 벼룩시장인 셈이다. 중고 물품임을 감안해도 설마 저런 물건을 사는 사람이 있을까 싶지만 그 물건을 찬찬히 훑어보며 살지 말지 고민하는 사람을 보기도 했다.

나 역시 환경 보호를 위해서가 아니라 어쩔 수 없이 버리지 못하고

쿠바에서 가장 규모가 큰 카를로스 3세 백화점. 총 3층 규모로 가전제품 및 의류 매장, 놀이기구, 식당과 카페 등이 들어서 있다. 쿠바에 방문한 한국인들이 한껏 기대하며 방문하지만 한국의 마트보다도 작은 규모와 다양하지 못한 상품에 이내 실망하곤 한다.

쿠바의 노점상. 일부 새 상품도 있지만 대부분 중고 물품을 손질해 판다. 처음에는 누가 저런 물건을 살까 싶었지만 시간이 지나면서 나 역시 혹시 필요한 물건이 없나 살펴보며 구입을 망설이기도 했다.

아껴 쓸 수밖에 없었다. 라면 봉지에 남은 음식을 담아 보관하고, 한국에서 가져간 튼튼한 비닐봉지는 씻어서 계속 재활용했다. 빈 생수통을 적당한 크기로 잘라 연필꽂이와 주방 용기로 사용했다. 주스나 우유가 담겨 있던 종이팩은 넓게 펴 도마로 사용했다. 가장 인상 깊었던 것은 쿠바인들이 준 선물이다. 몇 년을 사용했는지 가늠하기도 힘든 낡은 선글라스, 상처가 반 이상인 토마토를 선물로 받기도 했다. 한번은 과일을 직접 갈아서 만든 주스를 선물로 가져왔는데 주스를 담아온 통을 되돌려줬으면 좋겠다고 했다. 그 통은 이미 굉장히 오랫동안 재활용해온 듯 보였다.

쿠바는 전기·가스·수도 사업과 교통·운수업도 발달하지 않았는데, 전기와 물, 교통수단의 부족은 쿠바 생활의 불편함을 가중하는 데 한

몫한다.

그렇다고 쿠바의 모든 산업이 규모가 작고 발달하지 않은 것은 아니다. 교육, 보건 및 사회보장 부문에서는 종사자 비율이 한국보다 더 높다. 한국은 교육 분야 종사자 비율이 5.11%인 데 반해 쿠바는 11.2%이다. 쿠바에는 사교육 시설이 거의 없으니 11.2% 모두 공교육 시스템의 인력인 셈이다. 보건·사회보장 부문도 사업체 비율이 한국보다 높고, 문화·체육 분야 역시 조직과 종사자의 비율이 훨씬 높다. 쿠바 정부가 무엇에 중점을 두고 있는지 잘 알 수 있는 대목이다. 그리고 그 결과로 어떤 성과를 냈는지는 이미 앞에서 살펴보았다.

사소한 생활용품도 아껴 쓰는 쿠바인들은 오토바이나 자전거, 자동차를 거의 버리지 않는다. 매우 창의적인 방법으로 수리하고 손질해 사용한다. 직접 고치기도 하지만 전문 수리공에게 맡기기도 한다.

**쿠바의 주요 수출품은 의약품과 의료 인력**

쿠바는 불균형적 산업 구조에도 불구하고 최근 무역 수지가 대체로 흑자를 보이고 있다. 그 비결이 무엇일까? 아래 표를 보면 쿠바는 상품 수지와 소득 수지가 지속적으로 적자를 보이고 있다. 송금, 기부금, 무상 원조와 같은 경상 이전 수지는 적자와 흑자를 반복하고 있는데, 이러한 적자를 메워주고 있는 것이 서비스 수지이다. 서비스 수지 흑자는 의료 인력 같은 전문 서비스 수출로 버는 외화 덕분이다. 상품을 수입하느라 생긴 적자를 해외 송금과 의료 인력 파견으로 벌어들이는 수입으로 메꾸고 있는 것이다.

**쿠바의 무역 수지**

단위: 100만 페소

| 항목 | 2009 | 2010 | 2011 | 2012 |
|---|---|---|---|---|
| 총 무역 수지 | 1,245 | 3,119 | 2,239.7 | 3,771 |
| - 상품 수지 | -5,918 | -5,935 | -7,850 | -7,970 |
| - 서비스 수지 | 7,163 | 9,054 | 10,090 | 11,741 |
| 소득 수지 | -1,643 | -1,432 | -1,064 | -995 |
| 경상 이전 수지 | 234 | -196 | 261 | -394 |
| 경상 수지 | -162 | 1,491 | 1,437 | 2,382 |

자료: 쿠바 통계청

쿠바에서 의료 인력이 존경과 사회적 인정을 받는 것은 국민의 건강을 위해 헌신할 뿐만 아니라 위험·재난 지역에서의 진료를 마다하지 않으며 외화 수입의 원천이 되기 때문이다. 2016년 기준 67개국에 5만여 명의 의료진이 파견되어 있는데, 그중 베네수엘라에는 3만 2,000명, 브라질에는 1만 1,400명이 파견되어 있다. 67개국 중 27개국에는 상업적 목적으로 의료 서비스를 제공하고 있으며, 나머지 국가에는 인도적 차원에서 의료 서비스를 제공하고 있다. 의료 서비스 수출액은 꾸준히 증가하고 있는데, 2015년 기준 연간 의료 서비스 수출액은 82억 달러로 상품 수출액 48억 달러의 1.7배 수준이다.

의료 인력만큼 큰 비중을 차지하지는 않지만 쿠바의 의약품 수출도 눈여겨볼 만하다. 쿠바는 연간 약 6억 달러어치의 의약품을 수출하는데, 이는 총수출액의 12.2%에 해당한다. 50여 개국에 쿠바 의약품 800여 건을 등록했고 1,800개의 특허를 취득했다.[43]

쿠바는 1962년부터 의료·바이오 산업을 정부 최우선 정책 과제로 선정했으며, 현재 몇몇 분야에서는 세계 최고 수준의 기술을 보유하고 있다. 특히 당뇨, 항암(폐암, 자궁암, 결장암, 전립샘암), 알츠하이머 치료제에 강점이 있으며, 전 세계에서 소수 국가만 생산 가능한 항바이러스 단백질Interferon, B형 뇌막염 백신, 당뇨족 궤양Heberprot-P 치료제 등을 생산한다.

쿠바는 2011년 의료·바이오 산업 분야의 기존 38개 기업 및 연구소를 통합해 바이오쿠바파르마BioCubaFarma를 설립했다. 바이오쿠바파르마는 쿠바의 의료·바이오 연구, 내수 및 수출을 위한 의약품 생산을 총괄하는데, 제네릭 의약품, 바이오 의약품, 치료·예방 백신, 진료 및 의료 기기를 생산하며 신경과학 분야의 연구도 병행하고 있다. 쿠바에서 생산한 의료·바이오 제품은 현재 50개가 넘는 나라에서 판매되고 있다.

## 산업 발전을 위한 쿠바의 노력

스페인과 미국의 지배하에서 지속적으로 수탈당했던 쿠바는 적절한 외교 관계를 통한 자립적 생존을 위해 노력했다. 하지만 쿠바 내 자원이 부족한 상황에서 외국인 투자 유치는 피할 수 없는 선택이었다. 쿠바는 1988년 투자 법령을 제정하면서 처음으로 외국인 투자를 허용했다. 스페인과 합작하여 호텔을 건설하려는 목적이었다. 그 후 1992년 외국 자본의 소유권과 경제 협력을 허용하도록 헌법을 수정했고, 1995년에는 외국인 투자 보장 및 세제 등을 규정한 외국인 투자법 77호의 제정으로 니켈, 석유 등 천연 광물 자원 개발이 허용되었다.

그러나 미국이 1996년 '쿠바 자유 및 민주화 법'을 제정해 외국 기업이 쿠바와 협력하는 것을 강하게 견제하고 쿠바 정부도 외국 기업의 단독 투자를 제한해 사실상 외국인 투자는 활성화되지 못했다. 그러던 중 2011년 6차 공산당 대회에서 외국인 투자를 유치하기 위한 획기적 방안이 필요하다는 데 의견이 모였다. 우선 아바나에서 서쪽으로 40분 거리에 있는 마리엘 항구 인근에 종합산업단지를 조성해 외국 자본 투자를 유치하기로 했다. 마리엘 경제특구에 첨단 제조업과 의료·바이오 산업 물류 서비스 기반을 만들어 수입을 줄이고 수출을 확대할 뿐 아니라 일자리를 창출하자는 계획이었다. 마리엘 항구는 한때 쿠바의 가난이 싫어 망명을 원했던 사람들에게 피델 카스트로가 "떠나고 싶으면 떠나라"며 개방했던 항구이기도 하다.

쿠바 정부가 외국 기업 유치를 위해 조성하고 있는 마리엘 경제특구

2013년 국무원 각령 313호로 마리엘 경제특구 개발을 위한 법적 근거를 만들고, 이어서 2014년 3월 '신 외국인 투자법' 118호를 제정했다.[44] 새롭게 제정된 외국인 투자법에 따라 외국 기업 재산의 소유권 보장, 각종 규제 완화와 인센티브, 원스톱 창구를 통한 신속한 사업 추진이 가능해졌다.

외국 자본 유치를 위한 쿠바 정부의 개혁과 더불어 매우 다양한 형태*로 외국 기업의 투자가 이루어지고 있다. 2016년 11월 총 19개 사업체가 설립 허가를 받았는데, 아르코이리스Arco Iris라는 한국 기업도 그중 하나이다. 아르코이리스는 주사기 제조로 쿠바 정부의 허가

● 　합작회사Empresa mixta, 국제경제연합계약Contrato de Asociacion economica internacional, 외국인소유회사 Empresa de capital totalmente extranjero, 생산협력계약Contrato para la produccion cooperada, 호텔위탁경영계약Contrato de administracion hotelera, 생산위탁경영계약Contrato de administracion productiva 등이 있다.

를 얻었는데, 이기세 대표는 무상 의료 등 의료 서비스로 유명한 쿠바가 주사기를 전량 수입하고 있다는 점에 착안해 아이템을 개발했다고 한다.

50년 넘게 쿠바 정부에서 경제 관련 업무를 했고 쿠바경제인협회 회장까지 역임한 후아킨 인판테 우가르데는 지구 반대편 자본주의 국가 한국에서 온 연수단을 위해 93세의 고령에도 PPT 자료를 사용해가며 쿠바 경제에 대해 세 시간 동안 설명해주었다. 그에 따르면 쿠바 경제의 단기 목표는 수출 신장 및 수입 감축, 효율성 제고, 급여 인상을 통한 노동 의욕 고취, 균등한 분배, 마리엘 경제특구의 발전, 철도 재건 등이다. 이를 통해 식량과 에너지 자급도를 높이고, 훌륭한 인적 자원을 개발하고 경쟁 구도를 도입해 생산을 효율화하려는 계획이다.

설명을 듣다 보니 쿠바가 자본주의 체제로의 대변화를 계획하고 있는 것은 아닌가 하는 생각이 들었다. 그러나 이어지는 설명에서 성급한 판단이었음을 확인할 수 있었다. 그는 쿠바 경제 모델의 특징을 다음과 같이 설명했다. "쿠바의 경제 개발은 사회주의를 지키기 위한 것이고, 국가가 주도하는 것이지 시장이 주도하는 것이 아니다. 무상 의료와 교육, 사회보장을 끝까지 지키기 위해서이다. 기업의 자율성을 보장하되 국가와 조화를 이루며 발전하게 할 것이다. 혁명 정부는 초기에 절대 평등을 추구했으나 이제는 기회의 평등을 보장할 것이며, 국가 보호에서 벗어난 사람이 한 명도 없도록 하는 것이 쿠바 경제 모델의 특징이다."

우가르데의 설명을 들으며 "자본주의를 이용해 사회주의를 지킨다"라는 헨리 루이스 테일러의 말이 쿠바에 대한 매우 정확하고 절묘한 표현임을 절감했다. 이제 "지구상 마지막 남은 온전한 사회주의 국가"는 더 이상 쿠바에 대한 적절한 수식어가 아닌 듯하다.

쿠바 경제 전문가 후아킨 인판테 우가르데. 피델 카스트로보다 8개월 먼저 태어난 그는 대학에서 회계학을 전공한 뒤 쿠바 정부에서 재정, 예산 담당 업무를 맡았다. 쿠바경제인협회 회장을 역임했고, 쿠바경제인상을 받기도 했다. 은퇴 후 쿠바경제인협회 고문으로 일하고 있는데, 직접 운전해 와 연수단에게 쿠바 경제에 대해 설명했다. 저녁이면 운전하기가 힘들다며 질의응답을 마쳤는데, 지는 해가 아니었다면 그를 멈출 수 없었을 것이다.

# 쿠바의 주택 상황

대한민국 헌법 35조는 국민이 인간다운 주거 생활을 영위할 수 있도록 하는 국가의 의무를 규정하고 있다. 하지만 우리 현실은 어떠한가? 자가 주택 보유율은 54.2%에 그치며, 새로운 사회를 여는 연구원의 분석에 따르면 소득 3분위에 속하는 사람이 연간 흑자액으로 수도권 주택을 구입하는 데 무려 40년이 걸린다.[45] 한편 집을 갖고 있지만 대출이자 부담으로 빈곤한 삶을 사는 '하우스 푸어' 문제도 매우 심각하다. 주택 마련을 위해 대출을 받았지만 원금은 고사하고 이자만 갚는 가구가 61%이고, 2017년 말 기준 주택 담보 대출 잔액은 578조 원이다.[46] 이것이 한국의 주거 보장 현실이다. 그렇다면 쿠바 국민들은 주거 문제를 어떻게 해결하고 있을까?

## 혁명 전 심각했던 주택 상황

1950년대 쿠바는 매우 심각하게 불평등한 사회였다. 아비바 촘스키는 당시 쿠바의 심각한 불평등 상황을 일컬어 '두 개의 쿠바'가 있었다고 묘사했다. 하나의 쿠바는 150만 실업자와 농촌 빈민이 사는 쿠바이다. 이들은 약간의 콩과 쌀, 설탕물로 생활을 이어갔고, 불균형한 영양과 기생충 감염으로 아이들은 배가 불룩하게 튀어나왔다. 스웨덴의 경제학자 클라에스 브루넨디우스는 당시 쿠바 빈민들의 생활을 좀 더 상세하게 기술했다. "그들은 맨바닥에 야자나무 잎사귀를 엮어 지붕을 얹은 작은 집에서 살았다. 90% 정도의 집이 석유램프가 유일한 조명이었다. 농촌 주택 중 수도 시설이 있는 곳은 2%였다. 하루 1,000칼로리도 안 되는 식사는 결핵과 빈혈, 기생충 감염을 비롯한 갖가지 질병이 지속적으로 증가하는 주된 이유였다."

도시라고 해서 상황이 크게 다르지 않았다. 200만 도시민은 수입의 5분의 1에서 3분의 1을 집세로 지불해야 했다.[47] 1950년대 아바나에서는 5만 명이 빈민가에 살았고, 20만 명이 오두막이나 헛간 같은 매우 열악한 주택에서 살았다. 이들은 아바나 시민의 3분의 1에 해당했다.[48]

한편 매우 대조적인 삶을 사는 사람들도 있었다. 전체 인구의 15%가 쿠바 전체 소득의 43%를 차지하고 있었다. 그들은 마이애미로 쇼핑 여행을 가고, 에어컨이 있는 호화 주택에서 살았다. 심지어 사후에도 안락한 생활을 위해 엘리베이터, 에어컨, 전화기를 갖춘 묘를 갖고 있었다.[49]

## 집은 상품이 아니라 사람이 사는 곳

혁명 정부는 농촌과 도시의 주택 문제를 국가가 해결해야 할 중대한 문제로 여겼다. 도시개혁법에 '주택은 상품이 아니라 기본적 인권'이라고 명시하고, 이윤을 추구하는 토지 및 주택 시장을 근절하는 내용을 담았다. 법에 따라 쿠바인들의 주택 소유는 두 가지 방법으로 가능했다. 하나는 기존에 자신이 가지고 있던 집의 소유권을 유지하는 것이다. 하지만 집 한 채와 별장 한 채까지만 소유권을 인정했다. 그 이상의 소유는 인정하지 않고 몰수했다.

또 다른 방법은 정부로부터 장기 임대를 받아 소유권을 인정받는 것이다. 쿠바 정부는 기준 이상의 집을 가진 사람의 주택을 국유화했고, 외국인과 쿠바인이 쿠바를 떠나면서 남긴 집도 국가 소유로 전환

아바나에서 가장 높은 33층 건물 폭사FOCSA 전망대에서 바라본 아바나 시내

했다. 이렇게 확보한 집을 쿠바 정부는 집 없는 사람들에게 가구 소득 10% 이하의 비용으로 임대했는데, 정부에 소액 임대료만 일정 기간 납부하면 소유권을 인정해주었다. 이 제도를 통해 쿠바인들은 살고 있던 집의 소유권을 획득할 수 있었다. 1990년대 후반부터 쿠바의 주택 보유율은 85%를 넘어섰고, 현재도 아메리카 대륙에서 주택 보유율이 가장 높다.

소유를 인정받은 집은 필요에 따라 교환할 수도 있으며, 상속하거나 양도할 수도 있다. 하지만 사고파는 것, 사적인 임대를 하는 것은 금지되어 있다. 매매를 통한 이윤 추구나 투기를 막겠다는 정부의 의지가 담긴 정책 때문이다. 쿠바는 집이나 토지 같은 재산에 대한 세금이 없다. 따라서 쿠바인들은 수리비나 유지비 외에는 주거비 지출이 거의 없다.

국가가 몰수한 건물 중 규모가 큰 것은 사회적 목적을 위한 공간으로 탈바꿈했다. 과거에는 일부 엘리트, 상류층이 독차지했던 공간을 누구나 이용할 수 있는 공간으로 만든 것이다. 부유층이 살던 크고 화려한 집들은 학교나 박물관, 대사관 등으로 사용했다. 미국 지배기에 대통령궁으로 사용했던 건물은 혁명박물관이 되었고, 부유층을 위한 사교 클럽은 쿠바인들이 오페라와 발레를 관람할 수 있는 국립 대극장과 국립 발레 학교, 도서관 등으로 바뀌었다.

아르마스 광장 한편에는 돌이 아닌 나무로 정비된 길이 하나 있다. 그곳에는 도시 박물관El Museo de la Ciudad이 있는데, 과거에는 총독이 살던 집이었다. 총독 부인이 돌길 위로 달리는 말발굽 소리 때문에 시끄러워서 잠을 잘 수 없다고 불평해 길을 나무로 다시 닦은 것이다.

혁명박물관

이처럼 스페인 식민지 시대와 미국 지배기에 일부 상류층만을 위해
존재하던 거리와 공원, 건물이 이제는 쿠바 전 국민을 위한 휴식 공
간으로 변했다.

1984년 새로운 주택법을 공표하면서 한시적으로 주택 매매를 허
용하기도 했지만 자유로운 매매는 불가능했다. 정부의 매매 거부권
Derecho de tanteo 때문에 거래는 활성화되지 않았고, 결국 2003년 관련
법 개정을 통해 다시 주택 매매가 전면 금지되었다.[50]

그러나 피델 카스트로에서 라울 카스트로에게로 정권이 이양되면
서 주택 매매에 변화가 일어났다. 라울 카스트로는 주택난 해소를 위
해 주택 거래 절차를 간소화하고 규제 조치를 완화해 개인 간 부동산
거래를 전면 허용했다. 주택 매매의 자유가 허용되었어도 한 사람이

국립 대극장

여러 채의 집을 소유하는 것은 여전히 불가능하다. 주택 매매가 허용되면서 부동산 중개업도 합법적 자영업이 되었다.

쿠바의 주택 시장은 외국인 주택 시장과 내국인 주택 시장으로 구분되어 있다. 외국인은 쿠바 내 외국인 소유 주택만 살 수 있고, 쿠바인은 쿠바인 소유 주택만 살 수 있다. 건물 가격은 지역, 위치, 크기, 상태에 따라 천차만별이지만 이를 고려하더라도 두 주택 시장의 가격 차이는 굉장히 크다. 내가 쿠바에 머물던 2016년에 들은 바로는 20평대 아파트에 외국인은 5억 원가량을 지불해야 했는데, 쿠바인이 지불한 집값은 2,500만 원이었다.

쿠바는 한 달 급여가 20달러 내외이지만 주택 보유율이 90%에 달한다.[51] 혁명 직후 획기적인 정책이 없었다면 쿠바인 대부분은 자기 집을 소유하지 못했을 것이다. 자신의 월급을 꼬박 다 저축해도 100년 넘게 모아야 집을 살 수 있기 때문이다. 쿠바인들에게 집은 '사는 곳'이지 '사는 것'이 아니다.

　앞서 언급했듯이 외국인도 쿠바에서 집을 살 수 있다. 2012년에 이민법을 개정해 외국인이 본인 명의로 집을 사거나 장기 임차를 할 경우 '부동산 거주권residencia inmobiliario'을 준다. 외국인이 살 수 있는 집은 1990년대 말부터 2000년대 초반에 한시적으로 외국 자본과 합작 방식으로 건설한 현대식 아파트이다. 부동산 거주권을 받으면 장기 체류 권한과 사업권을 가질 수 있다. 쿠바에 현지 법인이나 지사를 설립하기 어려운 외국인들이 사업의 발판을 마련하기 위해 이 방법

5억 원 상당의 20평대 아파트가 있는 현대식 신축 건물

을 사용한다.[52] 하지만 매입할 수 있는 집이 많지 않고 가격 또한 만만치 않다.

쿠바 정부는 단순히 물리적인 공간을 제공하는 것뿐만 아니라 주거지를 중심으로 한 이웃 공동체 형성에도 관심을 두었다. 그동안 '불결한 동네'라고 불리던 악명 높은 빈민가를 변화시키려는 노력도 병행했다. 주민들이 서로 도와가며 집을 짓도록 하고, 그 지역에 학교와 의료 시설을 세우고, 주민들에게 임대 주택을 무상으로 제공하기도 했다. 그중 한 동네가 라 람파La Lampa인데 지금은 정부청사가 들어서 있고 관광객이 몰리고 쿠바 젊은이들이 모이는 번화가여서 과거에 악명 높은 빈민가였다는 사실이 믿기지 않을 정도이다.

과거 빈민가였던 라 람파 거리. 노동·사회보장부, 보건부, 설탕부 등 주요 국가 기관이 있고, 쿠바에서 가장 큰 예술 축제가 열리는 곳이다. 관광객이 주로 찾는 호텔도 이곳에 밀집해 있다.

## 그럼에도 여전히 부족한 집

기존에 있던 집을 분배하는 것만으로는 쿠바인들의 주택 문제를 해결할 수 없었다. 정부는 빈민가가 형성되고 인구 과밀 현상이 생기는 것은 집이 부족하기 때문이라고 판단하고 질 좋은 주택을 제공하기 위한 노력을 지속했다. 그 결과 1959년 이후 40년 동안 260만 호의 주택을 새로 지었다.[53] 하지만 원자재의 86%와 기계류의 80%를 소련으로부터 수입하고 있던 상황이라 소련 붕괴 후 주택 공급에 있어서도 어려움을 피할 수 없었다. 쿠바 통계청 자료에 따르면 1995년 이후 경기 회복과 함께 주택 보급도 조금씩 늘어나 2014년에는 6,529호, 2015년에는 3,251호를 건설했다. 그럼에도 여전히 수요에는 미치지 못하고 있는데, 쿠바의 주택 부족 문제에는 세 가지 원인이 있다.

첫째, 쿠바에서도 핵가족화가 진행되고 있기 때문이다. 2005년과 2006년에 걸쳐 30개 이웃 공동체 398가구를 직접 방문해 면접 조사를 한 헨리 루이스 테일러에 따르면 당시 쿠바인들의 평균 가구원 수는 넷이었다. 그러나 2016년 내가 살던 아파트에는 총 열두 가구가 살았는데 그중 세 가구만 네 명이 함께 살고 나머지 집은 둘 혹은 셋이 살았다. 결혼과 취업 등으로 세대가 분리되고 집이 더 필요한 상황이지만 주택 공급이 이를 따르지 못하고 있는 실정이다.

물론 아직도 여러 명이 함께 사는 집들도 있다. 하지만 그만큼 불편을 감수해야 하고 집에 대한 불만이 많다. 쿠바의 높은 주택 소유율에 대해 이야기하자 쿠바인들은 이렇게 대답했다.

"쿠바 사람들이 혁명 정부 정책으로 집을 갖게 된 것은 사실이에요. 하지만 속내를 들여다보면 꼭 그렇지 않아요. 당신은 이 집에서 둘이 살지만 쿠바인들은 이보다 좁은 집에서 여덟 명, 아홉 명이 함께 살기도 해요. 우리 친척은 당신 집 반도 안 되는 집에서 여덟 명이 같이 사는데 너무 좁아서 층을 만들어 위층을 침실로 쓰고 있어요. 허리를 곧게 펴고 걸을 수도 없어요. 이사 갈 집이 있었다면 그렇게 힘들게 함께 살지는 않을 거예요."

"지금 사귀고 있는 남자 친구와 언젠가 결혼하겠지만 지금은 아니에요. 우리 둘만 살 수 있는 집이 없어서 결혼하면 우리 엄마 집에서 같이 살거나 남자 친구 부모님과 함께 살아야 해요. 하지만 엄마는 저희와 같이 사는 것을 원치 않아요. 그렇다고 남자 친구 집에서 부모님과 함께 살기도 힘들고요. 그래서 당분간 결혼은 생각하지 않고 있어요."

"우리 집은 엄마 소유예요. 저는 미혼이니까 가족 기준으로 보면 우리 가족은 집이 있는 거죠. 그런데 저는 직장 때문에 엄마와 다른 도시에 살아야 해요. 아바나에 집을 살 수도 없고 임대할 수도 없어서 지금은 이모 집에서 살고 있어요. 이모 아들이 군대 가서 다행히 빈방이 있거든요. 그런데 이모 집에서 직장까지 가려면 버스로 한 시간 반, 합승 택시로 30분 정도 걸려요. 특별한 경우가 아니면 택시는 타지 않기 때문에 6시 30분에는 일어나야 지각하지 않을 수 있어요."

쿠바인들은 결혼이나 취업으로 세대 분리가 필요한 상황에서 집 문제가 해결되지 않아 많은 불편을 감수해야 한다. 집 때문에 어려움을 겪는 점은 한국이나 쿠바나 비슷해 보인다. 단, 한국에서는 부담스러운 비용만 각오한다면 주택 담보 대출로 집을 사거나 전세, 월세를 구할 수 있다. 하지만 쿠바는 주택이 부족해서 그런 대안조차 없는 실정이다.

둘째, 허리케인 때문이다. 쿠바는 뛰어난 방재 시스템 덕분에 다른 나라에 비해 자연재해로 인한 인명 피해가 적다. UN이 선정한 '방재의 모델 국가'이기도 하다.[54] 하지만 재산 피해는 어찌할 수 없다. 2005년 데니스로 12만 호, 2008년 구스타브와 이케로 총 53만 호의 주택이 피해를 입었다. 하지만 건축 자재 수급이 원활하지 못해 피해 주택을 신속히 복구하거나 재건축하는 것이 불가능하다.

셋째, 본래 집 자체가 낡았기 때문이다. 최근에 지은 건물도 있지만 대부분 20세기 이전 스페인 식민지 시절 또는 미국 지배기에 지은 수백 년 된 건물을 그대로 이용하고 있다. 잘 관리된 고건축물은 이색

바다에 인접한 말레콘가의 집들은 해풍에 부식되고 허리케인에도 노출되어 있다.

적 풍경을 자아내 쿠바의 관광 자원이 될 수 있다. 하지만 관리가 제대로 되지 않은 건물은 그 자체로 위험 요소이다. 관리를 잘한다 하더라도 100년이 넘은 건물이 건재하기는 어렵다. 특히 바다를 끼고 형성된 주택 단지의 건물들은 더욱 그러하다. 1994년에는 600여 채가 저절로 붕괴했고, 그중 반 이상이 철거되었다.[55] 오래된 건물은 쿠바인들의 또 다른 골칫거리이다.

쿠바의 주택 부족으로 인한 어려움은 외국인이라고 해서 예외일 수 없다. 경제적 여유가 있다 하더라도 호텔 숙박비가 한국과 비슷한 쿠바에서 호텔에 장기 투숙할 수 있는 사람은 많지 않을 것이다. 그렇다 보니 외국인들은 정부에서 허가받은 민박집Casa Particular을 구한다. 단기 체류자는 체류일에 따라 지불하고, 장기 체류자는 월 단위로 지불할 수 있다. 민박집 하루 이용료는 10달러에서 100달러까지 매우 다양하다. 민박집은 호텔에 비해 저렴하고, 독채를 빌려 요리와 세탁을 할 수 있으며, 쿠바인들을 가까이 접할 수 있다는 장점이 있다. 다만 인터넷이 발달하지 않은 쿠바의 특성 때문에 적절한 민박집을 구하기가 어렵다.

민박집을 구하는 방법은 대략 두 가지이다. 하나는 직접 발품을 파는 방법이다. 민박집 표시가 있는 집을 무작정 방문해 빈방이 있는지, 상태는 어떤지, 가격은 얼마인지 확인해보는 것이다. 그러려면 발품을 아주 많이 팔아야 한다. 그러나 발품을 많이 판다고 해도 적절한 가격에 원하는 집을 구하기는 쉽지 않다.

또 다른 방법은 지인들에게 묻는 것이다. 집을 구하려고 발품을 팔았던 경험이 있는 지인이라면 가장 좋다. 아바나 대학 어학연수 과정

동료들과 자주 주고받았던 정보가 바로 집에 대한 것이었다. 반드시 테라스가 있어야 한다, 반려견과 함께 살 수 있어야 한다, 조용해야 한다, 주인과 같이 사는 집이어야 한다, 학교와 가까워야 한다 등등 사람마다 원하는 조건이 다르다 보니 자신이 원하는 집이 있는지 서로 정보를 교환하는 것이다. 가격도 중요한 선택 기준이다.

발품을 팔던 지인의 소개를 받아도 쿠바에서 집을 구하는 일은 쉽지 않았다. 그런데 귀국 즈음에야 쿠바에 부동산 중개소Corredor가 있다는 사실을 알게 되었다.

## 너무 낡았지만 고치기도 힘든 집

집에 대한 쿠바인들의 또 다른 불만은 집이 너무 낡았다는 점이다. 물론 아바나 시내에는 비교적 큰 규모의 아파트도 있고, 깨끗하고 세련되게 리모델링한 집도 있지만 아주 일부일 뿐이다. 그나마 상태가 괜찮은 집은 대개 외국인들 차지이다. 대사관이나 외국 기업에서 파견된 직원들이 살거나 관광객에게 숙박 서비스를 제공하는 호스텔이나 민박집으로 운영된다.

소련 붕괴 후 쿠바 정부는 경제적 어려움을 해결할 방법으로 관광업을 선택했다. 그때까지는 쿠바를 떠나는 일도 외국인이 쿠바를 방문하는 일도 흔치 않았으므로 관광객이 머물 호텔을 정비해야 했다. 그것으로 충분치 않자 1993년에는 민박업을 자영업으로 허용했다. 2015년 쿠바 통계청 자료에 따르면 호스텔이 5만 8,624개, 민박집 및 방갈로Casa y Cabañas가 5만 6,970개이다.

그밖에 쿠바인들이 생활하는 집은 온전한 곳보다는 어딘가 수리가 필요한 곳이 훨씬 많아 보였다. 빈집이라고 생각했던 곳에서 사람이 살기도 하고, 아바나를 벗어난 시골 지역에서는 나무판자로 외벽을 만들고 야자수 잎으로 지붕을 만든 집들도 볼 수 있었다.

그렇다면 쿠바에서 집수리의 책임은 누구에게 있을까? 낡은 집을 국가가 전면 수리해주는 경우는 흔치 않다. 그러나 자연재해 등으로 집이 부서진 경우에는 국가가 서둘러 수리해주는데, 그 방법이 독특하다. 건축가 등의 전문가가 투입되어 주민들에게 집 짓는 방법을 교육하고, 정부에서 파견한 전문가와 주민이 함께 집을 짓거나 수리힌다. 건축 기산에는 국가가 마련해준 집에서 생활하고, 집수리에 필요한 모든 비용은 국가가 부담한다. 하지만 최근 쿠바 정부의 재정난으로 국가가 전액을 지원해주지는 못하고 일부는 개인이 부담해야 한다.

한편 관광객이 많이 방문하는 지역에서는 국가가 주택 보수를 지원해준다. 예를 들면 아바나 비에하 지역 같은 곳이다. 아바나 비에하는 관광객이 가장 많이 방문하는 곳으로, 쿠바 여행 책자에 실린 사진 중 절반은 아마도 아바나 비에하에 있는 건축물과 광장, 거리 사진일 것이다. 이 지역은 관광지로서의 가치 때문에 열악한 주택을 국가 차원에서 수리해준다. 그럼에도 관광객이 즐겨 찾는 관광명소에서 한 블록만 벗어나면 전혀 다른 풍경이 펼쳐진다. 한번은 여행객이 붐비지 않는 곳을 찾아 한두 블록 벗어나 걷던 중에 깜짝 놀랄 만한 광경을 보았다. 4층 건물에 여러 세대가 사는 건물이었는데 각 층의 발코니가 곧 쏟아져 내릴 듯 금이 가 있었고, 위층과 아래층 발코니 사이에 무너지지 말라고 각목을 대놓았다. 나는 금방이라도 무너질 듯한 그 건물을 불안하게 바라봤지만 정작 발코니에서는 연세 지굿하신 할머니가 여유롭게 거리를 바라보고 있었다.

정부 지원으로 집수리를 받으려면 사회복지사의 추천을 받아야 한다. 사회복지사는 주거 환경이 매우 열악한 집을 방문해 가족과 면담하고 집수리 필요성을 판단한다. 우선순위를 정해 보고하면 정부는 집수리에 필요한 재료 구입비를 지원해준다.

이런 경우를 제외하고 집수리는 집주인 개인의 책임이다. 하지만 쿠바에서는 집을 수리하고 리모델링하는 것이 여간 어려운 일이 아닌데, 일단 재료를 구할 돈이 없고 돈이 있어도 필요한 재료가 없다. 돈과 재료가 있어도 대부분이 수작업이라 시간이 아주 오래 걸린다.

쿠바에 처음 도착해 묵었던 민박집은 20층 아파트의 1층이었다. 비행기 연착 등으로 30시간 가까이 걸려 쿠바에 도착하니 새벽 3시

아바나 비에하 지역의 낡은 주택

였다. 바로 쓰러져 잠이 들었는데 부산하게 움직이는 소리가 들려 깨어 보니 내 방에 딸려 있는 화장실 하수구에서 물이 역류하고 있었다. 아파트가 오래되어 하수관이 얇은 데다 하수관에 오물이 끼어 밖으로 배출되지 못하고 1층 화장실 하수구로 역류했던 것이다. 잠에 취해 주인집 방에서 자다 나와 보니 말끔해져 있길래 잘 해결된 줄 알았더니 그 일이 반복되었다.

결국 아파트 입주자들이 모여 회의를 하고 전체 하수관을 교체하는 공사를 하기로 결정했다. 공사하는 모습을 지켜보니 사람이 망치 하나 들고 하수관이 들어 있는 벽을 깼다. 그 작업만 2~3일이 걸렸다. 그리고 관을 교체했는데, 1층이 끝나면 2층 작업을 시작하고, 2층이 끝나면 3층 작업을 시작했다. 공사 중에도 하수 역류는 종종 발생했다. 꼭대기 층까지 하수관을 모두 교체했는지는 모르겠다. 그사이에 나는 다른 집으로 이사했다. 나중에 볼 일이 있어 그 집을 찾았을 때 주인아저씨가 해맑게 웃으며 공사하느라 부쉈다가 원래대로 복구해놓은 벽을 보여주었다. 이제 페인트칠만 하면 된다고, 드디어 끝났다고 흡족해 했다. 쿠바의 공사라는 것이 이렇다. 그나마 그 공사는 빨리 마무리된 편이라고 한다.

쿠바인들은 내 집 마련을 위해 미래를 담보하지는 않는다. 여유가 생길 때마다 칠하고 보수하면서 집을 소중히 다루고, 수시로 물청소를 하면서 깨끗하게 사용한다. 내 집을 가졌지만 낡고 오래되어서 겪는 불편함과 편의 시설을 갖춘 말끔한 집이지만 그 집을 유지하기 위해 경제적 스트레스에 묻혀 사는 것 중 무엇이 더 나은지는 생각해볼 문제이다.

# 쿠바의 교통과 통신

가고 싶은 곳을 운전해 언제든 마음대로 갈 수 있고, 누군가와 소통하고 싶을 때 전화나 메일 또는 다양한 SNS를 통해 연락할 수 있다는 것이 얼마나 소중한지 쿠바 체류 기간 실감할 수 있었다. 한국에서는 오히려 너무 넘쳐서 문제일지도 모르겠다. 너무 많은 차로 인한 교통 체증, 발달한 통신수단으로 인한 중독과 현실 세계에서의 소통 부재…. 체류 기간 초기에는 이전과 다른 교통·통신 환경 때문에 불편하고 불안했다. 하지만 시간이 지나면서 '그동안 자동차, 인터넷, 통신수단에 시간, 신체, 정신이 지나치게 지배당하고 있었던 건 아니었을까?' 하는 생각이 들었다. 한국처럼 빠른 인터넷과 성능 좋은 교통수단을 갖추지 않아도 얼마든지 소통하면서 살아갈 수 있음을 쿠바에서 보았기 때문이다.

## 모든 것이 탈것

쿠바에도 한국처럼 비행기, 기차, 버스, 자동차, 오토바이, 자전거가 있다. 이런 교통수단을 타고 일을 하러 가고 여행을 간다. 하지만 자세히 들여다보면 다르다. 많이 다르다.

처음 눈에 띄는 것은 도로의 차들이 많이 낡았다는 점이다. 쿠바 여행을 생각해본 사람이라면 길고 화려한 색상의 오픈카를 타고 말레콘을 따라 드라이브하는 모습을 상상해봤을 것이다. 여행 안내 책자에서 많이 보는 사진이다. 하지만 그런 멋진 관광용 올드 카는 정말 극소수일 뿐이다.

대부분 차는 너무 낡아서 말 그대로 '올드 카'이다. 이런 올드 카들은 대개 자영업 허가를 받고 택시 영업을 한다. 정해진 몇 개 루트를 오가며 가는 방향이 맞으면 정원이 다 찰 때까지 손님을 태우고 내려주는 합승 택시이다. 어학연수를 받던 아바나 대학까지 걸어서 다니기에는 먼 거리라 거의 매일 이 합승 택시를 타고 이동해야 했고, 덕분에 정말 다양한 합승 택시를 타봤다. 달리다가 시동이 꺼지는 차, 비가 오는데 창문이 닫히지 않아 운전기사가 준 비닐로 비를 막아야 하는 차, 공원에나 있을 법한 의자가 장착된 차, 낡은 시트를 보자기로 묶어놓은 차, 가죽이나 천으로 된 마감 없이 철재가 그대로 드러난 차… 하지만 이런 합승 택시조차도 쿠바 현지인들에게는 비싼 교통수단이다.

대부분 쿠바인은 한 번 타는 데 500원 정도 하는 합승 택시보다 버스를 이용한다. 버스는 일반 버스와 버스 두 칸을 이어놓은 버스 두 종류가 있다. 대부분 중국에서 수입한 차들로, 오래되고 낡았지만 항

낡은 올드 카(위)와 관광객 시내 투어용으로 사용하는 올드 카. 실제로는 낡은 올드 카가 훨씬 많다.

합승 택시를 기다리는 쿠바인들

상 그 안에는 많은 사람이 타고 있다. 여름 한낮에는 기온이 35도를 넘나들지만 에어컨이 장착된 버스는 없다. 버스비는 10원 정도이다.

쿠바에 머물면서 몇 차례 다른 지역으로 여행을 다녀왔는데, 처음에는 쿠바 정부가 국영으로 운영하는 여행사의 패키지 상품을 이용하거나 지인들이 짜놓은 계획대로 따라다녔다. 그러다가 직접 계획을 짜서 조금 멀리 다녀오려니 이런저런 여행 책자를 뒤적일 수밖에 없었다. 그중 정보가 가장 많은 《론리 플래닛》 쿠바 편을 뒤적이다 카미온Camion(트럭)이라는 교통수단을 알게 되었다. 버스 정류장에서 타고 내릴 수 있고 지역Provincia 내에서 이동할 때 유용하며 비용도 매우 저렴했다. 처음에는 카미온이 말 그대로 '트럭'은 아닐 거라고 짐작했는데 여행을 가서 보니 진짜 트럭이었다. 아바나 도심에서 멀어질수록 더 많이 더 자주 볼 수 있었다. 한국에서 군인들이 트럭 뒤에 나

관광객이 이용하는 2층 버스(위)와 쿠바인들이 이용하는 2단 버스

란히 마주 보고 앉아 이동하는 모습을 보았는데 그와 매우 유사하다. 단지 쿠바에서는 트럭이 일반인을 위한 교통수단이고, 매우 낡아서 검은 연기를 심하게 내뿜는다는 것이 차이라면 차이이다.

쿠바의 중요한 이동 수단 중 하나는 자전거이다. 쿠바에 가기 전 교통 편의 시설이 좋지 않고 자전거를 많이 이용한다는 이야기를 듣고 쿠바에 도착하자마자 자전거를 어디서 살 수 있는지 물었다. 지인은 난감한 표정을 지으며 자전거를 사지 말라고 권유했다. 실제로 아바나 시내 중심부에는 자전거를 타는 사람이 흔치 않았다. 아바나는 다른 지역에 비하면 버스나 택시가 많고, 자전거를 이용하기에 도로 사정이 좋지 않았다. 무엇보다도 자전거를 타지 않는 동안 안전하게 보관할 방법이 전혀 없었다. 결국 자전거를 사지 않은 터라 자전거를

주로 사람들을 실어 나르는 트럭. 아바나에서 멀어질수록 더 자주 볼 수 있다.

사면 한 달 안에 도난당할 거라는 지인의 말이 사실인지는 확인하지 못했다.

하지만 아바나 도심을 조금만 벗어나면 자전거로 이동하는 사람을 쉽게 볼 수 있다. 쿠바에 자전거가 대거 들어온 것은 특별시기 때였다. 소련의 지원 중단으로 더 이상 차량이 쿠바에 유입되지 못했고, 있던 차들도 기름이 없어서 달리지 못하는 상황이었다. 걸어서 출퇴근할 수 없는 사람이 많았고, 물자 유통도 불가능했다. 모든 것이 정지되었다. 그때 쿠바 정부는 중국으로부터 수십만 대의 자전거를 수입했다.

아바나에서 직접 자전거를 타기는 어렵지만 대신 자전거 택시Bicitaxi

그늘에서 손님을 기다리는 자전거 택시 기사들

관광객이 많이 방문하는 지역에서 마차는 특별한 경험을 선사하기 위한 관광 상품이지만, 시골에서는 우마차가 생활수단으로 이용된다.

를 이용할 수는 있다. 자전거 택시는 외국인이 많이 방문하는 아바나 비에하 지역에 몰려 있는데, 1세우세(약 1,200원) 정도를 지불하면 대여섯 블록을 데려다준다. 외국인 관광객에게는 비교적 싼 가격에 새로운 경험을 할 수 있는 기회이지만 현지인에게는 부담스러운 금액이라 주로 관광객들이 이용한다.

쿠바에서는 아직 말과 소를 교통수단으로 이용한다. 도심에서는 주로 두세 사람이 탈 수 있도록 만든 마차를 볼 수 있다. 하지만 시골로 가면 사람들이 말을 타고 다니고 소에 수레를 이어 짐을 나르는 모습을 볼 수 있다.

## 모두가 평등한 도로

이런 다양한 교통수단도 길에 나서면 모두 평등해진다. 쿠바는 두 개
의 고속도로와 도심의 주요 도로를 제외하면 대부분이 왕복 2차선 도
로이다. 마차나 낡은 트럭이 아무리 느리게 달려도 반대 방향에서 계
속 차나 마차가 오고 있다면 추월할 방법이 없다. 길이 넓어져 마차
가 잠시 옆으로 비켜줄 공간이 생길 때까지 계속 마차의 속도에 맞춰
달려야 한다. 출고된 지 얼마 안 된 신형 차도, 오토바이도, 버스도 모
두 마차 속도에 맞춰 달린다.

바로 눈앞에 보이는 버스나 트럭만 보고 섣불리 추월을 시도해서
도 안 된다. 트럭 앞에 자전거나 오토바이가 달리고 있을 수도 있기
때문이다. 여행 중 이런 상황을 몇 번 경험하면서 쿠바의 도로 위 모
습이 쿠바의 사회상과 닮았다는 생각을 했다. 서로 다른 성능과 모양
의 교통수단이 같은 길 위에서 같은 속도로 달리고 있는 모습이 느리
지만 평등하게 큰 격차 없이 살아가는 쿠바인들과 오버랩되었다.

## 있지만 없는 쿠바 고속도로

쿠바의 고속도로는 아바나에서 동쪽 지역을 잇는 A1 국립 고속도로
와 아바나와 서쪽 지역을 잇는 A4 국립 고속도로 두 개뿐이다. 양쪽
으로 길게 뻗어 있는 지형 때문에 고속도로가 중요한데, 국토 끝까지
연결되어 있지 않고 서쪽은 피나르 델 리오Pinar del Río 중심부까지만,
동쪽으로는 상크티 스피리투스Sancti Spíritus까지만 연결되어 있다.

아바나 시내를 벗어나 고속도로를 달릴 때마다 고속도로 개념에
혼란을 느꼈다. 고속도로의 사전적 의미는 '차의 빠른 통행을 위하여

우마차도 트럭도 낡은 차도 새 차도 모두 같은 속도로 달리는 쿠바의 도로

만든 차 전용의 도로'인데, 이 뜻대로라면 쿠바에는 고속도로가 없다. 일단 도로 상태가 워낙 좋지 않아 빨리 달리는 것이 불가능하다. 도로 중간중간에 움푹 팬 곳이 많아 사고를 예방하기 위해 다른 차를 조심하기보다 도로 위 구덩이를 조심해야 할 지경이다. 군데군데 메워놓은 도로의 모습이 마치 퀼트 작품처럼 보이기도 한다.

2016년 처음으로 운전을 하며 고속도로를 달리다 당황한 적이 있는데, 어느 순간 중앙선을 표시하는 노란 차선이 사라지고 흰색 실선만 있는 3차선 도로를 달리게 된 것이다. 분명 조금 전까지는 왕복 6차선 도로였는데 이상하다 생각하는 찰나 맞은편에서 차가 달려오고 있었다. 내가 길을 잘못 들어 역주행하고 있는 줄 알았다. 그런데 조금 달리다 보니 다른 차들도 나와 같은 방향으로 역주행하고 있었다. 알고 보니 본래 왕복 6차선으로 운행하던 도로의 하행 도로에 문제가 생겼는데 미처 복구공사를 못 해서 상행선 3차선을 상행 차량과 하행 차량이 동시에 사용하는 것이었다. 상행 차량과 하행 차량이 가장자리 차선 하나씩을 사용하고 가운데 도로는 양방향 차량의 추월 차로로 사용하고 있었다.

고속도로 상태, 차량 상태가 이러하니 쿠바에서 육로로 어딘가를 빨리 갈 계획은 세우지 않는 편이 좋다. 쿠바는 국토가 남한보다 약간 크고, 길쭉한 지형이다. 수도 아바나에서 쿠바 제2의 도시 산티아고 데 쿠바Santiago de Cuba까지의 거리는 867킬로미터이다. 서울과 부산 왕복 거리보다 약간 더 먼 거리인데, 쿠바의 도로 상황 때문에 편도 16시간이 걸린다.

왕복 4차선 고속도로였지만 갑작스레 한쪽이 통제되면서 마치 역주행하듯 달리는 경험을 2017년 방문 때도 해야 했다.

## 쿠바 고속도로에 없는 것과 있는 것

고속도로에는 차가 많은 것이 당연하다. 사실 한국은 너무 많아서 문제이다. 명절과 연휴 기간의 교통 체증은 생각만 해도 짜증이 난다. 하지만 쿠바의 고속도로에는 차가 아주 적다. 아니, 거의 없다. 그렇다 보니 고속도로에 진입하면 마치 도로 전체를 전세 낸 듯한 기분이 든다.

쿠바에는 버스 노선이 많지 않고 기차는 더욱 열악하다 보니 너무 멀지 않은 곳에 갈 때는 동행자를 구해 돈을 모아 택시를 이용하곤 했다. 택시에서 에어컨이 나오지 않는 것, 택시 기사가 수시로 차를 세우고 엔진에 물을 뿌리는 것보다 불안하고 불편했던 것은 택시 기사의 졸음운전이었다. 해는 뜨겁고 소통도 잘 안 되는 외국인을 태우고 몇 시간씩 텅 빈 도로를 달리다 보면 졸음이 몰려오는 게 당연할지도 모른다. 너무 불안하면 기사의 어깨를 치며 "세뇨르Señor!" 하고 부르는 것 말고는 달리 방법이 없었다.

쿠바 고속도로에는 과속 단속 카메라도 없다. 달리는 차가 많지 않은 도로에 과속 단속 카메라를 설치할 필요가 없는 것이다. 그리고 도로 상태와 차량 상태가 과속이 불가능하니 사실 쿠바에서 과속 단속 카메라는 무용지물이나 마찬가지이다.

또 쿠바 고속도로에 없는 것이 통행료이다. 그렇다 보니 톨게이트도 하이패스도 없다. 단, 카요 코코Cayo Coco 섬에 갈 때는 예외였다.

수도 아바나에서 동부 지역으로 가는 1번 고속도로를 이용하려면 이곳을 지나쳐야 하는데, 초록 불이 켜진 곳을 그냥 지나가면 된다. 요금을 내는 정산소도 하이패스도 없다.

카요 코코는 카요 라르고Cayo Largo, 카요 레비사Cayo Levisa처럼 섬 전체를 휴양지로 개발한 곳이다. 다른 섬들은 비행기나 배로만 들어갈 수 있는 반면 카요 코코는 육로로 들어갈 수도 있다. 30킬로미터가 넘는 거리에 둑을 만들어 본토와 연결해놓았기 때문이다. 이곳을 지날 때 3,000원가량의 통행료를 지불했는데, 그 외에 쿠바에서 도로를 이용하는 대가로 돈을 지불해본 적은 없다.

반대로 다른 나라 고속도로에는 없지만 쿠바 고속도로에만 있는 것도 있다. 일단 쿠바 고속도로에는 사람이 많다. 차를 태워달라는 사람도 많은데, 도시 근처 도로를 지나다 보면 손을 흔들며, 때로는 손에 든 지폐를 흔들며 태워달라고 한다. 정말로 차를 세우고 태워주는 사람이 있을지, 있다 하더라도 언제쯤 탈 수 있을지, 오늘 안에 목

카요 코코로 가는 도로. 30킬로미터를 달리는 동안 양쪽으로 펼쳐진 바다 풍경을 감상할 수 있다.

적지에 갈 수는 있을지 궁금했다. 또 쿠바 고속도로에는 물건을 파는 사람들도 있다. 바나나, 치즈, 망고, 양파 등을 들고 달리는 차를 향해 물건을 사라고 한다.

　사람만 있는 것이 아니다. 자전거, 오토바이, 우마차도 고속도로 위를 달린다. 고속도로에는 차만 다녀야 한다고 알고 있던 나는 "역시 쿠바Qué Cuba!"라는 말이 절로 튀어나왔다. 하지만 어차피 만든 도로이고 이용하는 차도 많지 않은데 자전거, 오토바이, 우마차가 이용한다 한들 무슨 문제겠는가? 오히려 효율적으로 자원을 활용하고 있다는 생각마저 들었다.

　마지막으로 쿠바 고속도로에는 아주 소박한 휴게소가 있다. 샌드

쿠바 고속도로는 차만 달리는 길이 아니다. 마차와 자전거도 달리고 물건 파는 사람도 있다. 자전거 세계 여행이 취미인 지인은 쿠바를 최고의 자전거 여행지로 꼽았는데, 고속도로에 차가 많지 않아 전혀 위험하지 않다는 이유에서였다.

위치와 커피, 주스, 기념품을 파는 정도의 작은 휴게소이다. 그 수가 많지도 않은데 너무 작아서 휴게소인지도 모르고 지나치기 십상이다. 쿠바에서는 뭔가를 찾으려면 찬찬히 자세히 봐야 하는데 휴게소도 예외는 아니었다.

## 집 전화보다 휴대폰이 많은 나라

SNS와 이메일, 전화로부터 벗어난 생활을 경험하고 싶다면 쿠바행을 추천한다. 쿠바에서 SNS, 이메일, 전화를 이용하는 것이 불가능하지는 않다. 단지 어렵고 느리고 복잡할 뿐이다.

쿠바에서 귀한 것 중 하나가 집 전화이다. 집 전화를 설치할 수 있는 망이 충분치 않아서인데, 2005년 통계이긴 하나 인구 1,000명당

음료와 간단한 간식거리, 기념품을 파는 가게와 화장실을 갖춘 소박한 쿠바 휴게소

유선 전화 수가 70회선에 불과해 다른 중남미 국가의 50% 수준이다. 이런 상황은 지금도 크게 다르지 않아서 아직도 집 전화를 놓으려면 몇 년을 기다려야 하고, 휴대폰 개통보다 더 비싼 돈을 지불해야 한다. 쿠바에서 집을 산 지인은 집주인이 나중에 전화비를 따로 요구했는데 그 가격이 100만 원 정도였다고 했다. 쿠바인들 사이의 주택 거래 가격이 2,000만~3,000만 원 수준인 점을 고려하면 매우 비싼 가격이다.

휴대폰 이용료가 워낙 비싸기 때문에 집 전화를 갖는 것은 쿠바인들의 큰 바람이다. 우리나라 동사무소 같은 민중평의회에 집 전화를 설치하고 싶다고 신청하면 주민 조직에서 어느 집이 더 필요한지 회의를 통해 결정한다. 스페인어 과외 교사는 다른 지역에 사는 엄마와 연락할 때 휴대폰을 사용하면 비싸기 때문에 이웃집에 전화해 바꿔 달라고 해서 통화한다고 했다. 인터뷰를 위해 방문한 요양원에서 대화를 마친 원장은 질문이 있으면 언제든지 연락하라면서 전화번호를 알려주었는데, 집 전화는 없다며 요양원 전화번호와 휴대폰 번호를 알려주었다.

이에 비하면 오히려 휴대폰 개통은 쉽다. 물론 휴대폰 기기에 따라 다르지만 7만 원 정도만 있으면 개통할 수 있다. 특히 2008년부터 휴대폰 판매 제한을 철폐하면서 휴대폰 사용자가 급증했다. 이동통신 가입자 수는 2011년 143만 명에서 2014년 263만 명, 2015년 345만 명으로 급증하고 있다. 휴대폰을 개통하고 나면 일정 시간 사용할 수 있는 카드를 구입해 충전한다. 휴대폰 요금이 쿠바인들의 급여나 물가에 비해 워낙 비싸기 때문에 대부분은 급할 때 문자를 보내고 집 전화나 공중전화를 이용해 통화한다.

## 쿠바인의 인터넷 사용 방법

쿠바 정부는 2007년까지 컴퓨터의 민간 판매를 허용하지 않았다. 최근에는 쿠바인들도 컴퓨터를 구입할 수 있고 인터넷도 사용할 수 있다. 쿠바 통계청은 약 300만 명이 인터넷을 사용하고 있다고 발표했는데, 이는 쿠바 국민의 27%에 달한다. 하지만 이 수치는 실제 인터넷 사용 여부와 상관없이 단순히 인터넷 접속이 가능한 환경에 있는 사람을 모두 포함한 것이다. 집과 일터 등에서 인터넷을 자유롭게 사용할 수 있는 사람은 60만 명으로 쿠바 인구의 5.4% 수준이다. 게다가 이 중 과반은 수도 아바나에 살고 있다. 아직 쿠바에서 인터넷을 통한 정보 수집과 통신은 매우 제한적이라고 볼 수 있다. 쿠바의 인터넷 사용 인구 비율은 중남미 20개 국가 중에서 15위, 전 세계에서 147위 수준이다.[56]

쿠바 체류 초기에 쿠바인 주인 가족과 함께 살았는데, 중학교에 다니던 주인집 늦둥이 아들에게 한국의 인터넷 사용 환경에 대해 이야기해주니 몹시 부러워했다. 언젠가 한국에 꼭 가보고 싶다던 이유도 인터넷 때문이었다. 쿠바에 대해 대화를 나눌 때면 긍정적인 것만 이야기하다가도 인터넷 이야기만 나오면 흥분하기까지 하며 불만을 토로했다.

쿠바에서 인터넷 사용이 어려운 이유는 매우 많다. 그래서 차라리 안 하고 말겠다는 결정을 내리기 십상이다. 나 역시 귀국 즈음에는 자료 수집을 위해 인터넷 사용이 잦았지만, 그 전에는 정말 귀찮아서 안 하고 만다는 입장이었다. 일단 인터넷 사용이 가능한 장소가 매우 제한적이다. 개인 집에 인터넷망을 설치하기란 매우 어려운 일이어서 쿠바 국영 통신사인 에텍사ETECSA가 근거리 무선 인터넷망을 설치해놓은 곳으로 가야 한다. 주로 공원에 와이파이 구역을 설치해놓았는데, 쿠바 전역에 이런 와이파이 구역이 178개뿐이다(2016년 8월 기준). 물론 호텔에 숙박하면 인터넷을 쓸 수 있다. 하지만 그 외에 카페나 식당 등에서는 인터넷 사용이 불가능하다. 외국인 신분으로는 대학 캠퍼스 안에서도 인터넷을 쓸 수 없다.

와이파이 구역에 가더라도 인터넷을 사용하려면 인터넷 접속을 위한 ID와 비밀번호가 적힌 인터넷 카드Tarjeta de Internet를 사야 한다. 인터넷 카드는 국영 통신사인 에텍사 사무실에 가야만 살 수 있는데,

와이파이 구역에서 인터넷을 이용하고 있는 사람들

인터넷 카드를 사려고 줄 서서 기다리는 사람들. 이런 수고를 덜고 싶다면 웃돈을 주고 사는 방법이 있다.

에텍사에 가면 긴 줄을 볼 수 있다. 한 시간 분량은 2달러, 다섯 시간 분량은 10달러이다. 쿠바 공공부문 종사자의 평균 급여가 25달러 정도이니 한 시간 동안 인터넷을 쓰기 위해 이틀 치 일당을 투자해야 하는 셈이다. 돈이 많다고 해서 무한정 카드를 살 수 있는 것도 아니다. 1인당 세 장까지만 살 수 있다. 그런데 가끔은 카드가 떨어져 없을 때도 있다. 이렇게 인터넷 카드 사는 것도 쉽지 않다 보니 시간이 좀 넉넉한 쿠바인들은 시간 날 때마다 인터넷 카드를 사 웃돈을 붙여 되판다. 2달러짜리 인터넷 카드를 3달러에 판다. 와이파이 구역에 가면 낮은 목소리로 "타르헤타Tarjeta"라고 속삭이며 호객 행위를 한다. 어쨌든 카드를 구해서 와이파이 구역에 갔다면 사용 준비가 끝난 것이다.

다음 고비는 접속이 잘되느냐이다. 날짜에 따라 시간대에 따라 인터넷 접속 자체가 어렵기도 하고, 접속되어도 무척 느리다. 사진을 첨부한 메일 발송이나 용량 큰 자료의 다운로드 등은 아예 시도도 하지 않는 편이 낫다. 쿠바의 폐쇄성을 비판하는 사람들은 쿠바 정부가 인터넷 사이트나 블로그를 계속 검열하기 때문에 정보가 제한적이라고 이야기한다. 하지만 잠시 머물다 가는 외국인으로서는 그에 대한 불편은 크게 느끼지 못했다. 단지 인터넷 사용이 귀찮을 뿐이다.

쿠바 정부는 2020년까지 인터넷 보급률을 90%로 확대하겠다고 했다. 가정집, 민간 운영 식당, 커피숍에서도 인터넷을 사용할 수 있도록 하고, 공공 와이파이 구역을 확대하겠다는 계획이다.[57] 이메일

와이파이 구역 확대 계획을 다룬 2016년 9월 8일 자 《후벤투드 레벨데》 기사

이나 SNS 없는 생활을 경험하고 싶다면 하루빨리 쿠바로 떠나길 다시 한번 제안한다.

# 쿠바 가구의 경제

내가 만난 쿠바인들은 대부분 경제적으로 넉넉하지 못한 가난한 사람들이었다. 하지만 그들은 가난한 사람들이라기보다는 '게으를 수 있는 권리'를 누리는 사람들 같았다. 일을 하지만 한국인들처럼 혹독한 노동 시간을 견디며 일에 치여 '만성 피로' 상태로 하루하루를 연명하는 듯한 모습은 찾아볼 수 없었다. 그렇다고 쿠바인들의 삶을 럼주와 시가, 살사만으로 설명할 수는 없다. 사회주의 체제에서 살고 있지만 나름의 경제적 고민이 있었다. 어떻게 돈을 벌까, 무엇을 살까, 어떻게 수입과 지출을 맞춰 나갈까 하는 걱정은 그들도 우리와 크게 다르지 않았다.

## 한 나라, 두 화폐, 두 세상

현재 쿠바에서는 두 종류의 화폐를 사용한다. 내국인이 사용하는 쿠바 페소와 외국인이 주로 사용하는 태환 페소, 두 가지 화폐가 통용되고 있다. 처음부터 그랬던 것은 아니다. 혁명 정부는 1961년 화폐 개혁을 단행했다. 혁명에 반대하면서 떠난 사람들이 현금을 대거 유출했고, 그 돈이 혁명 정부를 반대하는 세력에 유입될 가능성이 높았으므로 이를 차단해야 했다. 또 혁명 정부가 초기 통화 공급량을 늘리기 위해 세 배 가까이 더 찍어낸 지폐가 시중에 유통되지 않았는데, 혁명 정부는 그 돈이 해외로 유출되고 있다고 판단했다. 게다가 당시 통용되던 화폐는 외국 기업이 인쇄하는 터라 쿠바 정부가 통제할 수 있는 화폐가 필요했다. 이런 이유로 새로운 화폐 발행이 극비리에 진행되었다. 피델 카스트로와 당시 국립은행 총재였던 체 게바라를 포함해 단 네 명만이 화폐 개혁에 대해 알고 있었다. 새로 유통될 화폐를 군사 보호 시설에 보관하던 사람들조차 그것이 무기인 줄로만 알았다.

구권을 신권으로 교환해주는 일은 단 닷새 만에 진행되었다. 화폐 교환을 위해 전국에 3,500개의 교환소가 설치되었고, 약 6만 명이 작전에 동원되었다. 화폐 교환이 있던 주말에는 항공 운항이 전면 중단되었다. 아무도 쿠바로 들어올 수도 나갈 수도 없었다. 다량의 구권을 가지고 해외로 도피한 사람들이 신권으로 교환하는 것을 막기 위해서였다. 은행 예금에 대해서는 단계적으로 일정 금액씩만 신권으로 인출할 수 있게 하되 신권으로 교환할 수 있는 금액을 총 1만 페소로 제한했다. 항공 운항 중단과 교환 금액 제한 등으로 신권 교환이 불가능한 7,250만 페소는 국가에 환수되었다.[58] 이후 혁명 정부가 발행한 쿠바 페소만이 공식 화폐로 통용되었고 미국 달러의 사용도 금지되었다.

그러다 소련의 원조 중단과 연이은 미국의 경제 제재 강화로 극심한 경제적 어려움을 겪은 쿠바는 관광업을 활성화하기로 했다. 쿠바 정부는 1993년 미국 달러를 합법화하고 쿠바로의 유입을 허용했다. 그러나 10년 뒤인 2003년부터 쿠바 경제의 탈 달러를 위해 태환 페소를 만들어 유통시켰다. 태환 페소는 달러와 1 대 1의 환율로 계산되었다. 그리고 대다수 쿠바 국민이 사용하던 쿠바 페소와 태환 페소의 환율을 24 대 1로 고정했다.[59]

두 가지 화폐를 사용한다는 것에는 단지 서로 다른 화폐를 동시에 사용한다는 것 이상의 큰 의미가 있다. 24배나 차이 나는 두 화폐의 가치 때문에 주로 어떤 화폐를 쓰느냐에 따라 마치 두 개의 분리된 세상이 있는 듯하다.

세우페CUP라 불리는 쿠바 페소는 주로 쿠바 국민이 사용하며 외화와 바꿀 수 없다. 임금 지급, 배급품 구입, 농산품 구매, 교통비, 공과금 등을 내는 데 사용한다. 1세우페는 한화로 약 50원이다. 보통 햄버거 빵이 10개에 10세우페(500원), 소프트아이스크림이 3세우페(150원), 배추 한 다발이 8세우페(400원)이다. 남자 손바닥만 한 피자는 500원에서 1,000원꼴이고, 비슷한 값으로 파스타 한 접시를 사먹을 수도 있다. 버스는 2센타보(10원), 합승 택시는 10세우페(500원)이다. 매달 배급이 나오고 노인에게는 매우 저렴한 가격으로 식사가 제공되지만 모자란 식료품은 직접 사야 하는데, 이때 주로 쿠바 페소를 사용한다.

반면 세우세cuc라 불리는 태환 페소는 외국인 관광객이 주로 사용하며 미국 달러 등으로 환전할 수 있다. 세우세만 사용할 수 있는 식당에서 제대로 한 끼 식사를 하려면 20세우세 정도 필요한데 한화로 2만 원이 넘는 돈이다. 이렇다 보니 한국의 쿠바 관련 기사에서 '한

태환 페소(왼쪽)와 쿠바 페소. 겉보기에는 같은 숫자이지만 실제 가치는 24배나 차이 난다.

끼 밥값이 노동자 한 달 월급'이라는 소리가 나오는 것이다. 방 하나 짜리 민박집 한 달 임대료가 적게는 400세우세(48만 원)에서 1,000세 우세(120만 원)까지 다양하다. 호텔 하루 숙박료도 한국과 비슷하다. 쿠바인들이 주로 사용하는 합승 택시와 달리 관광객이 이용하는 일 반 택시는 부르는 게 값이라 흥정을 잘해야 하고 최소 10세우세(1만 2,000원)는 지불해야 한다.

자국민을 위한 생필품은 매우 낮은 가격에 거래된다. 이런 물품은 쿠바 페소로 사는 데 큰 부담이 없다. 하지만 사치품은 아니라 하더 라고 생활에 꼭 필요하지는 않은 것들이나 공장에서 생산해야 하는 생필품, 관광객이 주로 소비하는 상품은 거의 24배 비싸다고 생각하 면 된다. 24배만큼은 아니지만 돈의 차이만큼 잠자리의 안락함과 교 통수단의 편리성, 음식의 질과 맛도 차이가 난다.

쿠바 정부는 달러를 합법화하고 태환 페소를 만들 때만 해도 사용 자와 사용 가능한 곳을 엄격히 분리했다. 외국인에게 재화와 서비스 를 비싼 가격에 팔아 그 돈으로 쿠바인의 기본 생활, 무상 의료와 무상 교육 시스템을 유지하겠다는 의도였다. 두 세상을 분리해 쿠바인들의 소비에 대한 욕망이 자극받지 않기를 원했다. 얼마 동안 달러나 태환 페소는 외국인이 사용하는 돈, 쿠바 페소는 쿠바인이 사용하는 돈으 로 구분되었다. 그리고 태환 페소로만 물건을 살 수 있는 상점이 있었 고, 쿠바 페소로만 물건을 살 수 있는 상점이 따로 있었다.

하지만 2005년 외국인에게 팁을 받거나 외국인의 초대에 응하는 것을 금지하는 법까지 제정했음에도[60] 관광 산업과 일반인의 삶을 분 리하는 것은 불가능했다. 이제는 두 화폐의 사용자와 상점의 구분이 없어졌다. 배급품을 나눠주는 보데가°나 농산물 시장에서 물건을 살 때 태환 페소로 지불하면 점원들이 매우 빠르게 환율을 계산해 쿠바 페소로 거스름돈을 준다. 하지만 세우페를 받지 않는 상점은 있다.

상황이 이렇다 보니 쿠바 가구의 생활 형편은 태환 페소인 세우세를 벌 수 있느냐 없느냐에 따라 달라진다. 태환 페소를 얻으려면 해외에 나간 가족이나 친지에게서 송금을 받거나 쿠바 내에서 태환 페소를 쓰는 외국인을 만날 수 있는 직업을 가져야 한다. 그래서 의사나 교사가 호텔 청소원이나 택시 기사, 식당 종업원으로 전직하는 일이 벌어지기도 한다.

## 쿠바 가구의 소득

국민의 평균적 생활 수준을 알아보기 위해 사용하는 지표가 1인당 국민 소득이다. 2011년 쿠바의 1인당 국민 소득은 5,880달러로 조사 대상 191개국 중 67위였다. 2013년에는 5,832달러를 기록했다.[61] 임금 격차가 크지 않고 노동자 평균 월급이 25달러임을 고려하면 다소 높은 수치로 보이는데, 국민 소득에 해외 송금 유입액과 자영업자 소득 등이 포함되기 때문이다.

쿠바의 가구별 소득 수준을 이해하는 데는 보스턴 컨설팅 그룹 Boston Consulting Group의 2015년 분석 자료가 유용하다. 조사 대상 440가구를 소득 수준에 따라 세 집단으로 구분하고 소득 출처를 분

---

● 　쿠바 정부는 가구원의 구성에 따라 배급되는 물품을 기록해 각 가구에 리브레타Libreta를 나눠준다. 이 리브레타를 가지고 가서 물건을 배급받는 곳이 보데가Bodega이다.

석했는데, 하위 50% 가구는 외화 소득이 거의 없고, 정부 급여가 주 수입원이었다. 소득 수준 중위 50%에서 80%를 차지하는 가구는 정부 급여 외에 해외 송금, 자영업과 관광업을 통해 외화를 번다. 연평균 소득은 600달러에서 700달러로, 생필품을 사는 데 어려움을 겪을 수도 있지만 전반적으로 안정적인 생활이 가능하다. 상위 20%는 연평균 소득이 1,800달러에서 2,000달러로, 이들 중 과반이 정부 급여에 의존하지 않고 송금, 자영업, 관광업을 통해 외화를 번다.

소득 수준별 소득 출처에 대한 분석을 보면, 결국 소득 수준을 결정하는 것은 외화 혹은 태환 페소에 대한 접근성이다. 정부 급여가 유일한 소득원이면서 상위 20%에 속하는 경우는 단 2%에 불과하다.[62]

**쿠바 가구의 소득 분위별 소득 출처**

| 소득 출처 | 비율 | | | |
|---|---|---|---|---|
| | 전체 | 하위 50% | 중위 30% | 상위 20% |
| 급여 | 44.7% | 64% | 41% | 2% |
| 급여 + 해외 송금 + 관광업 | 29.2% | 18% | 38% | 44% |
| 자영업 | 13.5% | 15% | 10% | 15% |
| 자영업 + 해외 송금 | 10.8% | 3% | 11% | 30% |
| 자영업 + 관광업 | 1.4% | 0% | 0% | 7% |
| 자영업 + 관광업 + 해외 송금 | 0.2% | 0% | 0% | 1% |
| 평균 소득(달러) | – | 400 내외 | 600~700 | 1,800 ~2,000 |

자료: Boston Consulting Group

쿠바의 경제 활동 참여율은 높은 편이다. 쿠바는 한국에 비해 일하는 사람의 비율이 높다. 그렇다고 쿠바인들이 일을 오래, 많이 하지는 않는다. 식당이나 유흥업소 외에 대부분 상점은 4시쯤이면 문을 닫는다. 한국의 마트와 같은 상점도 오전 10시가 되어서야 문을 열고 오후 6시면 문을 닫는다. 주민들이 달걀, 쌀, 콩, 커피 등을 배급받거나 살 수 있는 보데가는 점심시간이 4시까지이다. 4시가 되어야 문을 열었다가 6시면 다시 문을 닫는다.

### 쿠바와 한국의 경제 활동 참여율

단위: %

| 국가 | 연도 | 경제 활동 참여율 | | |
|------|------|------|------|------|
| | | 전체 | 남성 | 여성 |
| 한국 | 2015 | 62.6 | 73.8 | 51.8 |
| | 2010 | 61.0 | 73.0 | 49.4 |
| 쿠바 | 2015 | 69.1 | 82.9 | 54.2 |
| | 2010 | 74.9 | 87.7 | 60.5 |

'빨리빨리' '열심히'에 익숙한 한국인 눈에는 쿠바인의 노동과 휴식, 놀이의 경계가 모호해 보일지도 모른다. 서비스 이용자 입장에서는 영 마땅치 않을 것이다. 짧은 영업시간과 친구와 할 얘기 다 해가면서 천천히 일하는 모습이 답답하기만 할지도 모른다.

20대 후반의 한 쿠바 남성은 정부 산하 기구에서 회계 업무를 보다가 외국계 기업으로 이직했다. 이직 후 급여가 많아졌다고 좋아하던 것도 잠시, 노동 강도가 너무 세서 피곤하다는 말을 입에 달고 살았다. 그런데 그의 근무 시간을 들어보니 일반적인 한국인의 근무 시간

정도였고 특별히 노동 강도가 세다는 느낌은 못 받았다. 그래서 한국 사람들은 대부분 그만큼 일하고 그보다 더 오랜 시간 일하는 사람도 많다고 이야기해주니 믿을 수 없다는 표정을 지었다.

산업 발달 정도에 따라 그 사회의 직업군이 달라질 수밖에 없지만 '저런 일자리도 있을 수 있구나' 하는 생각이 든 순간이 몇 차례 있었다. 우선 쿠바에는 문지기가 많다. 은행이나 환전소 앞에 무장한 경비원이 있는 것은 이해할 수 있는데, 일반 식당에도 문지기가 있다. 그들이 하는 일은 식당 문 앞에 서 있다가 빈자리가 생기면 손님을 안으로 들여보내는 것이다. 관리자가 없으면 혼란스러울 정도로 규모가 큰 식당이라면 모를까 테이블이 10여 개밖에 안 되는 식당에도

아바나 대학 정문에 위치한 식당 '비키'에 가면 사진의 청년에게 자리가 있는지 묻고 기다려야 한다. 청년이 빈자리를 확인하고 들어가도 된다고 안내하면 들어갈 수 있다.

문지기가 있다. 쿠바인들은 하나같이 줄 서기 선수들인데 문지기가 왜 필요할까? 일자리 창출일까?

노인 요양원을 방문했을 때 흰 가운을 입고 지나가는 여성이 있어서 하는 일을 물어보니 손톱관리사라고 했다. 요양원에 입소한 노인들 손톱, 발톱을 잘라주는 것이 그녀의 업무였다. 쿠바에는 라이터 가스를 충전해주는 자영업자도 있다. 다른 일을 하면서 그 일도 같이 하는 것이 아니라 바로 그 일이 그 사람의 유일한 업무이다.

화장실 관리사도 있다. 식당, 고속도로 휴게소, 관광명소, 공중화장실, 대학 등 어디를 가든 화장실 관리사가 있다. 화장실 청소와 관리를 하고 이용자들에게 돈을 받는다. 외국인이 많이 이용하는 화장실은 한 차례의 화장실 이용료가 쿠바 노동자 일당과 맞먹는다. 화장실

라이터 가스 충전사

입구에 앉아 있다가 이용료를 내면 화장지 몇 장을 접어주면서 "그라시아스(고맙습니다)!" 한다. 그것이 그들의 직업이다.

쿠바에서 만난 화장실 관리사 중 가장 기억에 남는 사람은 헤밍웨이 박물관 내 화장실 관리사이다. 화장실이 깨끗할 뿐만 아니라 음악도 틀어놓았는데, 음악에 맞춰 흥얼거리며 청소하는 모습만 봐도 절로 기분이 좋아졌다. 그녀는 손님이 내는 돈의 액수에 상관없이 진심을 다해 고맙다고 인사했다. '무슨 기분 좋은 일이 있나?' 싶었는데 다른 날에도 그녀는 흥얼거리며 기분 좋은 얼굴로 고맙다고 인사했다. 요금이 정해진 것도 아닌데 손님이 자발적으로 낸 돈이 맘에 안 들면 들어갈 수 없다고 으름장을 놓는 화장실 관리사도 있기에 그녀가 더 기억에 남는지도 모르겠다.

일하는 쿠바인이 많은 이유는 두 가지인 듯하다. 하나는 혁명 정부의 지도자들이 노동의 가치를 소중히 여겼기 때문이다. 또 하나는 워낙 급여가 적어 할 수 있는 일은 뭐라도 해야 생계를 유지할 수 있기 때문이다.

쿠바인의 소득을 계산할 때 함께 고려해야 할 것이 있다. 국가가 배급으로 나눠주는 현물 소득이다. 앞에서 이야기했듯이 웬만한 생필품은 배급이 된다. 임산부에게는 비타민, 아이가 있는 집에는 분유, 가임기 여성이 있는 집에는 위생용품까지 가구 구성원의 특성에 맞춰 배급이 나온다. 하지만 쿠바 정부의 재정 압박이 지속되면서 배급품의 품목과 양이 줄어들고 있다.

한 젊은 쿠바인은 배급 제도에 대해 조심스레 이야기했다. "배급보다는 월급을 올려주는 편이 더 낫다고 생각해요. 20년쯤 뒤에는 쿠바에서도 배급 제도가 사라지지 않을까요?" 하지만 그녀가 잘 모르는 것이 있다. 추가 예산이 투입되지 않는 이상 현물 급여를 현금 급여로 바꾼다고 해도 형편이 크게 나아지지 않을 뿐만 아니라 실질적인 소득이 더 낮아질 수도 있다. 어차피 사용할 생필품이라면 국가가 일괄 구매해 현물로 나눠주는 편이 규모의 경제 때문에 이득이다. 현금으로 주면 선택권을 가질 수 있다는 이점이 있지만 어차피 쿠바의 상품이라는 것이 뭔가를 선택해야 할 만큼 다양하지 못하다. 문제는 쿠바 정부의 재정난이지 현금이냐 현물이냐가 아니다. 기적처럼 재정이 확충되지 않는 한 가장 많은 예산을 쓰고 있는 교육과 의료, 사회보장을 포기해야 급여를 올려줄 수 있다. 이런 점을 스페인어로 어떻게 설명해야 하나 한참 생각하고 있었는데 그녀가 "하지만 일을 못하는 사람도 먹고살아야 하니까, 우리는 사회주의니까, 모두가 함께 먹고살아야 하니까"라고 말했다. 내가 대꾸했다. "내 생각에는 라울 카스트로가 돈 많이 버는 자영업자들에게서 세금을 제대로 걷는 방법을 더 연구해야 할 것 같아. 우리 민박집 주인만 봐도 그래. 라울 카스트로를 위하여 살룻(건배)!"

## 쿠바 가구의 소비

쿠바인들의 소비 패턴을 미국과 비교해 살펴보면 몇 가지 특징이 보인다. 먼저 쿠바 가구는 기본 식품비와 간식 및 외식을 위한 지출이 전체 지출의 49%를 차지한다. 하지만 교육·의료비가 전체 지출에서 차지하는 비율은 3%에 불과하다. 미국의 23%에 비해 거의 8분의 1 수준인데, 무상 의료와 무상 교육이 보장되기 때문이다.

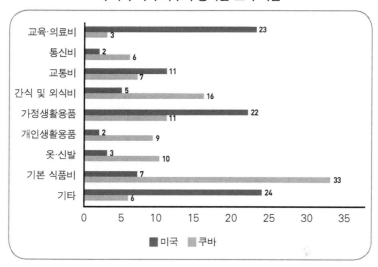

쿠바와 미국 가구의 항목별 소비 비율

- 교육·의료비: 미국 23, 쿠바 3
- 통신비: 미국 2, 쿠바 6
- 교통비: 미국 11, 쿠바 7
- 간식 및 외식비: 미국 5, 쿠바 16
- 가정생활용품: 미국 22, 쿠바 11
- 개인생활용품: 미국 2, 쿠바 9
- 옷·신발: 미국 3, 쿠바 10
- 기본 식품비: 미국 7, 쿠바 33
- 기타: 미국 24, 쿠바 6

■ 미국 ■ 쿠바

자료: Boston Consulting Group[63]

한국 통계청이 발표한 한국 가계 지출과 비교해보면, 한국 가구는 쿠바 가구보다 주거비, 보건의료비, 교통비를 더 많이 지출한다. 반면 쿠바 가구는 한국 가구보다 식료품비, 외식비, 의복비를 더 많이 지출한다.

테일러는 2005년과 2006년 면접 조사를 통해 수집한 자료로 쿠바 가구의 소비 패턴을 분석했다. 특징적인 점은 주거비 지출이 없는 가구가 93%였다는 점이다. 한국인들처럼 월세, 전세, 주택융자금 상환의 부담이 없는 것이다. 개인 필수품 항목에 의약품 구입비가 포함되어 있긴 하지만, 교육비와 의료비는 아예 지출 항목에 없다.[64] 쿠바 가구의 소비 패턴이 한국과 너무 다른 데에는 무상 의료, 무상 교육, 국가 주도의 주택 보급 등의 이유가 있다.

## 쿠바와 한국 가구의 항목별 소비 비율

| 항목 | 비율(%) | | 항목 | 비율(%) | |
|---|---|---|---|---|---|
| | 한국 | 쿠바 | | 한국 | 쿠바 |
| 주거·난방·시설 | 19.8 | 9 | 식료품 | 13.6 | 33 |
| 보건의료·교육 | 13.3 | 3 | 외식·숙박 | 8.2 | 16 |
| 기타 | 13.8 | 6 | 의복 | 5.2 | 10 |
| 교통 | 12.0 | 7 | 통신 | 4.3 | 6 |
| 여가·문화 | 9.9 | 9 | | | |

한편 쿠바인들을 가장 힘들게 하는 것은 역시 식료품 확보이다. 식품이 배급되긴 하지만 충분하다고 볼 수 없다. 예를 들면 한 달에 달걀이 1인당 다섯 개 배급된다. 부족한 양은 개별적으로 구입해야 한다. 달걀 한 알의 가격은 1.1세우폐(55원), 한 판이면 1,650원 돈이다. 2017년에 달걀 파동을 두 차례나 겪은 한국인들에게는 2,000원도 안 되는 달걀 한 판 가격이 놀랍겠지만, 쿠바인들에게는 노동자 평균 급여의 5.5% 수준이다. 사정이 이러하니 식료품 구입비와 외식비가 차지하는 비율이 높을 수밖에 없다.

설령 돈이 있더라도 식재료가 부족해 구하기가 힘들다. 쿠바에서는 돈이 있어도 바닷가재, 생선, 문어, 오징어 등의 수산물과 소고기, 감자 같은 식재료를 구하기 어렵다. 물론 암시장을 통해 살 수 있고 외국인 식당에 가면 먹을 수 있긴 하지만 항상 그런 것도 아니다. 있을 때도 있고 없을 때도 있기 때문이다.

쿠바인들은 크게 불편함을 못 느낄지 모르지만, 이미 수많은 공산품에 익숙해진 외국인들은 공산품 부족으로 쿠바 생활에 어려움을 겪는다. 두루마리 휴지를 비롯해 생수, 샴푸, 우산, 칫솔, 수세미, 일회용 팩과 장갑, 섬유유연제, 식염수 등등 공산품을 구하기가 정말 힘들다. 나보다 한두 달 앞서 쿠바에 도착한 여대생은 "여기에서는 눈에 보일 때 뭐든 사둬야 해요"라고 조언했다.

## 영화 〈월-E〉가 준 위로, 과유불급

쿠바에 관한 책과 몇 편의 다큐멘터리를 보고 쿠바의 물자 부족을 어느 정도는 각오했다. '다 사람 사는 곳인데 어떻게든 살겠지' 하는 마음으로 쿠바에 도착했다. 많이 가져가고 싶어도 수하물 운송비가 워낙 비싸기도 하고 제재가 심해 짐을 많이 가지고 쿠바에 입국하는 것도 어렵다.

몇 개월 뒤 남편이 쿠바에 방문할 때까지 내 주요 일과는 남편에게 부탁할 물건 목록을 정리하는 것이었다. 한서 사전, 커피 거름종이, 일회용 장갑, 칫솔, 과도, 참기름, 고무장갑, 수정액, 빨간 볼펜, 선물용 손수건, 손목시계, 때밀이 수건, 선물용 USB, 섬유유연제, 라면, 접이식 우산, 모기향…. 지나치게 한국적인 식성 때문에 필요한 한국 양념들을 제외하고도 이렇게 많은 것이 필요했다. 당시에는 그랬다. 돌이켜보면 저 물건들이 꼭 필요했는지 확신할 수 없지만 쿠바에서는 구하기 힘들거나 아예 없는 것들임은 분명하다.

지구 반대편에서 공수해온 물건들로 입에 맞는 음식을 먹을 수 있었고, 다소간의 편의를 누릴 수 있었다. 그러던 중 지인의 추천으로 애니메이션 영화 〈월-E〉를 보았다. 영화의 배경은 미래 어느 날이다. 인간의 과도한 소비로 지구는 쓰레기로 덮여 더 이상 지구에서 인간이 살 수 없게 되었다. 선택받은 일부 사람들만 우주선을 타고 지구 밖 은하계에 머물러 있다. 인간들이 지구를 떠나면서 남긴 로봇이 바로 '월-E'인데, 이 로봇의 임무는 지구에 남은 쓰레기를 치우는 일이다.

우주선 안에서 사람들은 일할 필요 없이 즐기기만 하면 된다. 원하는 것이 있으면 버튼을 누르거나 말만 하면 된다. 의자에 앉아 있으면 자동으로 이동하고, 화면을 통해 보고 싶은 것을 모두 볼 수 있다. 걸을 필요도 없고, 손은 버튼을 누르고 음식을 먹는 일에만 쓴다. 눈앞의 모니터를 통해서 모든 것을 해결하기 때문에 바로 옆에 사람이 있어도 보지 않는다. 그러다 보니 옆 사람을 보는 것 자체를 망각해 버렸다. 그런 생활이 지속되다 보니 손과 발, 귀, 입이 모두 작아지고 몸통만 비대한 체형으로 변했다. 스스로 걷지도 못하고 넘어져도 일어나지 못하는 생물체가 되었다.

영화는 극단의 편의와 소비의 결말을 보여주는 듯했다. 더 많이 소비하고 더 편리해지기 위한 인간의 몸부림이 결국 인류를 파멸에 이르게 할 수 있다는 경고로 보였다. 쿠바에서 영화를 봤기 때문에 더 그렇게 느꼈는지도 모르겠다.

영화를 보고 난 뒤 내가 쿠바에서 느낀 불편함이 정말로 큰 불편이었나, 필요하다고 생각했던 물건이 정말로 꼭 필요한 것이었나 하는 의문이 들었다. 일회용 장갑을 사용하지 않아도, 볼펜으로 쓴 것을 지울 수 없어도, 커피를 거름종이에 거르지 않고 마셔도, 빨간 볼펜으로 중요한 내용을 표시하지 않아도 내 삶은 크게 달라지지 않을 것이다.

욕망을 다 채울 만큼, 필요를 다 충족할 만큼의 부와 재산을 가진 사람이 과연 얼마나 될까? 나름의 어려움과 불만이 있지만 적게 생산하고 적게 소비하면서도 크게 불평하지 않는 쿠바인들을 보면서 소유, 소비, 만족의 관계를 다시 생각하게 되었다. 적게 일하고 적게 소비하면서 만족하는 효율적 삶을 살겠다고 다짐하고, 귀국 후 의도적 불편을 감수하며 살아보겠다고 노력했다. 하지만 그 기간은 길지 않았고, 또 다른 의미의 '효율성'과 바쁜 일상을 핑계로 다시 이전 삶의 패턴으로 돌아가고 있다. 그리하여 〈월-E〉에 나오는 우주선 속 인간들처럼 몸통만 비대한 체형으로 변해가고 있다.

# 3
# 콩 한 쪽으로
# 기적을 이룬
# 비밀

시에라 마에스트라 게릴라군이 혁명에 성공하긴 했지만 쿠바는 나라 안팎으로 사면초가 상태였다. 오랫동안 제국주의 식민 지배하에 있던 쿠바는 자국민을 위한 산업이나 인프라를 거의 갖추지 못했다. 재정은 바닥난 상태였고, 고급 기술과 지식을 갖춘 이들은 쿠바를 떠났다. 냉전 시대 미국, 소련, 중국 등 강대국들의 쿠바를 둘러싼 복잡한 이해관계 때문에 외부 환경도 녹록지 않았다. 미국의 직·간접적 공격과 억압에 대응해야 했고, 소련과 중국과의 관계에서도 적절한 지원은 받되 결코 종속되지 않기 위한 노련함이 필요했다. 이런 어려움 가운데서도 혁명 정부는 무상 의료와 무상 교육을 실현하고, 국민의 기본 생활을 보장하기 위한 제도를 마련해나갔다. 미국의 봉쇄는 지속되었고, 전폭적 지원을 하던 소련은 붕괴되었지만 혁명 정부 수립 60주년을 맞은 지금까지 혁명 정부는 여전히 건재하다. 성경에 나오는 '오병이어의 기적'이 떠오른다. 그런 기적 같은 일들이 도대체 어떻게 가능했던 것일까? 그 비결은 무엇일까?

# 투쟁의 역사가 남긴 유산

콜럼버스가 쿠바를 발견한 이후로 혁명이 성공하기 전까지 쿠바는 자유로웠던 적이 없었다. 스페인 식민주의와 미국 제국주의 지배하에서 착취와 탄압이 450년 넘게 지속되었다. 19세기 말 시작된 독립 투쟁은 20세기에 들어 성공했다. 이토록 가난한 나라가 어떻게 그러한 교육, 보건, 복지 제도를 유지할 수 있는지 쿠바인들에게 물으면 가장 많이 듣는 대답이 '혁명 정신 때문'이다. 쿠바인들의 독립 투쟁과 혁명 과정에서 어떤 일이 있었고, 그들이 지향한 이념은 무엇이며, 그들이 말하는 혁명 정신은 무엇일까?

## 쿠바 혁명사

쿠바의 역사를 간단히 요약하면, 원주민 시대와 스페인 식민 지배 시대(1511~1898년), 그리고 미국 제국주의 지배 시기(1898~1958년)로 구분할 수 있다. 스페인과 미국의 지배로부터의 자유, 분배의 정의를 목적으로 한 투쟁은 19세기 말부터 이루어졌고, 크게는 다섯 번의 투쟁이 있었다.

스페인으로부터의 독립을 위한 투쟁은 세 번에 걸쳐 이루어졌는데, 두 번의 독립 전쟁이 실패하고 호세 마르티가 중심이 되어 벌인 3차 투쟁은 3년 동안 이어졌다. 당시 쿠바 인구의 20%에 해당하는 35만 명이 죽은 치열한 저항 끝에 거의 독립을 이루는 듯했다. 하지만 미국의 개입으로 독립은 물거품이 되고 말았다. 스페인의 지배를 받던 쿠바가 미국의 지배를 받는 쿠바로 바뀐 것이다.

식민 지배가 끝나고 독립을 이룬 것처럼 보였으나 미국의 꼭두각시 노릇을 한 쿠바 대통령들은 무능하고 부패했다. 쿠바의 경제도 미국에 좌지우지되었다. "미국인이 원하지 않으면 아무것도 할 수 없다"라는 말이 당시 상황을 잘 보여준다. 이런 상황에서 다양한 반체제 세력이 형성되었고, 피델 카스트로가 주도한 혁명 역시 그중 하나였다. 50여 년간 미국의 지배하에 있던 쿠바에서 1953년 7월 26일 네 번째 독립 투쟁이 일어났다. 피델 카스트로와 그의 동료들이 몬카다 병영을 습격한 것이다. 하지만 결과는 처참했고, 피델 카스트로는 2년간의 수감 생활 뒤 멕시코 망명을 조건으로 석방되었다.

멕시코에서 라울 카스트로의 주선으로 피델 카스트로와 당시 에르네스토 게바라라는 이름을 쓰던 체 게바라의 운명적 만남이 성사되었다. 그들은 81명의 동지와 함께 그란마호를 타고 쿠바에 잠입했다. 정보가 유출되는 바람에 제대로 싸워보지도 못하고 대부분이 사살되던 때만 해도 다섯 번째 투쟁 역시 실패로 끝나는 듯했다. 하지만 생존한 15명으로 시작한 2년간의 게릴라 투쟁의 승리로 1959년 혁명 정부를 수립할 수 있었다. 혁명군이 쿠바인들의 환영을 받으며 아바나에 도착한 1959년 1월 1일은 1953년 7월 26일 몬카다 병영을 습격한 지 6년 6개월 6일째 되는 날이었다.

## 모두가 공평하게 나눠야 한다

1868년부터 1898년까지 있었던 세 번의 독립 전쟁은 식민 지배로부터의 자유를 목표로 한 동시에 사회 정의를 지향했다. 독립 전쟁을 이끈 호세 마르티 등이 관심을 가졌던 사회 정의란 '부의 정당한 분

혁명박물관 뒤편의 그란마호 기념관. 나지막한 유리 건물 안에 그란마호가 전시되어 있고 건물 주위로 다양한 무기가 전시되어 있다.

배'였다. 부를 공평하게 나눠야 한다는 그들의 지향과 이념은 다양한 민중이 독립 전쟁에 참여하는 데 기여했다. 당시 불평등이 극심하고 일반 국민들이 심각한 절대적 빈곤 상태였기 때문에 독립 전쟁의 성공에 대한 기대는 클 수밖에 없었다. 그러나 미국의 개입으로 독립과 사회 정의에 대한 갈망은 이루어지지 못했다.

미국 지배 시기에 피델 카스트로를 중심으로 활동한 혁명군의 새로운 사회에 대한 청사진 역시 부의 공평한 분배를 지향했다. 몬카다 병영 공격 실패 후 재판에서 피델 카스트로는 그가 혁명을 통해 이루고자 했던 바를 설명했다. 바티스타 독재 정권의 무자비한 정치적 탄압, 쿠바 국민의 참혹한 생활상을 낱낱이 거론하며 그가 이룩하고자 했던 쿠바의 모습을 그린 것이다. 그가 혁명을 통해 이루려 했던 바는 농민의 토지 소유, 산업화와 실업 해결, 주택 보급, 그리고 교육과 보건에 대한 내용들이었다. 그가 꿈꾸던 쿠바는 공격 실패와 체포, 망명으로 물거품이 되는 듯했다. 하지만 15명의 게릴라군은 2년간의 투쟁 끝에 혁명에 성공했다.

게릴라 활동 중 그들은 기회가 될 때마다 농민들을 치료하고 교육했다. 라디오 방송국을 설치하고 방송을 통해 게릴라군이 투쟁하는 이유를 설명했다. 게릴라군의 활동 무대였던 곳을 방문했을 때 가이드가 당시 상황을 설명해주었는데, 게릴라 전투에 참여하겠다고 너무 많은 주민이 산으로 몰려와서 총 들고 싸우는 역할도 중요하지만 후방에서 게릴라군을 지원하는 사람도 있어야 투쟁을 지속할 수 있다고 설득해 겨우 내려보냈다고 한다.

혁명을 꿈꾸고 시도하는 사람들은 독립, 평등, 정의 등 다양한 명분을 내세운다. 하지만 시간이 지나면서 초심을 잃고 사리사욕을 채우는 데 급급해져 결국 국민의 삶은 전과 다를 바 없어지기도 한다. 혁명 후 정권을 잡고 난 다음의 행로를 보면 그 혁명이 자기 욕심을 채우기 위한 것이었는지 다수의 인민을 위한 것이었는지 알 수 있다. 쿠바의 게릴라군은 어떠했을까?

혁명 정부가 정부 수립 후 몇 개월 동안 가장 중점을 둔 것은 부와 소득의 철저한 재분배였다. 혁명 초기에 추진한 정책들이 이를 잘 보여준다. 주택 무상 공급을 위해 도시 개혁법을 제정하고, 혁명 정부 수립 석 달 후부터 이에 착수했다. 무주택자들은 가계 소득 10% 이내의 임대료를 내고 정부가 몰수한 주택에 살 수 있게 되었다. 1984, 1988년 주택법에 따라 장기 임대자는 주택의 실소유자가 되었다. 1993년까지 130만 채의 집을 지었고, 1990년대 후반 쿠바의 주택 소유율은 85%를 넘어섰다.[65]

1959년 5월 17일에는 토지 개혁법을 제정해 경제적 필요에 따른 약간의 예외를 제외하고 토지 소유를 1,000에이커로 제한했다. 기준 이상의 개인 소유지는 국가 소유로 하고, 몰수한 토지는 협동조합이나 농업인에게 무상으로 분배했다. 당시 미국의 이해 관계자들이 쿠바 경작지의 75%를 소유하고 있었기 때문에 미국이 혁명 정부에 곱지 않은 시선을 보낸 것은 당연한 일이었다.[66] 토지 개혁법으로 20만이 넘는 쿠바 농민들은 토지를 배분받을 수 있었다.[67] 쿠바에서 토지는 집처럼 매매의 대상이 아니기 때문에 토지를 사고파는 과정에서 이윤을 챙기는 것은 불가능하다.

또한 혁명 정부는 최소 생활 수준을 정하고 누구도 그 이하의 생활을 하지 않도록 하는 데 중점을 두었다. 그래서 어려움에 처하기 쉬운 사람들만을 지원하는 방식이 아니라 전체 민중을 대상으로 하는 보편적 복지 정책을 입안했다. 사회복지를 기본적 인권으로 선언한 것이다. 그리하여 정부 지원을 받는 것이 수치심을 불러일으키는, 일명 '낙인 효과'는 쿠바에서 찾아볼 수 없고, 누구나 누리는 권리로 인정받는다.

## 차별하지 않는다

서로의 다름이 차이 그 자체로 인정되지 않고 차별의 원인이 되는 것을 빈번하게 볼 수 있다. 피부색 때문에, 성별 때문에, 사는 지역 때문에, 나이 때문에… 수없이 많은 차별의 이유가 있지만 혁명 전 쿠바에서 가장 심각했던 것은 인종차별과 성차별이었다.

혁명 전사들은 인종차별과 성차별을 타파해야 할 대상으로 보았다. 약 150년 전 쿠바의 첫 독립 전쟁을 선포한 카를로스 마누엘 데 세스페데스는 투쟁을 선포하면서 자신의 노예를 해방하겠다고 했다. 그리고 자유의 몸이 된 노예들에게 원한다면 함께 싸우자고 제안했다. 그 후 20여 년이 흐른 뒤 쿠바에서는 노예제가 철폐되었다. 독립 전쟁 기간에 유색인들은 높은 지위를 차지했는데, 상급 장교의 약 40%를 차지했던 것으로 추정된다.[68] 해방 전쟁 내내 뛰어난 활약을 했던 전쟁 영웅 안토니오 마세오도 아프리카계 쿠바인이었다.

3차 독립 전쟁을 추동한 호세 마르티는 인종 간 우애에 대한 굳건한 신념이 있었다. 그는 인종 분리는 제국의 팽창을 정당화하고 반식민지 운동을 분열시키기 위해 엘리트들이 만들어낸 것이고, 인종에 관한 미신은 '인류에 대한 죄악'이라며 강하게 비판했다. 호세 마르티가 꿈꾼 쿠바는 식민지로부터 자유로운 국가일 뿐만 아니라 인종간 차별이 없는 국가였다.

오늘날 쿠바는 어떠할까? 한 인터뷰에서 피델 카스트로는 쿠바에 아직 인종차별이 남아 있음을 인정하고, 차별 철폐를 위해 노력 중이라면서 일화 하나를 소개했다. 그는 쿠바 경찰이 범죄에 얼마나 잘 대응하고 있는지를 담은 TV 프로그램을 보고 나서 제작 담당자에게 "나는 그런 식으로 만든 프로그램을 더는 보고 싶지 않습니다"라고 말했다고 한다. 프로그램에 나온 범죄자 대부분이 흑인이거나 흑인 혼혈이기 때문이었다.

쿠바에는 스페인계 백인과 아프리카계 흑인 그리고 아시아인까지 섞인 매우 다양한 피부색과 머리카락을 가진 사람이 존재한다. 순수 아시아계인 사람들만이 매우 도드라져 보인다. 대개 피부색과 머리카락으로 인종을 분류하는데, 과연 그런 분류가 쿠바인들에게도 적용 가능할까 하는 생각이 들기도 했다. 그러던 어느 날 동네 채소 가게 청년이 피부가 검은 사람에 대해 어떻게 생각하느냐고 질문해 '쿠바인들도 피부색의 다름에 대한 인식이 있구나' 자각할 수 있었다. 하지만 다양한 피부색을 가진 발레리나와 발레리노가 한 무대에서 공연하는 모습을 처음 본 곳도 쿠바였다.

1장에서 언급했듯이 쿠바는 성차별을 거의 찾아볼 수 없는 곳인데, 이는 하루아침에 이루어진 것이 아니고 인종차별 해소처럼 그 역사가 길다. 1차 독립 투쟁 당시 세스페데스와 함께 투쟁을 이끌었던 이그나시오 아그라몬테는 "여러분은 하인들을 해방함으로써 피부색의 형태로 존재하던 노예제를 폐지했습니다. 이제 여성을 해방할 시간이 왔습니다"라고 여성 권리를 옹호하는 발언을 했다.[69]

몬카다 병영 습격과 시에라 마에스트라에서의 게릴라 전투에 남성만 참여한 것은 아니었다. 하이데 산타마리아, 멜바 에르난데스, 셀리아 산체스, 빌마 에스핀 같은 여성도 혁명군에 속해 있었다. 남자들처럼 군사 훈련을 받고, 함께 전쟁터에 나가기도 했다.[70]

쿠바 여성의 위상이 높아질 수 있었던 것은 여성 리더들의 꾸준한 노력과 조직화의 결과이다. 1930년 법률가 집안에서 태어난 빌마 에스핀은 미국 MIT에서 토목공학 학위를 받은 공학도였는데[71] 바티스타가 쿠데타로 정권을 잡자 반체제 운동에 뛰어들었다. 그녀는 혁명 성공 직후 피델 카스트로의 동생이자 훗날 국가평의회 의장을 지낸 라울 카스트로와 결혼했다. 에스핀은 1960년 쿠바여성연맹을 창설해 평생을 쿠바 여성의 권익 신장과 성평등을 위해 노력했다. 77세의 나이로 생을 달리한 순간까지 쿠바여성연맹 대표직을 수행했는데, 대부분 쿠바 성인 여성이 회원으로 가입해 있는 쿠바여성연맹은 쿠바 여성 조직화의 중심축이라 할 수 있다. 그녀의 추도식에서 쿠바 정부는 성명을 통해 "에스핀의 이름은 혁명을 통해 쿠바 여성들이 이룩한 업적들과 함께 기억될 것"이라고 애도했다.[72]

쿠바에서는 성평등이 단지 허울뿐인 수사에 그치지 않는다는 점을 혁명 정부의 여러 시도와 노력에서 확인할 수 있다. 1975년 쿠바는 헌법 4장 36절 가족법에 "남편과 아내가 가정의 유지와 자녀 양육을 위해 공동으로 노력한다"라고 명시했다. 한 인터뷰에서 피델 카스트로는 쿠바의 남녀평등에 대한 질문에 "여성 차별 투쟁은 정말 힘들었습니다. 심지어 도덕적 성격의 법까지 제정해야 했습니다. 가족법이 있었는데, 남자들에게 가사, 부엌일, 아이 교육을 여성과 함께 공유할 의무가 있다고 명시해야 했습니다"라며 1975년 가족법 개정 당시를 회상했다. 또한 그는 "우리가 1년간 양육 휴가를 주는 것은 출산 장려를 위한 것이 아니라 아이에게 줄 수 있는 최고의 것이 바로 어머니의 사랑과 영향이기 때문입니다"라고 말했다.[73]

소련 붕괴와 미국의 경제 봉쇄로 사회·경제적 상황이 극도로 악화되었던 특별한 시기에 쿠바 정부는 남성보다 여성의 노동권 유지가 중요하다고 판단하고 여성의 직장을 우선 보존해주었다. 남성의 실직이 늘어남에 따라 여성의 사회적 노동이 가족의 유일한 소득원인 가정이 점차 많아졌고, 가족의 여성 중심성matrifocalidad 현상이 확대되었다.

쿠바에서 차별을 없애고 평등을 지향하는 노력은 인종과 성에 국한되지 않았다. 나이나 거주 지역에 따른 차별 또한 최소화하고자 노력했다. 쿠바는 1895년 세 번째 독립 헌법 제정 당시 16세 이상 모든 남성에게 직접 선거권을 부여했다. 물론 남성으로 제한했다는 한계는 있지만 당시 그렇게 젊은 사람에게까지 선거권을 준 나라는 없었으며, 오늘날에도 선거권 부여 기준 나이가 16세인 나라는 찾아보기 어렵다. 과거와 현재의 차이라면 이제는 16세 이상이면 성별에 상관없이 투표권이 있다는 점이다.

혁명 정부는 집권 후 도시 지역과 농촌 지역의 격차를 줄이고자 지속적으로 노력했다. 2년여 동안 산악 지역에서 게릴라 활동을 하면서 그들은 농촌의 절망적인 빈곤과 심각한 의료 문제를 직접 보고 느꼈다. 농촌 지역을 기반으로 한 게릴라 활동은 혁명군에게 일종의 의식화 과정이었다. 그들은 농촌 중심으로 자원을 재분배하고, 도시인들이 빈곤한 농촌 현실을 대면하게 함으로써 의식화되어야 한다고 보았다. 그리고 그 생각은 현실에서 실현되었다. 문자 해독 운동이 좋은 사례이다. 단순히 글을 가르치고 배우는 과정이 아니라 도시와 농촌이 서로를 이해하는 과정이었다. 도시 학생들이 농촌을 이해할 수 있도록 낮에는 함께 일하고, 밤에는 농촌 주민들에게 글을 가르치도록 했다. 문자 해독 운동이 끝난 뒤에도 1970년대까지 도시의 인문계 고등학생은 학과 수업과 육체노동을 병행하는 농촌 기숙학교를 다니는 것이 의무 사항이었다. 의료 체계를 갖추는 작업 또한 농촌부터 시작되었다.

쿠바 최초의 독립 헌법에 담긴 '평등'의 규범은 세대를 거쳐 이어오고 있다. 이는 투쟁의 역사가 남긴 유산 중 하나이다.

**앎을 통해 자유를 얻을 수 있다**

쿠바 혁명 시작부터 줄곧 강조되어온 것이 만인을 위한 교육이다. 쿠바 독립 전쟁 시작과 함께 제정된 독립 헌법에는 무상 교육, 학교 설립에 대한 내용이 담겨 있고, 개정 과정에서 교육에 대한 국가의 책임을 명시했다.

쿠바인들의 정신적 지주이자 쿠바 교육 사상의 근간인 호세 마르티는 교육의 중요성을 끊임없이 강조했다. "배우지 못하면 침묵할 수밖에 없고, 주변화되고 억압받을 수밖에 없다. 대중이 교육을 통해 의식화될 때 불평등을 타파하고 권력을 찾고 자유로워질 수 있다."

호세 마르티는 교육을 통해 대중이 권한을 가질 수 있으며, 권한을 가진 대중의 실천을 통해 혁명이 완수되고 세상이 변할 수 있다고 굳건히 믿었다. 피델 카스트로는 자신의 재판 최후 변론에서 교육 제도 개혁의 청사진을 이야기하면서 호세 마르티의 글을 인용했다.

피델 카스트로의 교육 개혁에 대한 열정 또한 호세 마르티 못지않았다. 다음은 피델 카스트로가 연설과 인터뷰에서 교육에 관해 한 말들이다.

"읽고 쓰기를 하지 못하고 권리를 깨닫지 못하면 그 국가를 완전히 활용할 수 있는 국민이 될 수 없다."

"생물로서의 본능을 양심이 극복하도록 담보하는 것이 교육이다."

"읽고 쓸 줄 모르는 사람은 인류의 유산을 강탈당하고 있다."

피델 카스트로는 개인의 성숙을 위해서뿐만 아니라 자신의 권리를 찾고 삶을 향유하기 위해 꼭 필요한 것이 교육이라고 보았다.

쿠바 혁명에서 빼놓을 수 없는 인물인 체 게바라는 의사이자 혁명 전사로 잘 알려졌지만 그 역시 교육에 대한 관심이 각별했다. 그가 실현하고자 했던 세상은 단순히 경제 체제의 변화에 국한된 것이 아니었다. 부와 소득을 공평하게 나누는 것만으로는 부족하고 인간이 소외에서 벗어나는 것이 궁극적 목적이었다. 그러기 위해서는 개개인이 '새로운 인간 hombre nuevo'으로 변화해야 하는데, 그 변화는 의식의 변화를 통해서 가능하고 의식의 변화를 위해서는 자발적 노동과 교육이 필요하다고 주장했다. 게바라는 교육이란 "자기 발전의 수단이고, 나아가 사회 발전을 달성하는 수단으로 매일같이 엄수해야 하

는 지속적이고 역동적인 과정"이라고 말했다.[74]

게바라는 게릴라 투쟁 기간에도 읽고 쓸 줄 모르는 혁명군을 교육했다. 시에라 마에스트라 게릴라군은 네 개 부대로 나누어 활동했는데, 그중 비교적 전투가 치열하지 않았던 제2부대에서 교육이 시작되었다. 당시 여성으로서 게릴라군에 참여했던 아세라데 로산토스와 빌마 에스핀에게 학교를 만들도록 했다.[75]

게릴라 전투가 끝나고 아바나에 입성한 게바라는 농민들을 가르치기 시작했다. 라 카바냐La Cabaña에 학교를 만들어 사람들을 가르쳤고, 부대장 최초의 업무로 문맹 퇴치 프로그램을 만들어 모든 사람을 교육하려 했다.[76] 30만 명의 학생과 교사가 70만 명에게 읽고 쓰기를 가르친 쿠바 문맹 퇴치 운동의 슬로건은 "알면 가르치자. 모르면 배우자"였다.[77]

혁명군은 식민 지배와 제국주의로부터의 독립뿐만 아니라 정의로운 분배, 평등, 앎을 통한 자유를 지향했다. 공평하게 나누기 위해 더 많이 가진 사람은 자신의 소유를 포기했다. 차별하지 말아야 하기 때문에 노예를 해방하고 여성에게 양보해야 했다. 지식을 선점한 일부 계층이 특권을 포기하고 모든 이의 배움의 권리를 인정해야 했다.

이러한 지향과 이념은 많은 사람에게 이로운 것임이 분명하지만 이를 용납할 수 없는 이들도 있었다. 그래서 반대도 있었고, 투쟁과 변화의 과정이 순탄치 않았다. 지향이 다른 두 집단은 서로 죽이기도 했고, 떠나는 사람과 남는 사람으로 나뉘었다. 남은 쿠바인들이 지키고 있는 "공평하게 나누자. 차별하지 말자. 누구나 배우자"라는 신념은 투쟁의 역사가 남긴 소중한 유산이다.

# 고립이 만들어준 응집력과 또 다른 돌파구

쿠바와 미국 간 최단 거리는 쿠바 동북부에서 마이애미 남부까지 약 140킬로미터이다. 2016년 미국과 쿠바 간 직항기와 크루즈가 운행되기 전까지는 이 거리를 오가는 데 꼬박 하루가 걸렸다. 쿠바와 미국을 직접 오갈 수 있는 비행기나 선박이 없어서 멕시코나 파나마, 캐나다 등을 경유해 가야만 했기 때문이다. 비단 오가는 길만 멀고 불편한 것이 아니었다. 쿠바와 미국의 불편한 관계에는 기나긴 역사가 있다.

## 미국 지배 60년, 쿠바의 두 세상

400여 년간 쿠바를 지배한 스페인으로부터 독립하기 위한 투쟁은 엉뚱한 방향으로 흘러갔다. 3차 독립 투쟁이 끝나갈 즈음 미국은 해군

함정 메인Maine호가 아바나항에서 폭발한 사건을 빌미로 쿠바와 스페인 간의 전쟁에 개입했다. 스페인을 제압한 미국은 쿠바 정부에 플랫 수정안Platt Amendment을 헌법에 삽입할 것을 요구했다. 이는 미국의 쿠바 내정 간섭권, 쿠바의 국제조약 체결에 대한 거부권, 쿠바의 경제 감독권 등을 보장하는 내용이었다. 또한 쿠바 국민의 생명과 재산이 위협받는 상황이 발생하면 언제든지 미국의 군사 개입이 가능하도록 명시했다.[78]

플랫 수정안이 통과된 순간부터 쿠바는 미국의 좋은 먹잇감이 되었다. 미국인, 미국에서 교육받고 온 쿠바인, 미국 정부와 기업의 이익을 위해 기꺼이 일하는 쿠바인이 부와 권력을 독차지했다. 1950년대 말에는 경작지의 75%를 미국 이해 관계자들이 소유했다. 1955년 미국의 쿠바 직접 투자액은 7억 1,300달러로, 미국 투자자들이 전화 및 전기 공급의 90%, 철도 운송의 50%, 설탕 생산의 40%를 점유했다.[79]

쿠바, 특히 아바나는 미국인들이 돈을 벌어가고 유흥을 즐기는 욕망의 분출구였다. 미국인들이 주로 머물던 아바나와 그 외 지역의 격차는 매우 컸다. 아바나에는 카지노와 나이트클럽, 사창가가 넘쳐났다. 라이브 섹스 쇼를 벌이는 극장이 있었고, 원하면 언제든지 마약을 구할 수도 있었다. 아바나는 회원제 요트 클럽과 개인 해변, 백인 전용 거주 지역을 갖춘 미국인을 위한 향락의 터전이었다.[80]

반면 대다수 쿠바인의 삶은 처참하기까지 했다. 취학 연령 아동의 45%는 학교에 다닐 수 없는 극빈층이었고, 인구의 24%가 문맹이었다. 영양실조와 질병이 창궐했고, 사탕수수 농업 종사자들은 수확이 끝난 이후에는 실업자 신세였다. 병원은 부유한 도시 거주민이나 갈 수 있는 곳이었다. 당시 쿠바의 부조리하고 불평등한 사회상을 피델 카스트로는 이렇게 묘사했다.

> "퇴직연금은 횡령당하고 소득은 갈취당하며 주거는 지옥 같고 봉급은 사장의 손에서 고리대금업자의 손으로 넘어가며 미래는 임금 삭감과 파면인 사람들. 삶 자체가 끝없는 노동이어서 유일한 안식은 무덤 속에서나 가능한 40만 산업 노동자… 쿠바의 소농 85%는 임대료를 지불해야 하고 늘 계약 해지를 통고받을지 모른다는 두려움을 느끼면서 살아갑니다. 가장 비옥한 땅의 절반 이상이 외국인의 손에 있으며 우리나라에서 가장 넓은 지역인 오리엔테 지방에서도 북쪽에서 남쪽에 이르는 해안가 토지 대부분은 미국 과일 회사와 서인도제도의 소유로 돼 있습니다. 모든 것이 부조리합니다."[81]

## 미국의 눈엣가시, 쿠바 혁명 정부

쿠바 혁명이 성공한 직후 미국은 혁명 정부를 인정하고, 쿠바 주재 미국 대사를 임명하기도 했다. 쿠바 혁명은 공산당이 주도한 것이 아니라 당시만 해도 사상과 이념을 잘 알 수 없는 젊은 청년들이 이끈 것이었다. 미국과 소련은 혁명 이후 쿠바가 어떤 노선을 택할지 예의 주시했다. 혁명 당시 피델 카스트로는 혁명군의 정치적 이념 지향을 명확히 밝히지 않았다.

초기에 피델 카스트로는 소련보다 미국을 더 신경 쓰는 듯 보였다. 소련 정보국 관리의 쿠바 비자 발급을 몇 개월간 미룬 반면 카스트로는 대규모 수행단을 이끌고 워싱턴을 방문했다. 카스트로는 쿠바에 외국인 투자를 허락하겠다고 약속하고, 토지 개혁법은 버려진 토지나 유휴지에만 적용될 것이라고 주장했다. 미국에 쿠바 설탕 수입량을 늘려줄 것을 요청하고, 미 해군이 관타나모 기지에 계속 주둔하도록 허락하겠다고 했다. 또한 자신은 공산주의에 반대하며 자유 언론을 선호한다고 했다. CIA 관리와 비밀 회담을 하기도 했다.[82]

하지만 카스트로의 이러한 행보는 미국의 개입으로 혁명 정부가 초기에 전복되는 것을 막고, 새로운 정부가 안정화되기까지 시간을 벌기 위한 작전이었다고 볼 수 있다. 카스트로의 속내를 간파한 미국 정치가는 "공산주의 역사에서 가장 뻔뻔스러운 아첨 행위"라고 비판하기도 했다.

미국에서 돌아온 카스트로는 1959년 5월 7일 토지 개혁법을 제정해 토지 보유에 제한을 두고 나머지는 국유화했다. 국유화 조치가 단행되자 대규모 자산을 소유하고 있던 미국인과 쿠바인은 카스트로 정부가 곧 붕괴되어 재산을 되찾을 수 있을 거라는 기대를 안고 미국으로 망명했다. 하지만 그들의 기대는 아직까지도 이루어지지 않고 있다.

1960년 미 국무부는 대다수 쿠바인이 카스트로를 지지하고 있고, 정치적 반대 세력이 허약하여 혁명 정부가 내부의 반대로 전복될 가능성은 없다고 결론 내리고 계획을 수정했다. 이후 미국 정부는 무력, 경제 제재, 외교 정책을 통해 쿠바 정부를 몰락시키기 위한 다양한 작전을 펼쳤다.

## 무력으로 쿠바 죽이기

1961년, 쿠바가 사회주의 노선을 표방하게 된 결정적 사건이 발생했다. 미국은 혁명에 불만을 품고 망명한 쿠바인들을 훈련해 피그스만을 침공하도록 했다. 72시간 전투의 결과는 미국의 대패였다. 쿠바는 침공에 투입된 1,500명 가운데 1,200명을 생포했고, 이들을 돌려보내는 조건으로 식량 생산에 필요한 물자를 요구했으나 미국은 이를 거부했다. 협상 끝에 쿠바 정부는 200만 달러를 받아 그 돈으로 캐나다에서 양계용 부화기를 사고, 나머지 돈으로 식량과 의약품을 구입했다.

체 게바라는 미국의 쿠바 침공에 대해 "미국의 침공은 쿠바인을 통합시켜준 위대한 승리였다. 그동안 쿠바를 불만 품은 작은 나라로 여기는 사람들이 많았는데 이번 전투를 통해 쿠바를 미국과 동등한 나라로 격상시켜주었다"라며 비꼬았다.[83]

피그스만 침공 같은 대규모 무력 공격뿐만 아니라 민간 항공기 폭파, 공장 및 부두와 선박 폭파, 피델 카스트로 암살 시도 등 쿠바 전역에서 다양한 공격이 이루어졌다. 쿠바 정부는 1961년부터 14개월 동안 쿠바에 대한 미국의 테러가 5,780건 있었고, 그중 717건은 산업 설비에 대한 공격이었으며 이로 인해 234명이 사망했다고 발표했다. 미국의 테러로 3,500명 이상이 희생되었고 2,000명 이상이 장애를 입었다.

생물학전도 있었다. 1971년에는 쿠바에 돼지 콜레라 바이러스를 들여보내 50만 마리를 살처분해야 했고, 1981년에는 뎅기 바이러스를 투입해 35만 명이 감염되고 그중 158명이 사망했다. 피델 카스트

## RECUERDOS DE GIRÓN
# Las operaciones aéreas de la CIA

José M. Miyar Barrueros

El 5 de diciembre de 1979, el Gobierno Revolucionario hizo entrega oficial a la representación del gobierno de los Estados Unidos en nuestro país del cadáver del piloto norteamericano Thomas Willard Ray, que fue conservado durante 18 años, después de ser derribado el avión B-26 que pilotaba junto con otro norteamericano, Frank Leo Baker, cuando atacaba las unidades de las Fuerzas Armadas y las Milicias Nacionales Revolucionarias en el central Australia, Jagüey Grande, Playa Girón, y ocurrieron al hacer resistencia para impedir su captura.

La historia de este caso, ocultada y negada durante años por el gobierno de los Estados Unidos a pesar de los numerosos reclamos y solicitudes de los familiares de los pilotos, es parte de la sórdida, inescrupulosa y criminal historia de la participación de la CIA, el Pentágono, y las más altas instancias del gobierno norteamericano en la invasión mercenaria de Playa Girón.

Es también parte de una historia de triunfo y victoria de nuestro pueblo y de la primera gran derrota del imperialismo en América Latina.

### PAPEL DETERMINANTE

En el planeamiento de las operaciones contra la Revolución Cubana, un papel determinante fue asignado a la fuerza aérea que la CIA preparó para las mismas. Esa fuerza, al inicio de las operaciones, estaba constituida por 16 aviones de combate y bombarderos (B-26), ocho aviones de transporte C-46, y seis aviones de transporte C-54. Posteriormente, a partir del 17 de abril, y ante las serias pérdidas de equipos experimentadas en el combate, la CIA asignó ocho aviones B-26 adicionales que no pudieron ser utilizados, por la aplastante derrota sufrida por los mercenarios. El dictador Somoza entregó cuatro aviones Mustang P-51, que tampoco tuvieron tiempo para intervenir.

Las operaciones aéreas comenzaron el sábado 15 de abril de 1961. Base de partida: Happy Valley, Puerto Cabezas, costa atlántica de Nicaragua. Un grupo de nueve aviones B-26 tuvo ese día las siguientes misiones: tres escuadrillas atacarían bases aéreas cubanas y un avión efectuaría vuelo directo a Miami, todos con insignias de la Fuerza Aérea Revolucionaria para hacer creer que se trataba de un movimiento interno con deserción de pilotos de nuestra FAR.

Como resultado de estas operaciones fue derruido en San Antonio un avión de transporte y un avión militar cubano, en Santiago de Cuba un avión de la línea de Cubana y un avión militar. Numerosas víctimas civiles y militares y daños a instalaciones de los antepuertos y viviendas fue el saldo directo de las mismas. Pasada la sorpresa inicial, y entre el humo y las llamas, las fuerzas revolucionarias rechazaron la agresión. Fuego y odio fue la respuesta.

El ataque por sus características, hizo comprender de inmediato a la dirección de la Revolución que se trataba del preludio de la invasión. Esto fue decisivo. El pueblo fue alertado, la nación se puso en pie de guerra, se hizo más firme la conciencia de lucha y tardó solo de las masas de obreros de la Revolución. El ri entierro de nuestros muertos glorioso ese día, con los fusiles en alto al puño escuchó de Fidel la declaración del carácter socialista de nuestra Revolución. Esto mismo banderas marcharían al combate por la Patria, la Revolución y el Socialismo. Una enorme ola

de solidaridad y apoyo recorrió el mundo. En las Naciones Unidas, Stevenson, representante de Estados Unidos, desenmascarado en su mentira, echaba por el suelo el poco prestigio que aún guardaba su gobierno.

Al amanecer del día 17 de abril se inició el desembarco en Playa Girón de la brigada mercenaria 2506.

La aviación debía jugar el papel de apoyo decisivo a las operaciones de desembarco y ocupación de aquella porción de nuestro territorio. La CIA, considerando haber liquidado la pequeña Fuerza Aérea Revolucionaria con el apoyo a los aeropuertos del día 15, hizo conocer a los pilotos de las escuadrillas que tenían asignadas diferentes misiones aquel día, que el dominio aéreo era absoluto por su parte y no encontrarían resistencia alguna. La excitación al acercarse a Cuba brevaban una fuerza naval norteamericana formada por el portaaviones Essex y su escolta de destructores.

Ese día se emprenden, en diferentes misiones, 11 aviones B-26 atacando en niveles y seis aviones C-46 para transporte y lanzamiento de paracaidistas.

La misión de combate de los B-26 era la de apoyar el desembarco y las fuerzas revolucionarias que se movilizaban hacia el teatro de operaciones. Los aviones de transporte tenían la misión de lanzar 177 paracaidistas divididos entre San Blas —en la carretera

que une Playa Girón con el central Covadonga— y Pálpite y Soplillar —en la carretera del central Australia a Playa Larga.

Ese día, con heroísmo y ejemplar comportamiento, el pequeño grupo de pilotos que formaban nuestra Fuerza Aérea Revolucionaria infligió daños de tal magnitud a los aviones atacantes, que el resultado de las acciones fue determinante en el curso ulterior de los acontecimientos. Las fuerzas mercenarias habían perdido seis aviones B-26 y habían muerto seis pilotos. Entre los días 15 y 17 de abril habían perdido diez ese 16 aviones B-26 y habían muerto diez pilotos.

La propia tarde del día 17 de abril, Eddie Ferrer despegó nuevamente hacia Playa Girón con 12 C-46 cargando con diez TM de municiones para entregar en el aeropuerto de Girón. Ciriovena militar al mar de este puerto, pedió la llamada de auxilio de José Crespo desde su B-26, seriamente dañado. Ante su negativa de municiones si no acercaba a la zona, con su redondo hacia Happy Valley. Minuto a minuto se igualó la agenda del B-26 de Crespo hasta la de destructores.

El martes 17 de abril, a las ocho de la noche, despegaron de Happy Valley tres aviones B-26, y a las 10:00 p.m. otros dos aviones B-26. Su objetivo era atacar la Base Aérea de San Antonio de los Baños. El resultado fue más incompletamente.

El martes 18 de abril, a las dos de la tarde,

despegaron seis aviones B-26 de ataque hacia Cuba. Cuatro de los aviones eran conducidos por pilotos de origen cubano: Zúñiga, García, Soto y Ponzoa; los otros dos eran pilotados por pilotos norteamericanos: Seig Simpson —cuyo verdadero nombre era Billy Goodwin y que tenía de copiloto a Gustavo Villoldo—, y un piloto conocido por "Pete", quien llevaba de copiloto a Alberto Pérez Sordo.

Richard Bissel, jefe de operaciones de la CIA, había autorizado ese día la participación de pilotos norteamericanos en acciones de combate contra Cuba por primera vez. Esta misión del día 18 fue la más exitosa de todas las realizadas por los mercenarios. Atacaron con napalm, bombas, ametralladora y roquets un convoy en marcha de las fuerzas revolucionarias en la carretera de Playa Larga a Girón, provocando numerosas bajas y destruyendo parte de los equipos. El hecho de no coincidir al momento del ataque con la presencia en la zona de aviones de la Fuerza Aérea Revolucionaria, hizo posible la efectividad de sus ataques.

### LA CRISIS DEFINITIVA DEL PLAN DE INVASIÓN

La noche del 18 de abril se hizo notoria la crisis total del plan global de la invasión. Era evidente para sus organizadores que el plan de operaciones derivado del desembarco y la ocupación de una porción del territorio de Cuba, había fracasado. En tierra, el constante e incansable ataque a los hombres de la brigada 2506 en todos los puntos ocupados y defendidos por estas por parte de las fuerzas revolucionarias desmanteló su capacidad de resistencia y su moral de combate, obligándolos a replegarse, lo que no eran capturados, hacia el pequeño territorio aún ocupado en el perímetro de Playa Girón. El hundimiento de los barcos de transporte de la brigada y la merma de la fuerza de su aviación fueron factores determinantes de los acontecimientos decisivos del día 19.

El gobierno de Estados Unidos, la CIA y el Pentágono enfrentaban una triple crisis realmente irreversible.

La crisis militar, con hechos y realidades derivadas de la ofensiva revolucionaria que aplastaba los restos dispersos de la brigada, perdía ya incluso su capacidad defensiva. En cuanto a las operaciones aéreas, el desastre era mayor aún. Con las pérdidas los días 15 y 17 de diez de sus 16 B-26 y diez tripulaciones, la capacidad ofensiva de sus aviones como hicieron la tarde del día 18 a pilotos norteamericanos por primera vez, está imponente frente al total derriso no sobre el curso de nuestra FAR.

La crisis política derivada de lo anterior se hizo evidente en la reunión en la noche del día 18 en la Casa Blanca, presidida por el presidente Kennedy, el Consejo Nacional de Seguridad y los organizadores y ejecutores del plan de la invasión. La posición de estos últimos fue llevar al Presidente a decisiones conducentes a la participación directa de los aviones del portaaviones Essex, en un último intento de apoyar a la brigada invasora su para entrar en el banco betiempización. Recurrieron por el ataque de combate de los aviones Essex un limpia etapa para apoyar los aviones provenientes de Happy Valley frente a los aviones cubanos. Después de la crisis.

La crisis moral de las fuerzas remanentes en Playa Girón, que fuera la última y más importante la que fue enfrentada por los jefes de las operaciones aéreas en Happy Valley, en la negativa de la mayoría de los pilotos de origen cubano de participar en las operaciones planeadas para el día 19.

Los aviones mercenarios utilizaron insignias de la Fuerza Aérea Revolucionaria para tratar de engañar a las tropas cubanas. FOTOS: ARCHIVO

Fidel desde un tanque observa al buque mercenario Houston en Playa Larga.

피그스만 침공이 있었던 날 즈음이면 그날을 기억하자는 제목으로 당시 상황을 신문에 소개한다(《그란마》 2016년 4월 19일 자).

로 암살 계획은 무려 638번이나 시도됐다.[84]

쿠바 정부는 이런 무력 공격을 '더러운 전쟁'이라고 불렀는데, 이런 무력 공격은 주로 미국의 지원을 받은 망명 쿠바인들이 수행했다. 쿠바 측은 CIA가 지원하는 쿠바 정부 반대 조직이 300개가 넘는다고 했는데, 그중 '알파 66'과 '오메가 7'이 대표적이다. 알파 66은 미국 정부로부터 자금을 지원받는 민병대로 푸에르토리코에 거주하는 쿠바 망명자들로 구성되었다. 오메가 7은 플로리다에 기지를 둔 우익 민병대 테러 그룹으로 쿠바 전복을 목표로 한다. 대부분 요원이 1961년 피그스만 침공에 참여한 이들이다.[85]

미국의 다양한 무력 공격을 내게 알려주던 아니스벨은 같은 민족끼리 이런 만행을 저지르고 적이 되어야 한다는 사실이 너무 슬프다고 했다. 같은 민족이 70년 넘게 분단되어 서로를 적대시하는 국가의 국민으로서 동병상련을 느꼈다.


## 엠바고로 쿠바 목 조르기

혁명 정부가 농지 국유화, 미국 정유 시설 국유화 등의 조치를 취하자 아이젠하워 대통령은 최초로 경제 봉쇄를 발효해 식품과 의약품을 제외한 모든 물품을 쿠바에 수출하지 못하도록 했다. 국교도 단절했다. 1962년 케네디 대통령은 쿠바와의 모든 교역과 거래를 중단했으며, 이듬해에는 미국인의 쿠바 여행을 금지하고 대對쿠바 상거래를 불법화했다.[86]

1992년 미국은 '쿠바 민주화 법Cuba Democracy Act', 일명 '토리첼리Torricelli 법'을 제정해 쿠바에 대한 경제적 압박을 강화했다. 이 법은

화물을 내리거나 싣기 위해 쿠바 항구에 들렀던 선박은 6개월간 미국 항구에 출입할 수 없도록 했다. 미국 기업의 해외 지사가 쿠바와 교역하는 것도 금지했고, 쿠바에 무상 원조나 차관을 제공하는 국가에 대해서는 미국의 원조와 무기 판매를 중단했다. 당시 쿠바는 소련의 원조가 끊기면서 극심한 경제적 곤란을 겪고 있었다. 미국과의 단절이 쿠바의 경제적 곤란의 직접적 원인은 아니었지만 당시에 어려움을 가중한 것은 명백한 사실이다.

이어서 1996년에는 '쿠바 자유 민주 연대 법Cuba Liberty and Democratic Solidarity Act', 일명 '헬름스-버튼Helms-Burton 법'을 제정해 쿠바에 5만 달러 이상의 재산을 억류당한 미국인이나 기업이 쿠바에 투자한 외국 기업을 상대로 손해배상 청구를 할 수 있게 하고, 쿠바와 거래하는 기업의 경영진이나 주주 가족의 미국 입국을 금지했다. 그리고 미국 대통령의 엠바고 해제 권한을 제한하고 피델 카스트로가 집권하는 한 엠바고를 해제할 수 없도록 했다.[87]

부시 행정부는 쿠바를 '악의 축'으로 상정하고, 쿠바 여행 제한 단속 강화, 쿠바 전복을 위한 단체 지원 확대 등의 정책을 펼쳤다.[88] 오바마 정부의 포용 정책으로 미국의 대쿠바 압박이 완화되는 듯했으나 트럼프의 집권으로 새로운 국면에 들어섰다.

**현재는 온난전선?**

2009년 오바마 집권 이후 미국과 쿠바 간에 해빙 분위기가 이는 듯했다. 대쿠바 봉쇄 정책이 실효성이 없다고 판단한 오바마 대통령은 쿠바계 미국인의 쿠바 여행을 자유화하고 송금 제한 조치를 완화했다. 또한 통신 사업자의 쿠바 진출을 허용하는 등 제재를 완화했다. 2015년 1월부터 2016년 3월까지 네 차례에 걸쳐 미국은 쿠바에 대한 경제 제재 완화 조치를 발표했는데, 이제 미국 정부가 허가한 방문 목적이라면 미국인도 제3국 경유 없이 쿠바에 직접 갈 수 있다. 또 농산물, 공중 보건 및 위생에 관련한 품목의 수출입이 가능해졌다.

2015년 7월에는 양국 수도에 대사관이 다시 개설되었다. 2016년에는 오바마 대통령이 미국 대통령으로는 88년 만에 쿠바를 방문했다. 미국은 2016년 10월 UN 총회에 상정된 쿠바 경제 봉쇄 해제 결의안에서 기권을 택했다. 오바마 대통령이 공화당의 반대를 무릅쓰고 임기 마지막에 쿠바와의 관계 개선 의지를 분명히 한 것이다.[89]

하지만 국교 정상화 이후에도 핵심적 경제 제재는 여전히 그 효력

오바마 집권 시기이던 2015년 54년 만에 쿠바 수도 아바나에 미국 대사관이 재개설되었다.

을 발휘하고 있다. 미국은 오바마 집권 기간 쿠바 제재법을 위반한 48건에 대해 144억 달러 상당의 벌금을 부과했다. 한 예로, 프랑스의 기업은 2010년과 2011년 쿠바 원유탐사선에 미국산 부품과 장비를 공급했다는 이유로 2016년 61만 달러의 벌금이 부과되었다. 2016년 4월 16일 제7차 공산당 전당대회에서 라울 카스트로는 "미국의 경제 제재 완화는 쿠바 체제를 무너뜨리려는 방법의 변경에 불과하다. 미국을 계속 경계해야 한다"라고 말했다.

젊은 쿠바인들마저도 미국과 쿠바 관계가 완전히 개방되는 것을 반기지만은 않았다. 30대 초반의 쿠바 여성은 심각한 표정을 지으며 "미국이 경제적으로 도움을 준다고 하지만 미국의 속셈은 쿠바를 갖겠다는 거예요. 과거로 되돌아가는 거죠. 독립을 위해 너무도 많은 사람이 죽고 희생해야 했어요. 역사를 잊으면 안 돼요. 쿠바는 가난하지만 행복해요. 미국이 정말로 쿠바와 친구가 되고 싶다면 쿠바에 가하고 있는 경제 제재부터 풀어야 해요"라고 말했다. 또 20대 초반의 쿠바 남성은 "미국은 쿠바에 위험해요. 조심해야 해요. 한 번에 개방했다가 언제 또 옛날처럼 될지 몰라요. 항상 힘 있는 편이 결정권을 쥐는데 미국에 비해 쿠바는 가진 것이 없어요. 그러니 또 어떻게 변할지 몰라요. 개방을 하긴 하되 아주 조금씩 해야 해요"라며 염려했다.

## 외부의 적은 내부의 연대를 강화한다

미국의 다양한 대쿠바 정책은 궁극적으로 쿠바 정부를 무너뜨리기 위한 것이었다. 하지만 미국의 봉쇄가 오히려 쿠바 정부의 정권 유지수단이 되고 있다는 것이 학자들의 일반적 견해이다. 카스트로 체제가 장기간 유지될 수 있었던 요인 중 하나가 바로 미국의 봉쇄였다.[90] 미국의 봉쇄 정책은 쿠바가 스스로를 미국에 의한 피해자로 인식하게끔 했다. 피델 카스트로는 쿠바에 어려움이 닥칠 때마다 그 원인을 미국에 돌림으로써 쿠바 국민을 단결시킬 수 있었고, 반체제 활동을 억제한다는 명목으로 경찰과 군에 대한 통제력을 확대할 수 있었다.

쿠바 어디를 가든 미국의 경제 봉쇄에 반대하는 광고판을 볼 수 있다. 거리의 입간판, 상점 창문 곳곳에 미국의 경제 봉쇄에 반대하는 그림과 표어가 붙어 있다. 2016년 10월에는 UN 총회를 앞두고 미국의 경제 봉쇄 해제에 대한 쿠바인들의 찬반 투표가 있었다. 매년 UN 총회에서 미국의 쿠바에 대한 금수 조치 해제를 두고 찬반 투표를 하

미국의 쿠바 경제 봉쇄에 반대하는 표어를 곳곳에서 볼 수 있다.

기 때문이다.

미국의 경제 봉쇄에 대한 찬반 투표가 있던 2016년 10월 17일, 그 어느 때보다도 아바나 대학에 많은 사람이 몰려들었다. 많은 참여를 유도하기 위해 공연을 하고 가판대에서 음식도 팔아서 마치 대학 축제 같았다. 무엇보다 사람들을 끌어모은 유인책은 인터넷 개방이었다. 대학 내에서도 재학생들만 제한 시간 안에 인터넷을 쓸 수 있고, 일반인은 따로 마련된 와이파이 구역에서 비싼 비용을 지불해야만 하는데, 그날은 누구나 아바나 대학에서 인터넷을 무료로 사용할 수 있게 한 것이다.

아바나 대학 학생들뿐만 아니라 고등학생과 일반인도 모두 대학으로 모여 투표에 참여했다. 투표한 사람에게는 투표했다는 표시로 스티커를 나누어주었는데, 다들 그 스티커를 가방이나 옷에 붙이고 다녔다. 한 여성은 스티커를 두 개 붙이고 다니길래 무슨 사연인지 물었더니 "제가 지금 임신 중인데 저도 아이도 미국의 경제 제재에 반대하기 때문에, 그래서 두 개예요"라고 답했다.

쿠바인들이 경제 제재에 찬성 혹은 반대하는 비율이 얼마나 되는지는 사실 의미가 없다. 쿠바 친구에게 "쿠바인 중 경제 제재에 찬성할 사람이 있나? 모두 반대할 것 아냐. 이미 다 알고 있는 사실을 굳이 투표까지 하며 확인할 필요가 있나?"라고 물었다. 그러자 친구는 "나는 궁금해. 쿠바인 중에 경제 제재에 찬성하는 사람이 몇 명이나 있는지. 아직도 미국 돈을 받고 쿠바 체제에 반대하고, 중요한 행사가 있을 때마다 훼방 놓는 사람들이 있거든. 비밀 투표니까 자기 마음을 솔직히 드러낼 것이고, 그럼 쿠바보다 미국에 동조하는 사람이

경제 봉쇄에 대한 찬반 투표를 하던 날 아바나 대학의 모습(위)과 투표자에게 나눠주는 스티커를 가슴에 붙인 학생

얼마나 있는지 알 수 있잖아. 그리고 몇 명이 찬성하는지 알아내는 게 중요하다기보다는 쿠바 국민이 얼마나 경제 제재에 반대하는지 다른 나라에 알리고 싶은 거지"라고 답했다.

하지만 모든 것을 경제 봉쇄나 미국 탓으로 돌리는 쿠바 정부가 문제라는 시각도 있다. 한 쿠바 청년은 "쿠바에는 두 가지 봉쇄가 있어요. 미국의 경제 봉쇄, 쿠바 정부의 멘탈 봉쇄"라고 말하며 쿠바 집권자들은 그들이 옳다고 생각하는 것 외에는 절대 받아들이려 하지 않고 변화를 원치 않는다고 덧붙였다. 한 여대생은 우스갯소리 같은 일화를 들려주었는데, 지각한 학생이 이유를 따져 묻는 선생님에게 "미국의 경제 봉쇄 때문에 지각했어요"라고 대답했다는 것이다. 미국의 경제 봉쇄 때문에 쿠바에 차가 많이 없고, 도로 상황이 좋지 않아서 학교에 제시간에 올 수 없었다는 뜻이다. 정부 지도자들만 불리한 상황이 되면 미국 탓을 하는 게 아니라 일반 국민도 불리한 상황이 되면 미국 탓을 한다는 이야기였다.

미국이 쿠바를 봉쇄한 목적은 체제 전복이었다. 하지만 아이러니하게도 미국의 압력이 쿠바인들을 더욱 똘똘 뭉치게 하는 결과를 낳았다. 트럼프가 미국 대통령으로 당선되던 날 많은 쿠바인이 "큰일이다" "맙소사, 쿠바인들 모두 정신 똑바로 차려야 해" "어떻게 이런 일이 일어날 수 있지?" 하며 걱정했다. 트럼프의 대쿠바 정책은 오바마때와는 분명 다를 것이다. 해빙 분위기와 더불어 쿠바 지도부를 향한 불만이 불거지던 상황에서 트럼프의 집권이 쿠바인들의 연대를 더욱 공고히 할 것이라고 예측해본다.

## 미국의 쿠바 고립시키기와 쿠바의 돌파구 찾기

미국의 무력 공격 후 쿠바는 사회주의 노선을 선언했고, 이에 미국은 쿠바를 미국뿐 아니라 다른 국가로부터도 고립시키려고 했다. 쿠바는 소련으로부터 지원은 받지만 독립을 유지하고자 했다. 이를 위해 쿠바는 미국, 소련, 중국 같은 강대국이 아닌 다른 국가들과의 연대를 강화하는 외교 전략을 구사했다.

미주 기구OAS, Organization of American States는 아메리카 대륙에 있는 국가들이 공동 방위, 지역적 안전 보장뿐 아니라 문화·사회·경제 협력을 위해 1948년 창설한 기구이다. 창설 당시 21개 나라가 회원국이었고 쿠바도 그중 하나였으나 1962년 회원 자격을 정지당했다. 미국은 쿠바의 회원 자격을 정지시키기 위해 중남미 국가들에 막대한 경제적 지원을 약속했다. 지원 조건은 쿠바와의 국교 단절이었다. 1964년 가입국들은 쿠바에 강제적인 제재를 취하기로 결의했고, 미주 기구의 결정을 따르지 않은 국가는 멕시코뿐이었다. 2009년 회원 자격이 복원되었지만 쿠바 정부는 활동 재개 의사를 밝히지 않고 있다.

쿠바는 미주 기구 재가입 대신 남미·카리브해 국가 공동체CELAC, Comunidad de Estados Latinoamericanos y Caribeños 가입을 택했다. CELAC은 2011년 아메리카 대륙 33개국이 참여해 창설한 기구로, 라틴아메리카 통합을 촉진하고 정치와 경제에서 미국의 영향력을 배제하기 위해 만들었다. 당연히 미국은 회원국이 아니다. 쿠바가 미주 기구 활동을 재개하지 않고 CELAC에 가입한 것은 너무도 당연한 일이다. 미국의 장군에 쿠바가 멍군으로 답한 셈이다.

외교 분야에서 미국과 쿠바 간 첨예한 대립 양상을 볼 수 있는 예는 더 있다. 미국은 미주자유무역지대FTAA, Free Trade Area of the Americas의 설립을 제안했는데, 쿠바를 제외하는 것이 조건이었다. 쿠바를 제외한 아메리카 대륙 모든 나라 간의 자유무역협정을 맺자는 제안이었다. 대다수 국가는 미국 편에 서서 찬성 의사를 보였다. 그러나 베네수엘라, 브라질, 아르헨티나, 우루과이, 파라과이 등 일부 국가는 이에 반대하면서 미국을 제외한 협력 기구인 '아메리카를 위한 볼리바르 동맹ALBA, Alianza Bolivariana para los Pueblos de Nuestra América'을 설립하고 쿠바와의 동맹을 택했다. 스페인의 식민지였던 콜롬비아, 에콰도르, 파나마, 베네수엘라를 독립시킨 시몬 볼리바르의 이름을 딴 이 조직은 라틴아메리카와 카리브 제도 국가 사이의 정치·사회·경제 통합을 목적으로 한다. 2016년에는 베네수엘라 니콜라스 마두로 대통령이 쿠바 아바나를 방문해 ALBA 창립 12주년 기념식을 가졌다.

미국은 끊임없이 쿠바를 국제 사회에서 고립시키기 위해 노력했지만 성공적이라고 평가하기는 어렵다. 이는 미국의 쿠바 경제 제재에 대한 UN 가입국들의 입장 변화를 통해서도 알 수 있다. 1992년 처음 경제 제재 해제 안이 상정됐을 때만 해도 59개국만이 해제에 찬성했고, 74개국이 반대 및 기권 표를 던졌다. 하지만 시간이 지날수록 해제에 찬성하는 국가가 늘어나 2005년에는 182개국이 찬성했다. 이후로도 미국과 이스라엘만 일관되게 반대 의사를 표시했고, 기존에 반대하던 국가들도 점차 찬성 혹은 기권 의사를 보였다. 그러다가 2016년 미국과 이스라엘 두 국가는 기권하고 나머지 191개국은 경제 제재 해제에 표를 던졌다.

쿠바가 미국의 압력에도 다른 나라들을 쿠바 편으로 만들 수 있었던 것은 인도주의를 바탕으로 한 쿠바 의료 외교의 성과라고도 볼 수 있다. 쿠바의 인도주의 외교 정책에 대해 한 연구자는 "반反종속 · 저항의 외교를 벗어나 포용과 연대의 틀을 구축"했다고 평가했다. 그는 또 나이Joseph S. Nye가 제시한 소프트파워의 세 요소를 설명하면서 쿠바를 예시로 들었다. 한 국가의 소프트파워는 다른 나라에 호감을 주는 문화를 보유해야 하고, 국내외적으로 표방하는 가치가 호소력이 있어야 하며, 정당하고 다른 나라들로부터 도덕적으로 인정받을 만한 대외 정책을 추구해야 하는데, 쿠바가 바로 그런 국가라는 것이다.[91]

쿠바는 결코 고립된 국가가 아니다. 트럼프의 집권 전까지 쿠바는 가장 대립각을 세우던 미국과도 국교를 정상화함으로써 해빙 분위기를 조성했다. 2014년 5월 EU와 쿠바 간 정치·경제 협력을 위한 비공식 회의가 개최되었는데, EU는 이 회의가 양측 간 관계 정상화를 위한 중요한 첫 출발이 되었다고 평가했다.[92] 쿠바 체류 기간 연일 신문과 뉴스에서 다른 나라 수장과 주요 인사의 방문, 상호 우호관계 강화를 위한 협약을 보도하는 것을 볼 수 있었다.

쿠바 의료를 연구한 줄리 페인실버는 "미국의 쿠바 경제 봉쇄는 쿠바를 고립시키지 못했다. 오히려 미국이 고립당하고 말았다. 쿠바의 의료 원조가 영향을 미쳤다고 봐야 한다"라고 평가했다. 피델 카스트로의 대외 정책 키워드는 '고립 극복'이었다. 그는 한 인터뷰에서 이렇게 밝혔다. "우리는 고립된 국가였죠. 그래서 미국이 우리를 고립시키면 시킬수록 더더욱 세계의 다른 국가들과 관계를 맺어야 했습니다."[93] 카스트로의 대외 정책은 미국보다 한 수 위였다.

## 바르바도스에서 재가 된 쿠바 펜싱 선수들

피델 카스트로의 혁명 이후 미국은 바로 코앞에 소련을 등에 업은 사회주의 국가가 수립되는 것을 용납할 수 없었다. 그리고 혁명 정부의 과도한 사유재산 제한에 반대해 미국으로 망명한 쿠바인에게도 피델 카스트로 체제의 붕괴는 반드시 이루어내야 할 과제였다. 서로 이해관계가 맞아떨어진 미국 정부와 망명 쿠바인들의 혁명 정부 붕괴를 위한 공격과 음모는 계속되었다.

쿠바에 대한 무력 공격 중 하나가 1976년 10월 6일 일어난 비행기 폭파 사건이다. 쿠바인들은 이 사건을 '바르바도스Barbados 사건'이라고 부르는데, 미국의 사주를 받은 쿠바인들이 베네수엘라에서 라틴아메리카 펜싱 대회를 마치고 돌아오는 쿠바 선수단이 탄 비행기를 바르바도스에서 폭파한 사건이다. 이 사고로 73명의 선수 및 관계자가 모두 사망했다.

비행기 폭파 주동자였던 루이스 포사다 카릴레스는 체포되었지만 감옥 환경이 매우 좋았고 가족이 자유롭게 왕래할 수 있었으며 폭파의 대가로 돈을 받기도 했다. 이 사실은 베네수엘라 기자 알리시아 에레라Alicia Herrera에 의해 밝혀졌다. 그녀는 비행기 폭파 사고를 조사하기 위해 반쿠바 조직에 접근해 자신도 정부에 반대하는 것처럼 행동하면서 관계자와 가족들로부터 사건의 내막을 들을 수 있었다. 그리고 그 내용을 출간해 사고의 진실을 세상에 알렸다. 책 제목이 "Pusimos la bomba... ¿y qué?(우리가 폭탄 던졌어. 근데 뭐?)"인데, 이는 취재하는 동안 테러범들이 한 말이었다. 그녀는 2011년 언론사인 프렌사 라티나 Prensa Latina 와의 인터뷰에서 테러범들이 합당한 처벌을 받지 않았고, 희생자 가족의 요구와 정의가 실현되지 않은 채 35년이 지났다고 성토했다.[94]

매년 10월 5일에 희생자를 추모하는 시간을 갖는데, 2016년은 사건이 일어난 지 40년이 되는 해여서 특별 행사가 열리기도 했다.

오열하는 바르바도스 사건 희생자 유가족

# 보장된 참여

한국에서 자료를 통해 알게 된 쿠바의 선거 제도에 대해 이야기할 때면 사람들 대부분이 "거기 사회주의 국가 아니야? 독재인데 무슨 선거를 해?" 하는 반응이었다. 많은 이가 사회주의를 정치적 억압, 독단적 지배와 유사한 것으로 인식하기 때문이다. 그럴 만도 한 것이 피델 카스트로는 기네스북에 오를 정도로 오랫동안 집권했고, 건강이 악화되자 동생 라울 카스트로에게 권력을 이양했다. 그리고 공산당은 쿠바의 유일한 정당이다. 하지만 쿠바인들이 선거와 정책 결정에 참여하는 방식을 이해한다면, 쿠바가 정말로 독재 국가일까 하는 의문이 들 것이다.

## 시의원, 도의원, 국회의원은 직접·비밀 투표로

쿠바는 1902년 헌법 제정 이후 다당제 시스템하에서 열네 차례의 선거를 했지만 선거권 제한이 많아서 극소수만 투표를 할 수 있었다. 당시에는 글을 읽고 쓸 줄 알며 250달러 이상의 재산을 보유한 21세 이상 남성에게만 선거권을 부여했다. 그 결과 157만여 인구의 9.6%에 불과한 15만 648명만이 선거권을 가질 수 있었다. 게다가 부정부패가 만연해 선거 결과에 대한 신뢰가 전혀 없었다.

카스트로는 집권 후 공개석상에서 국민들에게 투표를 제안했지만 외려 국민들은 선거에 대한 불신으로 이를 거부했다.[96] 이후 1972년 헌법 개정을 통해 선거권을 보장하는 장치가 마련은 됐으나 한계가 많았고, 보편·평등·직접·비밀 선거가 시행된 것은 20년 후였다. 1992년에 비로소 국민이 시의원, 도의원, 국회의원을 직접 뽑을 수 있게 되었다. 하지만 각 의회 의장과 부의장, 국가평의회 의장 등은 의원들이 뽑는다. 16세 이상으로 2년 이상 쿠바에 거주한 사람이면 선거권이 있다. 또한 16세 이상이면 시의회와 도의회 의원이 될 수 있는 자격이 주어지고, 18세 이상이면 국회의원 선거에 출마할 수 있다.


## 복잡하지만 민주적인 선거 과정

쿠바의 선거는 시의원 선출부터 시작된다. 시의원 선출을 위해 하나의 선거구를 150명 내외의 후보자 추천 구역으로 분리한다. 주민들은 대개 일요일 저녁 시간에 모여 후보자를 추천하고 거수투표로 후보자를 선출한다. 각 선거구에서는 2~8명의 후보자를 낼 수 있고, 시선거위원회는 추천된 후보자들의 이력서와 사진을 받아 공공장소에 게시한다. 한국과 같은 선거 운동이나 선거 자금 사용은 금지되어 있다. 홍보 기간이 지나면 주민들은 한두 블록 내에 설치된 투표소에 방문해 다수의 후보자 중 한 명을 선택하는 비밀 투표를 한다.

시의원이 선출되면 시후보자위원회*가 시의회 의장과 부의장 후보 명단을 작성해 시의회에 제안하고 시의원들이 의장과 부의장을 선출한다. 선출된 시의원은 2년 6개월의 임기 동안 자신의 직업을 유지하면서 자원봉사의 형태로 시의원 역할을 한다. 2012년 선거에서 선출된 시의원은 총 1만 4,537명이다.

시의회가 구성되고 나면 다음으로 도의회와 국회를 구성하기 위한 선거가 이어진다. 국회의원 예비후보 명단 작성 작업은 약 2개월에 걸쳐 이루어진다. 대중 조직 대표들로 구성된 시후보자위원회는 시의회 의원 중 국회의원으로도 활동할 후보자를 추천하는 데 주력한다. 도 단위 대중 조직으로 구성된 도후보자위원회는 이미 시의회 대의원으로 선출된 사람을 제외한 일반 시민 중 국회의원 후보자를 추천하는데, 최대 3배수의 추천이 가능하다. 전국후보자위원회는 시후보자위원회와 도후보자위원회가 추천한 후보를 취합해 지역, 피부, 나이, 학력, 직업 등을 고려해 후보를 추린다. 2012년 총선거 때는 5,457명이 추천되었는데 전국후보자위원회는 피추천자의 직장이나 거주지 등을 방문 조사하여 최종 614명의 후보를 결정했다.

---

● 　후보자위원회는 시후보자위원회, 도후보자위원회, 전국후보자위원회 3개 수준에서 구성된다. 후보자위원회는 대중 조직 대표로 구성되는데, 후보자위원회에 참여하는 대중 조직에는 쿠바노동자총연맹CTC, 쿠바여성연맹FMC, 전국소농연합ANAP, 대학생연맹FEU, 중고등학생연맹FEEM, 혁명수호위원회CDR 등이 있다. 노동자, 농민, 여성, 학생, 지역을 중심으로 한 주민 조직의 대표들이 모여 국회의원 후보자를 추천하는 것이다.

## 쿠바의 국회의원 선출 과정

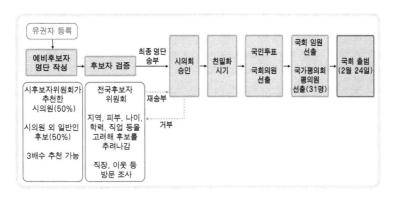

최종 명단은 시의회로 보내는데, 각 시를 대표할 국회의원 후보를 시의회가 승인하는 과정이 필요하기 때문이다. 만약 시의회가 거부하면 다른 예비후보가 다시 추천된다. 시의회가 후보자를 승인하면 '친밀화 시기'를 갖는다. 게시물만 보고는 후보자를 충분히 파악할수 없고, 후보자를 충분히 알 수 있는 기회가 없다는 문제 제기가 있어서 이를 개선하기 위해 약 한 달간의 친밀화 시기를 갖도록 했다. 특히 도의원과 국회의원 후보자는 그 지역 출신이 아닌 경우도 있고, 가까이 접할 기회가 없었기 때문에 후보자와 주민 간의 의사소통 기회를 제공하기 위함이다. 하지만 개인적 접촉은 불가능하고 유권자 집단과 후보 간 공식적 회합을 갖는 방식으로 진행한다. 선거일이 되면 유권자는 자기 지역에 추천된 한 명의 후보자에 대해 찬성이나 반대 의사를 표시할 수 있고, 후보자는 50% 이상의 찬성을 받으면 당선된다. 당선된 도의원과 국회의원의 임기는 5년이다.

국회의원 선출이 완료되면 국회의 임원 선출과 국가평의회 평의원 선출을 위한 비밀 투표가 진행된다. 모든 선거 과정은 2월 24일까지 완료되어 새로운 임기를 시작하는데, 2월 24일은 호세 마르티를 중심으로 한 3차 독립 전쟁이 시작된 날이기도 하다.

## 쿠바의 정치·행정 조직 및 선거구

```
전국민중권력의회(Asamble Nacional del Poder Popular) = 국회
도민중권력의회(Asamble Provincial del Poder Popular) = 도의회
시민중권력의회(Asamble Municipal del Poder Popular) = 시의회

민중평의회(Consejo Popular) A                    민중평의회 B    민중평의회 C

선거구1        선거구2        선거구3          선거구        선거구

CDR1 CDR2    CDR1 CDR2    CDR1 CDR2        CDR1         CDR1
CDR3 CDR4    CDR3 CDR4    CDR3 CDR4        CDR2         CDR2
```

## 쿠바 선거 제도의 특징

첫째, 쿠바의 선거는 주민의 후보 추천으로 시작된다. 시의원 선출은 150명 내외의 작은 단위의 지역에서 주민들이 후보자를 추천하는 것으로부터 시작된다. 유권자의 80% 이상이 참여한 가운데 지역 주민들끼리 후보자를 추천한다. 추천할 때는 그 사람을 추천하는 이유도 함께 이야기해야 한다. 따라서 평소 지역 사회에 관심을 가지고 열심히 활동한 사람이 추천될 가능성이 높다. 추천받은 사람은 추천을 수용할 것인지 거부할 것이지 결정한다. 이러한 방식의 장점은 일단 잘아는 사람들끼리 추천하기 때문에 추천받은 사람에 대한 검증이 어느 정도 가능하다는 점이다. 이웃 간의 관계가 매우 친밀하고, 선거구역이 주민 150명 내외의 소단위로 이뤄지기 때문이다. 지역 주민의 추천으로 시작되는 쿠바 선거야말로 다운업down-up 방식의 의사

결정 모델이다.

둘째, 접근성이 높다. 후보를 추천하기 위해 가야 하는 곳, 투표하기 위해 가야 하는 곳이 가깝다. 유권자들이 후보자에 대해 충분히 잘 알 수 있는 작은 단위에서 선거가 이루어지고, 투표소가 두 블록 이내에 설치되기 때문에 누구에게나 투표소는 매우 가깝다. 또한 이동이 어려운 유권자는 선거관리위원이 두 명의 학생과 함께 자택으로 방문해 투표를 돕는다. 투표가 일요일에 진행되기 때문에 시간적으로도 투표 참여가 부담되지 않는다. 물론 일요일에도 일하는 사람이 있지만 대부분이 쉬는 일요일에 투표를 진행함으로써 투표 참여율을 높이고 있다.

셋째, 선거 운동이 없다. 후보자로 추천되어 선거위원회에 이력서

투표소 입구에 게시된 후보자 이력과 구역별 유권자 명단

와 사진을 제출하면 선거위원회에서 이를 적절한 장소에 게시하는데, 이것이 선거 운동의 전부라고 할 수 있다. 이력서이기 때문에 후보자가 앞으로 어떤 일을 하겠다고 공약하는 것은 원천적으로 불가능하다. 오로지 그 후보자가 그동안 어떤 활동을 했고 어떻게 살아왔는지가 판단의 근거가 된다. 알 수 없는 미래를 담보로 투표하는 것이 아니라 그 사람이 살아온 과거의 사실을 근거로 투표하는 것이다. 이런 특징 때문에 쿠바에서는 선거 자금이 전혀 필요하지 않다.

쿠바인과 선거 제도에 대해 이야기를 나누다 한국에서는 정치인이 되려면 상당한 돈이 필요하다고 했더니 이해할 수 없다는 표정으로 이렇게 물었다. "선거할 때 필요한 것이라고는 투표용지뿐인데, 너희 나라에서는 그걸 국가가 주지 않고 후보자가 그 비용을 부담해야 해? 그게 그렇게 비싸?"

넷째, 선거 관리는 투표권이 없는 학생 중심으로 이루어진다. 투표소마다 다섯 명의 자원봉사자가 파견되어 선거 과정을 관리하는데, 실제로는 더 많은 학생이 투표소에 나가 선거 과정을 지켜본다. 이동이 불편한 유권자는 선거관리위원이 집에 직접 방문해 투표에 참여하도록 하는데, 공정한 선거가 될 수 있도록 선거관리위원과 동행하는 것도 학생들의 역할이다.

다섯째, 투표율이 매우 높다. 1976년 첫 국민투표 실시 이후 투표율이 95% 미만으로 떨어진 적이 단 한 번도 없었다. 선거에 관심이 많고 일요일에 가까운 투표소에 다녀오는 것이 큰 부담이 없기 때문일 거라고 짐작은 했지만, 투표 참여 결정이 자유임에도 95%가 넘는 투표율이 지속되고 있다는 점이 쉽게 이해되지 않았다. 쿠바의 높은 투표율이 놀라워서 혹시 투표가 의무는 아닌지, 정말로 비밀 투표이기는 한지 쿠바인들에게 물었다. 대부분 쿠바인의 대답은 "투표가 의무라고? 그건 권리야!"였다.

한번은 좀 더 솔직한 대답도 들었다. "솔직히 귀찮고 하기 싫을 때도 있는데 안 할 수가 없어요. 투표를 안 하고 있으면 엄마가 투표할 때까지 계속 '투표했어? 투표했어?' 물어봐요. 그리고 혁명수호위원회가 어느 집 누가 투표를 했는지 안 했는지 알 수 있으니까 집으로 찾아와 투표하라고 얘기하기도 하고요. 투표가 자기 선택이기는 하지만 쿠바에서는 안 하기가 어려워요. 하지만 선택은 자유예요. 그건 아무도 알 수 없으니까요. 한번은 아무 표시 안 하고 투표함에 넣은 적도 있어요. 그러면 무효표가 되거든요."

다른 쿠바인은 이렇게 이야기했다. "쿠바 사람들은 무언가에 참여하고 자신의 생각을 표현하는 걸 좋아해. 그리고 주변 일에 관심이 많고. 자신만 투표하지 않으면 심리적 압박감이 있을지는 모르지만 투표를 하고 안 하고는 어디까지나 개인의 선택이야." 그리고 이렇게 덧붙였다. "쿠바에서는 선택 사항임에도 안 하기 어려운 게 있어. 바로 예방 접종과 투표야."

여섯째, 선출로 끝나는 것이 아니라 이후 모니터링도 이루어진다. 어느 날 대문에 붙은 모임 안내문을 보았다. 시간과 장소는 알겠는데 정확히 무엇을 위한 모임인지 가늠할 수가 없어서 이웃에게 물어봤더니 우리 지역 시의원과 대화를 나누는 모임이라고 했다. 공지된 날짜까지 기다렸다가 모임 장소로 갔다.

그날 모임은 시의원이 그동안 지역 주민들이 토로한 불편 사항을

지역 주민을 대상으로 한 시의원의 의정 보고 모임을 알리는 안내문. 의정 보고 시기가 되면 블록마다 벽과 문에 이런 안내문이 붙어 있다.

개선하기 위해 어떤 노력을 했으며, 현재 어떻게 진행되고 있는지 주민들에게 보고하기 위한 자리였다. 또한 주민들의 의견을 청취하는 자리이기도 하다. 이런 모임은 한두 블록 단위의 소규모로 이루어진다. 많은 주민이 모일 수 있도록 퇴근 이후 저녁 시간대에 모임을 진행한다. 그날도 내가 살던 구역 모임이 끝나자 시의원은 다음 모임을 위해 급하게 발걸음을 옮겼다. 이런 모임은 1년에 두세 차례 열린다. 이렇다 보니 시의원들이 무언가 하지 않을 수 없다. 의정 활동을 감시할 수 있는 시스템이다.

쿠바의 의원은 주민들의 어려움을 해결해주고 도와주는 사람이다. 활동에 대한 물질적 보상이 전혀 없이 직장 생활과 병행해야 한다.

직장 생활과 의원 활동을 병행하는 시의원이 많고, 지역 주민들이 퇴근한 뒤에 모여야 하기에 주로 저녁 시간에 모임을 진행한다.

그렇기 때문에 정말로 주민과 지역 사회를 아끼는 사명감 있는 사람이 해야 한다. 그런 사람을 지역 주민이 직접 추천하고 뽑는다. 우리나라 대통령에 해당하는 국가평의회 의장을 국민이 직접 뽑을 수 없다는 점은 분명 쿠바 선거 제도의 한계이다. 하지만 그 외 선거 과정을 살펴보면 쿠바야말로 참여민주주의와 주민 참여의 모델이 아닌가 하는 생각이 든다.

### 93.8%의 노동자가 85,301번 회의해 만든 사회보장법

쿠바에서 체류하며 쿠바가 아래로부터의 정책 제안을 수렴하기 위해 노력하는 국가임을 느낄 수 있었다. 쿠바에 도착하고 며칠 지나지 않은 때에 제7차 공산당 전당대회가 열렸다. 그 전당대회에서 '경제 및 사회 발전을 위한 계획 2030Plan Nacional de Desarrollo Económico y Social Hasta 2030'이 발표되었는데, 이 계획은 다음의 과정을 거쳐 수립되었다.

먼저 계획 초안을 만드는 과정에서 주민, 시의회, 도의회, 국회의 단계로 의견을 수렴한다. 의견 수렴 과정에서 공통적인 내용을 담아 계획서 초안을 작성하고, 이를 32쪽짜리 타블로이드판으로 인쇄해 1세우세에 판매한다. 쿠바 주민들은 이 계획서 초안을 읽고 지역별, 직종별, 대중 조직별로 모여 토론한다. 이런 의견 수렴 과정이 6개월 가까이 이어지고, 매일 뉴스와 신문에 보도된다. 토론 과정에서 계획이 삭제되거나 수정·추가되기도 하며, 취합이 완료되면 최종 계획이 수립되고 이행된다.

처음에는 이런 설명을 들었을 때 정말 사실인지, 가능한 일인지 의구심이 들었다. 하지만 아널드 오거스트가 연구한 쿠바의 사회보장법 입법 과정을 살펴보면 쿠바에서는 정책 결정 과정에서 광범위한 국민의 의견 수렴이 가능하다는 사실을 확인할 수 있다.

사회보장법 개정의 첫 단계는 전문가와 노동자로 팀을 구성하는 것이었다. 연금 제도는 노동자와 그 가족에게 매우 중요한 제도이므로 쿠바노동자총연맹이 주도적 역할을 했다. 세미나를 거친 후 이들은 노동자의 의견을 수렴해나갔다. 이러한 의견 수렴을 통해 마련한 법률 초안은 2008년 7월 국회에 처음 발의되어 채택되었다.

8월 5일에는 법률 초안이 타블로이드판으로 인쇄되어 공개되었다. 전국 노동자들의 의견을 수렴할 노동위원, 전문가, 국회의원 들은 세미나를 거쳐 노동자들의 의견을 다시 수렴했다. 수렴된 의견을 반영

'경제 및 사회 발전을 위한 계획 2030'을 담은 타블로이드판 신문

해 2차 법률안을 마련하고 이를 경제 문제 상임위원회와 헌법 및 법률 문제 상임위원회 대의원들, 국회의장과 서기, 노동·사회보장부 장관이 참석한 상임위원회 연석회의에 제출했다. 이 회의에서 위원들은 법안을 검토하고 내용을 수정하고, 12월 27일 의회 전원 회의에서 만장일치로 채택했다. 그리고 이듬해 2009년 1월 22일 '사회보장에 관한 법률 105호'가 공포되었다.

### 쿠바 사회보장법 개정 과정

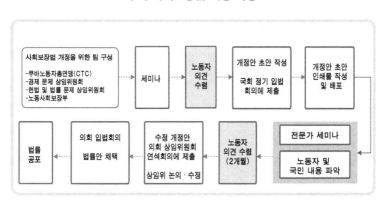

이 과정에서 쿠바 노동자의 93.8%에 해당하는 308만 5,798명이 총 8만 5,301번의 회의를 거쳤다. 이처럼 쿠바는 입법 과정에 풀뿌리 민중이 참여한다. 이에 대해 한 쿠바인은 다음과 같이 이야기했다. "모든 쿠바인은 정치가가 아니라도 어떤 경로로든 정책 결정 과정에 참여할 수 있습니다."

## 투표함을 지키는 쿠바 학생들

어떤 이들에게는 선거일이 예정에 없던 '쉬는 날'일지도 모른다. 하지만 쿠바 초등학생들에게는 정반대 상황이다. 쉬어야 할 일요일에 쉬지 못하고 투표함을 지켜야 하기 때문이다.

쿠바에서는 선거를 일요일에 진행하는데, 선거관리위원회가 구성되기는 하지만 투표함을 지키는 일은 선거권이 없는 학생들 몫이다. 2017년 쿠바 방문 당시 마침 시의원 선거가 있어서 쿠바인들이 투표하는 모습을 생생하게 지켜볼 수 있었다.

투표소에는 교복을 입은 초등학생들이 여럿 있었는데, 고학년으로 보이는 학생들은 두 명씩 짝을 지어 투표함 옆에 서 있다가 투표용지를 투표함에 넣으면 오른손을 들어올리며 구호를 외쳤다. 저학년 학생들은 의자에 앉아 투표 과정을 참관했다. 곧고 바른 자세로 투표함 옆에 줄곧 서 있는 일도, 의자에 가만히 앉아 참관하는 일도 초등학생에게는 쉬운 일이 아니다. 그러다 보니 자세가 흐트러지기도 하고 친구와 장난치기도 하면서 어른들의 투표를 보고 배우고 있었다.

선거가 있고 며칠 후 초등학교에 방문해 선거일에 투표함 지키는 일을 한 학생은 손을 들어보라고 했더니 대부분 학생이 손을 들었다. 어떤 생각이 들었는지 묻자 "쿠바 혁명을 지키는 일에 참여해 기분이 좋았어요"라는 무척 어른스러운 대답이 돌아왔다. 어릴 때부터 철저한 정치의식 교육이 이루어지고 있음을 추측해볼 수 있었다. 그런가 하면 "투표함 지키는 활동을 하면 상장을 줘요"라는 초등학생다운 대답도 있었다.

지금은 20~30대가 되어 교복 입고 선거일에 투표함 지키는 일을 할 수 없게 된 쿠바인들에게 학생들의 선거일 활동에 대해 묻곤 했다. 다들 선거일이면 투표소에 가서 투표함 옆에 서 있다가 어른들이 투표할 때마다 "투표Voto!"라고 구호를 외치던 기억을 떠올렸다. 그리고 그 활동의 의미에 대해 이렇게 설명했다. "투표는 모두가 참여해야 하는 중요한 행사이기 때문에 어릴 때부터 보고 배워야 해. 그래서 일부 학생만 참여하는 것이 아니라 대부분 학생이 그 활동에 참여하도록 해. 우리 지역에서는 2인 1조로 한 시간씩 활동했어."

어른들에게는 선거권을 행사하는 날이지만 선거권이 없는 학생들에게는 그저 휴일 이상의 의미를 갖지 못하는 우리의 현실과는 많이 달라 보였다. 쿠바의 높은 투표율은 누군가의 강요에 의한 것도 아니고 그냥 저절로 생겨난 현상도 아니다. 어린 시절부터 보고 듣고 배운 결과이다.

2017년 11월 26일 진행된 기초의원 선거에서 투표함을 지키고 있는 초등학생들

# 모든 것을 알고 돕는 이웃

쿠바의 가장 큰 저력 중 하나는 지역 사회를 근간으로 한 사회적 자본이다. 경제적 자본은 누군가가 소유하면 나머지 사람들은 갖지 못하고, 사용하다 보면 언젠가 바닥난다. 하지만 사회적 자본은 공동체의 모든 사람이 누릴 수 있으며, 쓰면 쓸수록 많아지고 늘어난다. 물질은 부족하지만 가난한 개인들이 관계를 통해 만들어낸 자본, 그 자본을 누리며 사는 쿠바 이웃 공동체의 모습을 소개한다. 그러한 사회적 자본이 형성될 수 있었던 이유는 무엇일까?

## 같이 살기도 하는 이웃

쿠바에 도착한 지 얼마 안 되어 알게 된 여대생에게 연락처를 물어보니 휴대폰 번호와 집 전화번호 두 개를 알려줬다. 쿠바에도 집이 두 채인 사람이 있구나 생각하며 "너희 집 부자구나" 했더니 그게 아니란다. 자기 집이 많이 부서져서 수리를 해야 하는데 3년째 그대로 살고 있다고 한다. 그래서 잘 곳이 마땅치 않아 자신은 지금 이웃집에서 지내고 있다고 한다. 그 이웃이 친척이냐고 물었더니 그냥 동네 가까이에 사는 이웃인데 지금 혼자 살고 있어서 그 집 남는 방에서 지내고 있다고 한다. 그럼 그 대가로 돈을 내냐고 물었더니 놀라는 표정으로 손사래를 친다. 가족 같은 이웃의 상부상조가 쿠바에서는 당연한 일인데 이방인인 내게는 낯선 충격으로 다가왔다.

## 사회복지사가 사례를 발굴하는 방법

사회복지사에게 주로 무슨 일을 하느냐고 물으니 지역 사회에서 어려움에 처한 사람을 찾아 돕는 일을 한다고 한다. 한국 사회 안정망의 한계를 드러낸 송파 세 모녀 사건이 떠올라 쿠바에도 도움이 필요한데 도움을 요청하지 못한 채 비극적 선택을 하는 사례가 있는지 궁금했다. 그래서 어떤 도움을 주는지, 어떻게 돕는지에 앞서 도움이 필요한 사람을 어떻게 찾는지부터 물었다. 그는 "학교 선생님이나 경찰이 알려주기도 하고 이웃이 알려주기도 해요. 그리고 사회복지사의 주 업무가 가정 방문이에요"라고 대답했다. 그렇다면 경찰, 교사, 이웃은 도움이 필요한 사람을 어떻게 아는 걸까? 사회복지사는 매우 난감한 표정으로 대답했다. "원래 쿠바 사람들은 서로를 너무 잘 알아요."

그 사회복지사만이 아니었다. 많은 쿠바인이 같은 말을 했다. 쿠바 사람들은 서로를 너무 잘 안다고 한다. 최근에 한국은 사회보장 제도의 사각지대를 해소하고자 전달 체계를 개편하고 찾아가는 복지 서비스를 강화하겠다며 개선안을 내놓고 있다. 하지만 눈에 띄는 성과는 찾아보기 어렵다. 쿠바의 방식으로 문제를 해결하기에 한국의 공동체는 이미 너무 많이 해체되어버린 걸까?

## 이웃 덕에 키운 아이

아바나에서 차로 40분 정도 떨어진 산 안토니오 데 라스베가스San Antonio de Las Vegas 지역에서 패밀리 닥터의 왕진에 동행할 기회가 있었다. 정신지체와 신체장애가 있어 일상생활을 유지하기 위해서는 반드시 도움이 필요한 20대 여성 환자의 집이었다. 환자 어머니에게 장애가 있는 자녀를 돌보는 일이 어렵지는 않느냐고 물었더니 의사가 정기적으로 와서 상태를 봐주고 가까운 곳에 콘술토리오가 있기 때문에 언제든 도움을 요청할 수 있다고 했다. 그러면서 "이웃들이 도와주기 때문에 큰 어려움은 없어요"라고 덧붙였다. 혼자서 할 수 없을 때는 이웃을 부르면 된다는 것이다.

## 당사자만 몰랐던 열쇠 분실 사건

쿠바에서는 열쇠를 잘 간수해야 한다. 열쇠를 복사하는 일이 쉽지 않기 때문이다. 그렇다고 번호키를 사용할 수 있는 상황도 아니다. 쿠바에 체류하는 동안 코트라KOTRA 사무실 말고는 어디서도 번호키를 장착한 곳을 보지 못했다.

쿠바의 문들은 일부러 잠그지 않아도 닫으면 동시에 잠기는 방식이다. 그렇다 보니 열쇠를 안에 넣고 생각 없이 문을 닫아버리면 문을 부수고 들어가는 수밖에 없다. 하지만 워낙 물자가 부족해 한번 문을 부수고 나면 언제 원상 복구할 수 있을는지 누구도 알 수 없다. 게다가 쿠바에서는 좀도둑만 조심하면 위험할 일이 없다고 할 정도로 도난 사고를 조심해야 한다. 그런데 열쇠를 잃어버렸다면 도난 사고 예비 경고를 받은 셈이다.

아직 열쇠 관리 습관이 들지 않았던 체류 초기에 한번은 문 바깥쪽에 열쇠를 꽂아놓은 채 잠이 들었다. 다음 날 일어나 학교에 가려는데 열쇠가 보이지 않아 진땀을 뺐다. 일단 집주인 열쇠라도 받아서 써야겠다는 생각에 집주인에게 전화하려 휴대폰을 열었더니 지난밤 집주인으로부터 부재중 전화가 여러 통 와 있었다. 내 전화를 받자마자 집주인은 왜 전화를 안 받았냐며 아래층 이웃이 우리 집 열쇠를 가지고 있을 테니 거기 가보라고 했다.

알고 보니 지난밤 앞집 이웃이 우리 집 문 밖에 열쇠가 꽂혀 있는 것을 보고는 문을 두드리며 한참을 불렀는데 아무 대답이 없자 다른 곳에 사는 집주인에게 전화했고, 집주인은 아래층 다른 이웃에게 열쇠를 맡겨달라고 부탁한 것이었다. 부탁대로 앞집 이웃은 아래층 이웃에게 열쇠를 맡겼고, 다른 이웃들도 그 상황을 알게 되었다. 아침에 열쇠가 있는 아래층 이웃 집 문을 두드리는데, 다른 이웃이 "열쇠 찾으러 왔지? 이란(열쇠를 가지고 있던 이웃 이름) 아버지랑 시장 쪽으로 가던데 그리 가봐"라고 말해주었다. 집 근처 시장에 가봤지만 그가 없길래 시장 청년에게 물었더니 "여기 들렀다 아침 먹으러 간다며 저기 식당으로 갔어"라고 알려주었다. 결국 식당과 카페를 들러 열쇠를 가지고 있던 이란을 만났고, 이란은 열쇠 관리 잘해야 한다는 말을 수차례 되풀이하면서 열쇠를 건네주었다.

## 쿠바가 시끄러운 이유

임대해 살던 집을 바꿔볼 요량으로 민박집을 알아보고 다니던 중 괜찮은 집을 찾았다. 사방이 확 트여 있고, 멀리 말레콘 너머 바다가 보이며, 바람이 잘 통하는 집이었다. 집주인은 중국인 후손이었는데 아시아에서 온 손님이라며 더욱 친절하게 맞아주었다. 비록 계약이 성사되지는 않았지만 그 뒤로 길에서 만나면 인사 나누는 이웃이 되었다. 집주인 내외는 쿠바에 온 아시아 여성에게 쿠바를 자랑하고 싶은 마음이 컸는지 묻지 않아도 이런저런 쿠바 이야기를 들려주었다.

부인이 가장 자랑했던 것은 다름 아닌 이웃들과의 관계였다. 부족한 게 있으면 서로 빌려주고 아플 때 도와주는 것도 이웃이며, 쿠바인들은 이웃끼리 매우 잘 알고 항상 돕는다는 것이다. 대화를 나누는 사이사이 3층 집 베란다에서 지나가는 이웃들 이름을 큰 소리로 부르며 인사 나누는 모습이 그녀의 말을 믿을 수밖에 없게 했다.

한적한 해변으로 피신하지 않는 한 쿠바에서 조용한 휴식을 기대하기는 어렵다. 오래된 자동차와 오토바이가 내는 커다란 엔진 소리, 각자의 취향에 따라 틀어대는 시끄러운 음악 소리 때문이다. 거기에 하나 더 더한다면, 민박집 주인처럼 이웃들과 큰소리로 대화하고 인사하는 쿠바 사람들 때문이다.

## 이웃들 몫까지 준비하는 생일 파티

아바나 대학 스페인어 어학원 교수가 월요일 수업 시간에 학생들에게 주말을 어떻게 보냈는지 스페인어로 발표하도록 했다. 학생들의 발표를 듣고 나서 자신의 주말 이야기를 해주었는데, 생일을 맞은 가족이 있어 축하 파티를 하느라 바쁘기도 하고 즐겁기도 했다는 내용이었다. 쿠바의 생일 파티 문화가 궁금해 조금 더 자세히 얘기해달라고 하자 이야기를 이어갔다. 지인들을 초대해 준비한 음식을 먹고 마시고 춤추고 대화를 나누는 것은 한국과 비슷했다. 하나 다른 점은 생일 파티 음식을 이웃들 몫까지 준비해 함께 나누어 먹는다는 것이었다.

교수의 설명을 들으면서 한국의 이웃 관계를 생각해보았다. 층간소음으로 이웃 간에 싸움이 벌어지고 주차 문제로 살인까지 일어났다는 기사야 극단적 사례라 치고, 나의 이웃 관계는 어떠한지 회상해보았다. 가끔 지인들을 집으로 초대해 요리한 음식을 같이 먹은 적은 있지만 이웃과 나누어 먹기 위해 요리해본 적은 없었다. 같은 아파트에 10년 넘게 살다 보니 같은 라인에 사는 이웃들과는 인사를 나누는 사이가 되었다. 하지만 가끔 승강기 안에서 어색한 침묵을 견뎌야 하는 때도 있다. '처음 본 사람인데, 배달 온 사람은 아닌 것 같고, 누군가의 친구나 친척인가? 먼저 인사할까?' 갈등하며 어색한 침묵의 시간을 보내곤 했다.

## 샬롯의 거미줄, 쿠바의 주민 조직

쿠바인들은 왜 그토록 이웃끼리 서로 잘 알고 도우며 지낼까? 쿠바의 이웃 공동체는 체류 기간 관심을 가지고 지켜본 주제였다. 쿠바에 끈 끈한 이웃 공동체가 형성된 이유는 무엇일까?

첫째, 집 때문이다. 최근에는 집 매매가 가능해졌지만 2011년 이 전에는 집을 사고파는 것이 불가능하거나 매우 복잡했기 때문에 이 사하기가 어려웠다. 이사를 가지 못하니 같은 지역에 오래 살 수밖에 없고 서로를 잘 알 수밖에 없었을 것이다.

둘째, 학업과 취업을 위한 이동이 필요 없거나 불가능했기 때문이 다. 산업화 사회에서는 취업과 학업을 위한 이동이 빈번히 일어난다. 하지만 쿠바에서는 그것이 원칙적으로 금지되어 있다. 예를 들면 모 든 도에 대학이 설립되어 있고, 자신이 거주하는 지역의 대학에 입학 해야 한다. 자신이 공부하고 싶은 전공이 지역 대학에 없을 경우에만 허가를 받아 다른 지역 대학에 입학할 수 있다. 대학 졸업 후 취업도 그 지역에서 하는 경우가 많다. 상황이 이렇다 보니 인구 이동이 매 우 적고 이웃끼리 서로 잘 알고 지낼 수밖에 없다.

셋째, 남아 있는 사람들 간의 의리 때문인 듯하다. 혁명 직후 지식 층, 부유층은 대부분 미국행을 선택했다. 미국은 쿠바의 몰락을 위해 수단과 방법을 가리지 않았고 남은 사람들은 미국의 공격에 함께 맞 서야 했다. 소련의 지원으로 체제를 유지할 수 있었으나 소련 붕괴, 미국의 봉쇄 강화로 위기를 맞이했다. 혁명 이후에도 많은 쿠바인이 경제적 이유로 쿠바를 떠났고, 지금도 떠날 준비를 하는 사람들이 있 다. 어려운 순간순간 남아 있는 쿠바인들은 이웃끼리 돕는 방법을 택 했고, 그것이 지금까지 이어지고 있는 것이다.

마지막으로, 거미줄처럼 촘촘하게 주민을 묶어내는 조직들이 있기 때문이다. 혁명수호위원회와 쿠바여성연맹은 쿠바의 대표적 주민 조직이다.

## 쿠바인이면 누구나 가입하는 혁명수호위원회

1960년 9월 28일 100만이 넘는 군중 앞에서 피델 카스트로가 연설하던 도중 폭탄 터지는 소리가 들렸다. 잠시 후 두 번째 폭탄이 터졌다. 당시 쿠바는 혁명 정부가 수립된 지 1년 반이 넘었지만 여전히 반대 세력이 저항하고 있었다. 미국으로 망명한 반혁명 세력이 미국의 지원을 등에 업고 카스트로 체제를 무너뜨리기 위해 활동하던 시기였다. 집회가 있기 전 카스트로는 뉴욕에서 열린 UN 총회에 참석해 소련과의 연대를 과시하며 미국을 비판하고, 미국 흑인들과의 연대를 보여주겠다며 할렘 지역의 호텔에 묵는 등 미국을 약 올리는 행보를 보였다.

카스트로는 집회 중 폭탄이 터진 것을 계기로 '집단적 혁명 감시 체제'를 만들 필요가 있다고 선언했고, 국민들은 자발적으로 이웃 공동체 중심의 위원회를 만들기 시작했다. 이후 조직화는 전국적으로 확대되어 혁명수호위원회CDR, Comités de Defensa de la Revolución가 되었다. 혁명수호위원회는 전국적 네트워크를 갖춘 민간단체이다. 초기에는 혁명 정신과 새로운 정부의 정책이 충실히 이행되는지 확인하며 국가 안보를 위한 지역망 역할을 했다. 하지만 시간이 지나면서 지역 주민을 묶는 가장 핵심적인 조직이 되었다.

아바나는 도시 개발이 바둑판 모양으로 이루어졌다. 바둑판의 크고 작음이 차이가 있고, 약간의 곡선이 포함되어 있기도 하지만 비교적 구획이 잘 정리되어 있다. 반듯한 가로 세로 길이 교차해 만들어진 하나의 블록Cuadra이 가장 작은 단위의 혁명수호위원회이다. 혁명수호위원회 회원들은 함께 여행을 가기도 하고, 축제일이면 함께 파티를 열기도 한다. 다섯 개 내외의 혁명수호위원회가 하나의 선거구를 이룬다.

쿠바 성인 대부분이 혁명수호위원회 회원이라고 생각하면 되는데, 혁명수호위원회는 지역 주민에 대한 모든 기록을 가지고 있으며 취업이나 입학을 위해서는 혁명수호위원회의 추천서가 필요하다. 혁명수호위원회 회원들은 동네 청소를 같이 하고, 자율 방범 활동을 하기도 한다. 방범 활동에는 성인뿐 아니라 어린 학생들이 참여하기도 한다. 방범 활동에 참여한 학생이 참여 확인증을 학교에 제출하면 봉사활동으로 인정받는다. 혁명수호위원회 지역위원장은 2년마다 선출한다.

현지에서 직접 들은 바에 따르면 혁명수호위원회가 이전보다 기능이 축소되긴 했으나 명맥은 유지되고 있는 듯했다. 요즘은 중요한 직책의 공무원이 되거나 특별한 학교에 입학할 때를 제외하고는 취업과 진학에 혁명수호위원회 추천서가 꼭 필요하지는 않다고 한다. 방범 활동이나 청소 활동도 이전만큼 활발하지는 않다고 한다. 그럼에도 혁명수호위원회의 중요성에 대해서는 대부분 인정했다.

혁명수호위원회 지역위원장을 돕느라 늘 바쁜 엄마에 대해 불만을 토로하던 여대생에게 혁명수호위원회를 어떻게 생각하는지 물었더니 의외의 대답이 돌아왔다. "혁명수호위원회는 쿠바에서 가장 기본이 되는 조직이고 매우 중요해요. 왜냐하면 국민이 직접 정책을 결정

혁명수호위원회 지역위원장의 집임을 알리는 명패

할 수는 없지만 혁명수호위원회를 통해서는 말할 수 있고 결정에 영
향을 미칠 수 있기 때문이에요." 즉, 쿠바 국민은 혁명수호위원회를
통해 정책을 만드는 데 참여할 수 있다는 말이다.

　혁명수호위원회의 중요성을 강조하는 것은 그녀뿐만이 아니었다.
"매달 회원들이 모여 회의를 하는데, 우리 지역의 문제가 무엇인지
파악해 정부에 알리기 위해서죠. 예를 들어 우리 구역에 집 문제가
심각한 가구가 몇이며 그중 국가 지원이 시급한 곳은 어디인지 등을
회의를 통해 결정해요. 그리고 결정된 것은 시 단위, 도 단위, 중앙 단
위까지 보고되는 시스템이에요."

　9월 27일은 혁명수호위원회의 날인데, 구역별로 밤새 파티를 한
다. 특이하게도 이날 모든 구역 사람들이 불을 지피고 큰 솥에 돼지

고기와 각종 채소를 넣고 끓인 음식을 만들어 나누어 먹는다.

　쿠바에 오는 관광객들이 반드시 들르는 곳인 오비스포 거리에 혁명수호위원회 박물관이 있다. 오비스포 거리는 헤밍웨이가 묵었던 암모스 문도스 호텔, 그가 칵테일을 즐겨 마셨다던 바, 그 외에도 전통시장과 유명한 광장들이 가까이 있어 항상 붐비는 곳이다. 길을 가득 메운 관광객들, 호객 행위 하는 쿠바인들, 번잡한 상점과 식당 사이에 비교적 한산한 곳이 있는데, 그곳이 바로 혁명수호위원회 박물관이다. 박물관에는 혁명수호위원회 관련 자료들이 전시되어 있어 혁명수호위원회의 역사와 현황을 대략적으로나마 파악할 수 있다.

혁명수호위원회가 조직된 날을 기념하기 위한 '혁명수호위원회의 날'에는 낮부터 큰 솥에 돼지고기와 채소를 넣고 끓인 음식을 마련해 주민들이 나누어 먹으며 즐긴다. 일종의 마을 잔치인 셈이다.

오비스포 거리에 위치한 혁명수호위원회 박물관 내부

## 14세 이상 여성 90%가 회원인 쿠바여성연맹

쿠바는 라틴아메리카 지역에서 여성 운동의 전통이 오래된 국가이다. 19세기 말부터 다양한 여성 단체가 창립했고, 여성의 참정권을 쟁취하고자 투쟁했다. 여성 단체들은 20세기 초 친권법Ley de la Patria Potestad과 이혼법Ley del Divorcio 입법에 기여하기도 했다. 여성의 참정권 뿐 아니라 독재 정권 타도를 주장하고 게릴라 전투에 참여하며 매우 적극적으로 정치 활동을 벌였다. 하지만 혁명 이전에는 쿠바 여성들의 지위와 권리가 충분히 보장되지 않았다. 쿠바 역시 라틴아메리카의 가부장제인 마치스모Machismo의 예외일 수 없었다.

혁명 이후 쿠바 정부는 다양한 측면에서 여성의 삶의 조건을 개선하기 위해 노력했다. '혁명 속의 혁명Una Revolución dentro de otra revolución'

이란 이름으로 가사 노동의 사회화, 여성의 공공 영역 진출 확대, 성적 권리 보장을 위한 교육 등 다양한 노력을 지속했다. 그런 활동의 중심에는 쿠바여성연맹FMC, Federación de Mujeres Cubanas이 있었다.

초기에 쿠바여성연맹은 여성을 교육해 보건, 농업, 교육 캠페인에 자발적으로 참여시키고 더 나은 일자리를 갖게 하는 데 초점을 두었다. 성매매 여성이나 농촌 소녀들이 도시의 가사 노동 종사자로 일하는 것을 막고, 가족계획, 청소년 모성 보호 등을 위한 성교육을 실시했다.

1970년대에는 쿠바여성연맹의 정책 지향이 조금 달라져 '성평등'에 초점을 두었다. 가사에서 남성 책임을 강조하는 남성 성역할 교육, 여성의 정치적 리더십 향상, 직장에서의 여성 차별에 대한 기록 및 모니터링 등의 활동에 중점을 두었다. 2017년 방문 시 쿠바여성연맹의 비전과 계획에 대해 물었다. 미리 질문지를 건네준 것도 아니었는데 마치 미리 준비한 것처럼 막힘없이 대답해준 내용은 이러했다. 첫째, 여성 청소년들이 혁명의 가치, 사람의 가치를 알도록 하는 청소년 교육. 둘째, 마초이즘 근절을 통한 남녀평등 실현. 셋째, 남녀 간 가사 분담. 넷째, 좀 더 매력적인 홍보 전략 개발 및 홍보 활성화. 다섯째, 여성 리더 양성. 여섯째, 동성애자, 트랜스젠더, 유색인종 여성에 대한 여성 내 차별 철폐. 일곱째, 젠더 교육 활성화. 이상이 쿠바여성연맹의 향후 과제이다.

비정부기구인 쿠바여성연맹은 회원들의 회비로 활동 자금을 마련한다. 14세 이상 쿠바 여성의 90%가 쿠바여성연맹에 가입해 활동하고 있으며, 전문직 여성, 경제 활동 참여 여성뿐만 아니라 학생, 전업주부 등 쿠바 여성이면 대부분 회원으로 가입한다.

정부 지원 없이 회원들의 회비로 운영되는 조직이지만 쿠바여성연맹은 여성부의 역할을 하고 있다. 쿠바여성연맹의 부대표는 청소년·여성위원회 위원장을 맡아 정부의 모든 정책에 여성의 입장이 담길 수 있도록 하고 있다.

쿠바여성연맹 산하의 세 센터는 다양한 활동을 한다. 여성직업교육센터는 여성 지도자를 육성하고 훈련하는 일을 하며, 여성연구센터는 설문 조사 및 성인지적 통계 자료 생성, 학술적 연구를 담당한다. 여성가족지도센터는 지방에 지부를 두고 여성과 가족을 위한 공동체 교육 프로그램을 진행하는데, 부부 갈등 해결, 부모와 자녀 관계, 법률 자문 등 가정 문제에 관한 다양한 주제로 교육을 진행한다.

지역 단위에서 쿠바여성연맹은 지역 문제를 정확히 파악하고 해결하는 일을 돕는다. 예컨대 알코올 중독 문제가 심각하다고 판단되면 가족과 지역 전문가를 불러 워크숍 형식으로 치료와 예방을 위해 개입한다. 진단받은 환자가 지속적으로 치료받을 수 있도록 패밀리 닥터를 만나러 갈 때 동행하기도 한다. 사춘기 청소년들의 학교 부적응 문제가 발생하면 쿠바여성연맹이 청소년을 상담하고 학교로 돌려보내기도 하며, 문제가 있는 가족과는 대화와 상담을 통해 다양한 교육을 실시하고 필요하면 전문가와 연계해 가족 치료를 돕는다.

쿠바여성연맹이 여성의 권익 신장과 성평등에 조금 더 초점을 둔다는 차이는 있지만 혁명수호위원회와 쿠바여성연맹의 지역 사회 내에서의 역할은 비슷해 보였다. 지역 주민들은 문제가 발생하면 제일 먼저 혁명수호위원회나 쿠바여성연맹 위원을 찾아 상의한다. 이들

주민 대표는 어떤 전문가의 도움이 필요한지 판단해 의사, 사회복지사, 시의원 등과 연계해 해결점을 찾는다.

연세 지긋한 어른이 짐을 들고 가면 좀 더 젊은 누군가가 그 집까지 짐을 들어다주고 나서 자기 갈 길을 가는 모습, 휠체어를 탄 사람이 혼자 넘을 수 없는 턱 앞에 서 있으면 어느새 누군가가 와서 이동을 도와주는 모습, 교통수단을 타고 내릴 때 상대가 누구든 손 내밀어 도와주는 모습. 쿠바에서 자주 볼 수 있었던 일상적인 모습이고 그리운 장면들이다. 이웃 간의 소통과 지원은 쿠바를 지탱해주는 매우 중요한 자본 중 하나이다. 이러한 사회적 자본은 남은 자들끼리 의지하고 도와야 했던 역사적 배경, 이들을 촘촘히 묶어낸 주민 조직이 있었기 때문에 만들어질 수 있었을 것이다.

# 지역의 문제는 지역에서 해결

지역의 특성에 따라 문제를 해결하기 위해 공공 전달 체계 외에 '지역 사회의 집'이라는 기관을 설립해 운영하기도 하고, NGO가 프로젝트를 시행하기도 한다. 프로그램 운영을 위해 지역 주민 중 전문가들이 봉사를 하고 지역 주민이 참여한다. 지역 주민의 기부로 운영비 일부를 충당하기도 한다.

## 마리아나오 지역의 '지역 사회의 집'

쿠바의 '지역 사회의 집Casa Comunitaria'과 가장 유사한 한국의 기관을 찾자면 종합사회복지관일 듯하다. 지역 사회의 집은 지역 내 주택 개조, 주거 환경 개선, 청소년이나 노인이 이용할 수 있는 공공장소 마련, 교육 프로그램 실시 등의 일을 한다. 사회조사원, 건축가, 사회복지사가 팀이 되어 일하고, 이들은 지방 정부에서 급여를 받는다.

아바나 외곽에 위치한 마리아나오 지역은 노동자들이 중심이 되어 만든 마을로, 마을이 생긴 지 100년이 넘었다. 동네가 오래되다 보니 주거 환경 문제가 심각해 다른 지역보다 많은 여섯 개의 지역 사회의 집이 운영되고 있다.

지역 사회의 집의 프로그램은 지역 특성에 따라 운영하는데, 내가 방문했던 곳에서는 노인들을 위한 평생 교육 프로그램, 뜨개질, 인형 만들기, 성병 예방, 미술, 요리, 가정 폭력 예방 교육, 삶의 질에 대한 강의, 성평등 교육, 세대 간 대화법, 사회복지사 대상 교육 등 다양한 프로그램이 진행되고 있었다. 프로그램은 운영자가 기획해 운영하기도 하지만 일부는 주민들이 스스로 기획해 운영하기도 한다.

근래에 있었던 교육 중 가장 만족도가 높았던 것은 가족 간병인을 위한 교육이었다고 한다. 쿠바 역시 노인 인구가 많아지면서 노인 수발 관련 문제가 심각한 상황이다. 노인 수발을 지원하는 방문 간병인, 주간보호센터, 노인요양시설이 있지만 가족의 책임을 강조하기 때문에 이용 자격을 갖추기가 쉽지 않다. 돈을 지불하고 간병 서비스를 이용하기도 하지만 가족이 일차적 책임을 지다 보니 가족들의 수발 부담이 클 수밖에 없다. 이런 상황에서 다양한 분야의 전문가들이 가족 간병인들에게 수발 방법과 수발 스트레스 관리법 등을 소개하는 교육이 가장 만족도가 높다는 사실은 지극히 당연한 결과일지도 모른다.

마리아나오 지역 사회의 집. 이날은 한 달에 한 번 있는 생일잔치 날이었다. 생일 축하 전에 다 같이 노래를 부르고 있다.

## 니콜라스 기엔 재단의 프로젝트 토다스 라스 마노스Todas las manos

니콜라스 기엔Nicolas Guien 재단은 쿠바 최초의 NGO로 1960년대에 설립되었다. 니콜라스 기엔은 쿠바의 시인으로, 인종차별에 반대하는 내용 등의 정치·사회적 시를 많이 썼다. 니콜라스 기엔 재단은 그의 사상과 시를 널리 퍼뜨리기 위해 설립한 조직이지만 지역의 문제를 해결하기 위한 사업도 진행하고 있다. 2006년부터는 저소득층 주민이 많이 사는 팀바Timba 지역에서 아동, 청소년, 노인 문제를 해결하기 위한 프로그램을 운영하고 있다.

재단의 코디네이터로 일하고 있는 가비론도의 설명에 따르면 팀바 지역은 고령 인구가 많고, 조부모와 손자녀로만 구성된 조손가정의 비율이 높다. 알코올 중독 환자가 많고 비행 청소년이 많은 것도 팀바 지역의 특성이다. 이런 지역 특성 때문에 청소년들이 참여할 수 있는 프로그램을 많이 운영하고 있으며, 알코올 중독자들의 자조 모임인 익명의 알코올 중독자 모임AA도 운영한다.

급여를 받는 코디네이터는 한 명이며 혁명수호위원회 지역위원장, 시의원, 이용 청소년의 보호자, 쿠바여성연맹 위원 등으로 구성된 위원회와 협력하여 운영한다. 초기에는 스페인으로부터 운영비를 지원받았으나 지금은 정부 지원금 일부와 재단 지원금, 지역 주민의 후원금으로 충당하고 있다.

니콜라스 기엔 재단의 사무실 앞에서는 지역 여성들이 만든 수공예품을 전시·판매한다.

### 로메리오 지역의 카초 프로젝트

로메리오Romerillo는 쓰레기로 덮여 있던 지역이었는데, 쿠바의 예술가 카초Kacho가 그곳 일부를 주민을 위한 예술과 문화의 공간으로 탈바꿈했다. 다양한 조형 예술 작품과 사진, 그림 등이 전시되어 있고, 도서관도 운영되고 있다. 또 쿠바 국조國鳥 이름을 딴 토코로로 Tocororo 극장을 설치해 주민들이 공연장으로 이용하도록 하고 있다. 연수단이 방문했을 때에는 피델 카스트로 서거 1주년을 맞아 사진전을 진행하고 있었다.

쿠바에서는 개인 명의로 인터넷 사용권을 갖기 어려운데, 카초가 자신의 개인 인터넷 사용권을 주민들과 공유해 이곳에 방문한 주민들은 인터넷을 이용할 수 있다. 그래서인지 작품 감상보다는 인터넷을 사용하는 주민이 더 많았다.

카초 재단은 로메리오 지역 외에도 예술과 문화에서 소외된 지역을 순회하며 전시회를 열고, 허리케인 피해 지역의 집수리를 위한 프로젝트도 진행한다. 또 '아이들에게 존중을'이라는 구호를 내걸고 아동을 위한 프로젝트도 진행하고 있다. 피델 카스트로뿐 아니라 교황과 반기문 UN 사무총장도 이곳에 다녀갔다.

카초 프로젝트 사무실 맞은편 사진 전시관. 여기서도 인터넷을 사용하는 주민들을 볼 수 있다.

# 쿠바의 지도자들

억압과 착취, 불평등으로 가득했던 쿠바가 국민의 기본 생활을 보장하는 나라다운 나라로 변화할 수 있었던 비결은 무엇일까? 그 비결 중 하나는 리더십이다. 현실의 부정의를 외면했다면 편안하고 안락한 삶을 살 수 있었을 지도자들이 평등과 정의를 위해 기꺼이 자신의 삶을 내놓았다. 쿠바 역사에서 많은 지도자의 희생이 있었지만 그중 네 명의 지도자를 소개하고자 한다. 노예 해방을 선포하며 최초로 쿠바 독립 투쟁을 시작한 카를로스 마누엘 데 세스페데스Carlos Manuel de Céspedes, 쿠바의 영원한 정신적 지주 호세 마르티José Martí, 독립을 이루고 국민과의 약속을 지킨 피델 카스트로Fidel Castro, 쿠바의 게릴라 전사, 군의관이자 최고 검사, 국립은행 총재, 산업부 장관을 지낸 아르헨티나인 체 게바라Che Guevara. 이들의 공통점은 확고한 신념, 희생, 성실함, 검소함이었다.

## "모든 쿠바인이 나의 아들이다" – 카를로스 마누엘 데 세스페데스

10월 10일은 쿠바의 독립 투쟁 기념일이다. 1868년 쿠바 1차 독립 운동이 시작된 날로 세스페데스가 쿠바에서 처음으로 자신의 노예를 해방한 날이기도 하다.

세스페데스는 1819년 쿠바 동남부 바야모 지역에서 태어나 젊은 시절 유럽 여러 나라를 여행했다. 스페인에서 법학 학위를 취득했고, 프랑스 혁명 당시 유럽에 머물렀던 탓에 프랑스 혁명에 대해 알 수 있었다. 1850년대 초 쿠바에 돌아와 처음에는 사탕수수 농장과 제당

아르마스 광장의 세스페데스 동상

공장을 운영했는데, 다른 농장주와 마찬가지로 노예 소유주였다.

1868년 10월 10일 세스페데스는 자신의 노예들에게 스페인으로부터의 독립을 위해 함께 싸우자고 호소했다. "나를 따르고 싶은 사람은 나를 따르고, 남고 싶은 사람은 남아도 된다. 모두 아무런 조건 없이 해방될 것이다." 해방된 노예들은 독립 전쟁에 힘을 합했다. 세스페데스는 10월 20일 바야모를 점령하고, 12월 27일 노예제 폐지에 관한 칙령에 서명했다.

1869년 세스페데스는 쿠바의 대통령으로 임명되었지만 1873년 파면됐다. 당시에는 온전한 독립이 아니라 미국에 합병되기를 희망하는 이들도 있었다. 하지만 세스페데스는 이에 반대했는데, 그에게 독립 전쟁의 목적은 온전한 독립이었기 때문이다.[96]

부당하게 지위를 잃은 뒤 세스페데스는 외딴곳에 머물며 글을 모르는 아이들에게 읽고 쓰는 법을 가르쳤다. 그 기간 스페인 군대는 세스페데스의 아들 오스카를 인질로 잡고 세스페데스에게 스페인에 협력할 것을 강요했다. 세스페데스가 이를 거절하며 남긴 말은 매우 유명하다. "오스카만이 나의 아들이 아니다. 쿠바의 독립을 위해 죽은 모든 쿠바인이 나의 아들이다."

오거스트는 세스페데스의 독립 전쟁과 미국의 독립 전쟁을 비교 평가했다. 조지 워싱턴을 비롯한 노예 소유주들이 이끈 미국 독립 전쟁은 결국 노예제를 기반으로 한 것이었다. 하지만 쿠바의 독립 전쟁은 노예 해방과 독립을 동시에 추구했다는 점에서 의미가 크다.[97]

오늘날 쿠바인들은 세스페데스를 이렇게 평가한다. 쿠바 역사에서 가장 중요한 인물, 처음 독립 전쟁을 시작하고 노예를 해방한 인물,

부자였음에도 평등한 사회를 만들겠다는 이상을 품었던 인물. 쿠바의 자유를 위한 투쟁의 시작에는 세스페데스가 있었다.

### "교육을 통해서만 자유로울 수 있다" – 호세 마르티

쿠바 어디를 가든 가장 빈번히 볼 수 있는 것이 호세 마르티 동상이다. 호세 마르티 기념관은 아바나에서 가장 높은 건물이고, 박물관 앞에 있는 호세 마르티 동상은 쿠바에서 가장 큰 동상이다. 아바나에 있는 호세 마르티 국제공항 역시 그의 이름을 딴 것이다. 그뿐 아니라 호세 마르티 극장, 호세 마르티 초등학교도 있다. 거리 곳곳에서 그의 연설과 저서에서 발췌한 문구를 볼 수 있다.

호세 마르티는 1853년 1월 스페인 부모 밑에서 태어났다. 하지만 스페인 식민 지배에 반감이 있었고, 특히 노예에 대한 가혹한 대우와 농민에 대한 착취에 반대했다. 16세가 되던 해에 쿠바는 1차 독립 전쟁 중이었는데, 마르티는 글을 통해 독립 전쟁을 공개적으로 지지했다. 이로 인해 마르티는 1869년 체포되어 6년간의 노역형을 선고받고 채석장에서 강제 노동을 해야 했다. 그 와중에 쓴 글이 〈쿠바의 정치 감옥El presidio político en Cuba〉이다. 2년간의 감옥 생활로 건강이 악화되자 스페인 당국은 그를 스페인 유배에 처했고, 그곳에서 마르티는 〈쿠바 혁명 앞의 스페인 공화국La república española ante la Revolución cubana〉을 썼다.[98]

1874년 스페인에서 고등학교를 마치고 형기가 끝난 후 마르티는 라틴아메리카로 돌아와 멕시코, 과테말라, 베네수엘라 등 신생 독립 국가들을 여행했다. 하지만 1878년 반정부 음모로 기소되어 다

혁명광장에 가면 매우 큰 동상이 체 게바라와 카밀로 시엔푸에고스 조형물을 바라보고 있는데, 그가 바로 호세 마르티이다. 그 뒤로는 호세 마르티 기념관이 있는데 쿠바 건축물 중에서 가장 높다.

시 스페인으로 추방되었다.[99] 1880년 미국 뉴욕으로 건너갔는데, 그때는 쿠바 1차 독립 전쟁과 2차 독립 전쟁이 모두 실패로 끝난 상황이었다. 마르티는 미국에 체류하는 동안 예술과 정치 사상에 대한 많은 작품을 썼다. 또 망명 쿠바인들을 조직해 3차 독립 전쟁을 준비했는데 당시 그는 26세였다. 1892년 '쿠바혁명당'을 창당하고, 1895년 쿠바로 건너가 지지자들과 함께 3차 독립 전쟁을 시작했다.

마르티는 미국의 정치, 경제에 매우 비판적이었다. "미국이 양당제이긴 하지만 어느 당이든 정권을 장악하면 함부로 하고, 강력한 기업이 당을 통제하고 조종하기 때문에 어느 당이든 같은 부류이다." 또한 중남미 국가들에 대한 미국의 제국주의적 태도에 대해서도 경고했는데, 존 커크는 이러한 마르티의 활동을 다음과 같이 평가했다. "미국의 산업은 궁극적으로 값싼 원료 공급지와 잉여 제조 상품을 판매할 시장을 필요로 할 것이며, 라틴아메리카는 그러한 두 가지 필요를 충족할 수 있는 확실한 선택이라는 점을 호세 마르티는 잘 내다보고 있었다."[100]

마르티가 멕시코 친구 마누엘 메르카도에게 보내려던 편지에는 이런 내용이 있었다. "오늘까지 내가 했고, 앞으로 내가 할 모든 일은 쿠바의 독립을 바탕으로 미국이 라틴아메리카의 나머지 국가들로 뻗어 나가려는 시도를 막는 것이네." 전투에서 사망하기 전날 마르티는 "나는 괴물(미국) 속에서 살아오면서 그 내장을 속속들이 알고 있다. 나는 다윗의 돌팔매다"라고 썼다.

마르티는 단순히 쿠바의 독립에만 관심 있는 것이 아니었다. 제국주의가 약소국을 점령하고 착취하는 것을 막으려 했다. 그의 꿈과 계획은 원대하고 이상적이었지만 그의 죽음은 허망했다. 마르티는 1895년 5월 19일 도스 리오스Dos Ríos 전투에서 사망했다. 계획했던 스페인 부대와의 전투를 시작하기도 전에 우연히 스페인군과 마주쳤는데, 후방에 남아 있으라는 말을 듣지 않고 전쟁터로 나간 마르티는 결국 사망하고 말았다.

마르티의 주도로 일어난 독립 투쟁을 '증오 없는 전쟁Guerra sin odio' 이라고 부르는데, 이는 마르티의 연설 때문이다. "이 전쟁은 진심으로 관대해야 합니다. 사람과 재산에 대한 모든 불필요한 폭력 행위에서 벗어나야 하고, 스페인 사람을 향한 어떤 증오의 행동을 해서도 안 됩니다."

마르티는 쿠바의 독립을 직접 보지는 못했지만, 펜과 조직 능력으로 쿠바가 스페인으로부터 독립하는 데 결정적 역할을 했다. 특히 교육에 관한 그의 사상은 쿠바 교육 제도의 밑바탕을 이루는 핵심 요소가 되었다. 항상 피델 카스트로는 자신의 혁명이 마르티의 이상에서 왔다고 했다. 마르티와 카스트로의 이상에는 분명 닮은 점이 있다.

마르티에 대해 쿠바인들은 어떻게 생각할까? 젊은이들의 반응은 주로 이러했다.

"호세 마르티는 천재였던 것 같아요. 하지만 공부하고 책 쓰는 사람이지 전쟁에 어울리는 사람은 아니었어요."

"쿠바에는 온통 호세 마르티가 가득한데 왜 그런지 모르겠어요. 피델이 그의 정신을 많이 따르는 것 같아요."

"그가 매우 똑똑한 사람인 건 맞아요. 생각도 뛰어났고 저서도 많이 남겼고. 하지만 생각하는 사람이었지 행동하는 사람은 아니었어

아바나 중앙공원에 서 있는 호세 마르티 동상. 쿠바 주요 도시의 중앙공원마다 그의 전신상이 있고 공공 기관 입구에는 그의 흉상이 설치되어 있다.

요. 그리고 미국에서 지냈던 시간이 많았고, 실제 쿠바에 있었던 시간은 얼마 되지 않아요."

하지만 철학을 전공했거나 연세가 지긋하신 분들은 생각이 좀 달랐다.

"카를로스 마누엘 데 세스페데스, 호세 마르티, 체 게바라, 피델 카스트로 모두 장단점이 있어서 한 명만 고르기는 어렵지만, 굳이 골라야 한다면 호세 마르티가 가장 중요한 사람이라고 봐요. 위대한 사상가이고 쿠바에 비전을 제시한 사람이기 때문이죠."

"호세 마르티가 가장 중요해. 쿠바의 국가 정체성을 만든 사람이고, 미국에서 쿠바혁명당을 조직하기도 했어. 피델은 그의 정신을 따랐지."

"젊은 사람들은 호세 마르티의 중요성을 잘 몰라. 쿠바에서 가장 중요한 사람은 호세 마르티야."

### "나를 숭배하지 마라" – 피델 카스트로

피델 카스트로는 1926년 8월 13일 새벽 2시 쿠바 동부 지역 올긴 Holguín에서 태어났다. 산티아고 데 쿠바에서 중학 과정까지 마치고 아바나에 있는 벨렌사범고등학교를 거쳐 아바나 대학 법과대학에 입학했다. 운동과 등산을 좋아하고, 사람들과 토론하는 것을 좋아했지만 성실히 수업에 임하는 학생은 아니었다. 어려서 방학 때면 글을 모르는 하인과 농장 노동자들에게 신문을 읽어주면서 세상을 알아가고, 총 다루는 법을 배웠다.

1948년 쿠바 정치계에서 영향력이 컸던 집안의 딸 미르타 디아스 발라르트Mirtha Díaz-Balart와 결혼해 잠시 미국 맨해튼에 머물렀고, 이듬해 아들 피델 펠릭스 카스트로 디아스 발라르트Fidel Félix Castro Díaz-Balart를 낳았다.

혁명가, 정치가로서 카스트로의 첫 번째 활동은 1953년 7월 26일 산티아고 데 쿠바의 몬카다 병영 습격이었다. 병영 습격 실패 후 무장 투쟁을 계속하기 위해 산으로 들어갔지만 8월 1일 결국 군 정찰대에 체포되어 수감되었다. 석 달 뒤 카스트로에 대한 재판이 벌어졌고, 재판에서 "역사가 나를 용서할 것이다"로 마무리하는 자기 변론을 했다. 그 변론에서 카스트로는 자신이 혁명 후 이룩하고자 구상했던 사회의 개요를 밝혔다. 카스트로는 결국 15년 징역형을 선고받고 후벤투드 Juventude 섬에 있는 감옥에 수감되었다.

1년 7개월간의 수감 생활 끝에 대통령 사면을 받은 카스트로는 출옥하자마자 비밀리에 '7월 26일 운동'이라는 조직을 세우고 멕시코로 건너갔다. 그리고 1955년 7월, 카스트로와 체 게바라의 만남이 이루어졌다. 혁명에 뜻을 같이할 사람을 모으고, 돈과 무기를 구하고, 체력 훈련을 하면서 1년여 간 혁명을 준비했다. 그리고 1956년 11월 25일 그란마호를 타고 멕시코 투스판 항구를 떠나 쿠바로 향했다.

멕시코를 떠나 일주일 후 쿠바에 도착했지만 정부군의 급습으로 82명 중 15명만 살아남았다. 생존자들은 2년간의 게릴라 전투를 시작했다. 미국의 지원을 받아 최신 무기와 대규모 인력을 투입한 정부군과 15명으로 시작한 혁명군의 싸움은 다윗과 골리앗의 싸움이었다. 그리고 결국 다윗의 승리로 끝났다.

1959년 1월 1일 독재자 바티스타는 정부 금고에 남은 돈을 전부 챙겨 도미니카로 도망갔고, 혁명군은 시민들의 환영을 받으며 아바나에 입성했다. 1959년 1월 8일 카스트로는 아바나에서 혁명 성공 후 처음으로 연설을 했다. 믿기 어려운 이야기지만, 카스트로가 대통령궁의 테라스에서 연설하던 도중 인근 공원에서 하얀 비둘기 몇 마리가 날아와 그의 주변을 선회하더니 한 마리가 그의 어깨에 앉았다고 한다. 카스트로는 잠시 그 비둘기를 잡더니 공중으로 날려 보냈고, 이 장면을 지켜보던 아바나 사람들은 카스트로에게 매료되었다고 한다.[101] 1959년 당시 카스트로의 연설을 직접 들은 쿠바인이 있다면 확인하고 싶었지만 아쉽게도 그런 기회는 없었다.

혁명 정부는 신속하게 사회, 경제, 정치 제도를 개혁해 나갔다. 무상 의료, 무상 교육, 사회보장 제도, 문맹 근절 운동 등 피델 카스트로와 혁명 동지들이 꿈꾸던 사회를 현실로 만들어갔다. 2008년 라울 카스트로가 새로운 국가평의회 의장 겸 각료회의 의장으로 선출될 때까지 피델 카스트로는 48년 동안 쿠바의 지도자였다. 최장기 집권으로 기네스북에 오르기도 했다. 사회주의 국가의 최장기 집권자라는 이력만 들으면 권위적이고 강압적인 캐릭터가 그려지겠지만, 피델 카스트로의 카리스마, 영민함, 검소함, 유머 감각을 엿볼 수 있는 일화들이 많다.

쿠바에서 생산되는 설탕의 반도 사주지 않는 미국에만 의존할 수 없었던 혁명 정부는 좀 더 큰 시장을 개척하고 싶어 했다. 새로운 설탕 수입국을 찾기 위해 체 게바라와 수행원들이 아바나를 떠난 다음 날 카스트로는 미국에 쿠바 설탕 구매량을 300만 톤에서 800만 톤으로 늘려달라고 요청했다. 미국은 이를 거절했지만, 이를 계기로 쿠바가 설탕 구매자를 찾고 있음을 전 세계에 알릴 수 있었다. 그리고 1년 뒤 소련이 쿠바 설탕 전량을 세계 시장 가격보다 높은 값에 사주겠다고 약속했다. 미국은 이미 거절했던 터라 쿠바를 탓할 수 없었다. 새로운 시장을 개척하려는 계획에 따라 특사단을 소련으로 보내놓고, 미국이 거절할 것을 예측하고는 전량 구매를 요구한 것이다.[102] 쿠바 혁명 당시는 사회주의와 자본주의, 소련과 미국 사이에 긴장감이 팽팽하던 때였다. 양 진영은 쿠바가 어느 노선을 택할지 예의 주시했고, 전쟁과 폭력의 위협이 상존했다. 혁명 정부는 아직 자리 잡지 못했고, 가진 것도 없는 상황에서 그동안 막대한 영향을 미쳐온 미국의 눈치를 안 볼 수 없었다. 피델 카스트로를 영민한 전략가로 평가할 수밖에 없는 대목이다.

그의 카리스마를 엿볼 수 있는 일화도 있다. 특별시기를 거치며 쿠바는 경제난과 경제 격차가 확대되었다. 1994년 3만 명 넘는 쿠바인이 탈출을 시도했고, 처음이자 마지막 폭동이 있었다. 1만 명에 달하는 사람들이 외국인 전용 호텔을 점령하려 한다는 소식을 듣고 카스트로는 인명 피해가 없도록 경찰에게 명령하고 직접 현장으로 달려갔다. 그리고 그런 사태에 이르게 된 것이 본인의 책임이라고 인정했다. "이 사태에 대처하도록 정부는 최선을 다할 것입니다. 그래도 이 호텔을 습격하겠다면 지금 나를 쓰러뜨리고 가도 좋습니다." 잠시 적막이 흐른 뒤 "피델! 피델!" 하는 소리가 퍼져나갔고, 피델 카스트로와 국민들은 아바나 시내를 함께 행진했다.[103]

피델 카스트로의 젊은 시절 사진을 보면 늘 입에 시가를 물고 있다. '아무리 한 국가의 대표라지만 저런 장소에서 시가를 피워도 되나?' 하는 생각이 들 만큼 시도 때도 없는 시가 애호가였다. 그런 그가 담배를 끊었는데, 국민들에게 건강을 위해 운동하고 담배를 끊어야 한다고 말하면서 정작 본인은 담배를 계속 피우는 것이 적절치 않기 때문이라며 "내가 할 수 있는 마지막 희생이 담배를 끊는 것"이라고 말했다. 한편 자신은 담배를 끊었으면서 친구에게 담배를 선물하기도 했는데, 선물을 주면서 카스트로는 이렇게 말했다. "자네가 담배를 피운다면 이것을 피워도 좋네. 만일 친구가 피운다면 그에게 선물해도 좋을 거야. 그러나 이 담배 상자로 자네가 할 수 있는 가장 훌륭한 일은 자네의 적에게 선물하는 것일세."

카스트로는 평생 검소한 삶의 방식을 고수했다. 그는 군복을 입는 이유에 대해 "매일 어떤 넥타이를 맬까, 어떤 옷을 입어야 할까 고민할 필요가 없고 편하니까요"라고 답했다. 1994년 콜롬비아에서 열린 라틴아메리카 정상회의에서 주최국이 헐렁한 셔츠를 입어달라고 부탁해 그때 처음 군복이 아닌 평상복을 입고 공식 석상에 참석했다. 카스트로와 친분이 있었을 뿐만 아니라 3년에 걸쳐 100시간의 인터뷰를 하고 책을 쓴 프랑스 언론인 이냐시오 라모네는 그에 대해 이렇게 기록했다. "그는 매우 검소하고, 사치품 같은 건 눈을 씻고 봐도 없으며, 가구도 검소하기 이를 데 없다. 음식은 소탈한 건강식이고 항상 제복을 입는다. 심지어 그의 적들도 피델이 지위를 이용해 부를 쌓지 않은 몇 안 되는 국가 지도자 중 하나라는 사실을 인정한다."[104]

피델 카스트로를 추모하기 위해 혁명광장에 모인 인파. 1959년 혁명 정부 초기부터 2007년까지 최장기 집권으로 기네스북에 오른 카스트로는 "내 유산이 1달러도 안 되길 바란다"고 했고, 마지막 순간에도 "나를 숭배하지 마라"는 유언을 남겼다.

피델 카스트로는 자신을 신격화하는 것에 반대했다. 살아 있는 동안 공식적인 초상화나 동상을 만들지 않았다. 그의 이름을 딴 거리나 건물, 기념탑도 없었다. 그는 사후에도 자신이 신격화되는 것을 원치 않았다. 그가 자신의 동생 라울 카스트로에게 마지막으로 남긴 말은 "나를 숭배하지 마라"였다.

쿠바인들은 피델 카스트로를 어떻게 생각하고 있을까? "똑똑하고, 많은 것을 이루긴 했지만 그 열매를 너무 오랫동안 누렸어요"라며 그의 장기 집권을 비판하는 사람도 있었지만 대부분 피델을 긍정적으로 평가했다. 20대 후반의 사회복지사인 레이델은 "엄마 시대의 대통령과 나의 시대 대통령이 같다는 것이 아이러니하지만 그래도 피델 카스트로가 중요한 사람이라고 생각해요. 사회복지사 프로그램을 만든 사람이니까요. 저는 카스트로와 세 번이나 대화도 했어요"라고 말했다.

한 20대 여대생은 이렇게 말했다. "쿠바만을 놓고 봤을 때 가장 중요한 사람은 피델 카스트로라고 생각해요. 그는 호세 마르티의 정신을 이어받았고, 그가 생각하고 국민에게 이야기한 것을 이루어냈어요. 자신이 말한 것을 지키기 위해서 그가 사용한 방법, 전략을 보면 천재 같아요. 그의 눈동자를 보면 혁명을 느낄 수 있어요."

90세가 넘은 쿠바 경제 전문가 우가르데는 혁명 후 농지 개혁 사업을 할 때 카스트로와 함께 일했다며 그는 "미래를 사는 사람, 미래를 꿈꾸는 사람"이었다고 회상했다. 그리고 자신 역시 정신이 남아 있는 한 혁명을 지키기 위해 노력하겠다고 했다.

**"위대한 혁명은 오로지 위대한 사랑의 감정에서만 태어날 수 있다" – 체 게바라**

1928년 아르헨티나 산타페주에서 태어난 에르네스토 게바라는 어린 시절부터 앓았던 천식 때문에 치료를 위해 여러 차례 이사해야 했다. 1947년 부에노스아이레스 대학 의학부에 입학한 게바라는 스물두 살이 되던 해 혼자서 아르헨티나 내륙 지역을 오토바이로 여행했고, 2년 뒤 알베르토 그라나도와 남미 지역을 7개월간 여행했다. 이 여행을 소재로 한 영화가 〈모터사이클 다이어리〉이다. 여행에서 돌아와 의과대학을 졸업했지만 혁명을 통해서만 불평등을 해소하고 진정한 자유를 쟁취할 수 있다고 믿었던 게바라는 의사가 아닌 혁명가의 삶을 선택했다.

게바라는 잠시 과테말라에서 혁명의 꿈을 꾸었지만 미국 용병에 의해 과테말라 혁명 정부가 쓰러지는 모습을 목격하고 멕시코로 건너갔다. 그곳에서 운명적인 만남이 이루어졌다. 혁명을 꿈꾸던 스물일곱 청년 에르네스토 게바라와 스물아홉 살의 피델 카스트로가 만난 것이다. 게바라는 쿠바 혁명을 위해 군사 훈련을 받는 동안 '체 Che'라는 새로운 이름을 갖게 되었다.

쿠바 혁명 기간 체 게바라는 게릴라군의 의사였고, 총을 들고 싸우는 전사였으며, 군인과 주민을 가르치는 교사였다. 게릴라전 막바지에 게바라는 산타클라라에서 정부군이 타고 있던 열차를 탈선시킴으로써 정부군을 완전히 와해시킨 혁명 성공의 일등 공신이었다. 대부분 게바라를 의사, 혁명가로만 알고 있지만 혁명 정부에서 그는 매우 다양한 역할을 했다.

혁명 이후 게바라가 중요하면서도 가장 어려운 역할을 도맡아 했다고 해도 과언이 아니다. 혁명 정부 수립 초기 누가 봐도 좌천이라고밖에 볼 수 없는 역할이 게바라에게 주어졌다. 바티스타 독재 정권의 앞잡이들을 처벌하는 혁명 재판의 최고 검사 역할이었다. 단순 폭행을 넘어 극심한 고문과 살인을 했던 이들이 혁명 재판의 대상이었는데, 피의자들은 변호인을 선임할 수 있었으며 증인과 검사, 방청객이 참석한 상태에서 구형을 받았다. 바티스타의 앞잡이들이 저지른 잔악 행위를 경험한 쿠바인들은 구형이 너무 약하다며 저항한 반면, 해외 일각에서는 혁명 재판을 대학살이라고 비판했다. 어떤 식으로든 비판받을 수밖에 없는 자리였다. 꼭 게바라가 그 역할을 해야 했는가 하는 의문도 든다.

산타클라라의 장갑열차 기념비. 혁명군이 미국을 등에 업은 정부군을 와해시킨 결정적 계기는 산타클라라에서 정부군이 타고 있는 열차를 탈선시킨 것이었다. 그 작전을 계획하고 지휘한 사람이 바로 체 게바라였다.

그는 최고 검사직을 지내는 동시에 군대문화학교 교감직도 맡아 교육을 통해 군대의 기강을 세우고자 했다. 또한 미국의 봉쇄에도 살아남으려면 혁명 정부는 다른 국가들과의 정치적 동맹과 경제적 교류의 길을 찾아야 했는데, 중요한 해외 순방의 대표 역할도 게바라의 몫이었다. 그는 군인으로서 피나르 델 리오 지역 군사령관 역할도 겸직했다.

혁명 초기 쿠바는 경제를 현대화하고 산업화를 촉진해야 하는 어려운 과제가 있었다. 카스트로는 이번에도 게바라를 선택했다. 1959년 10월 게바라를 국가농업개혁위원회 산업부NRA 대표로, 11월에는 국립은행 총재로, 1961년 2월에는 산업부 장관으로 임명했다. 자본도 인력도 기반시설도 없는 상황에서 산업을 부흥시키는 임무는 그에게 너무 큰 짐이었다. 그는 인간의 한계를 시험하듯 치열한 삶을 살았고 스스로 모범을 보이며 최선을 다했다.

게바라가 힘든 삶을 살았던 또 다른 이유는 그의 신념 때문이었다. 게바라는 생산성 향상을 목적으로 경제적 인센티브를 도입하는 것에 "자본주의로 가는 길"이라며 반대했다. 대신 그는 도덕적 인센티브에 의해서만 진정한 사회주의를 이룰 수 있다고 믿었다. 의무를 다함으로써 느끼는 행복, 사회 속에서 자신이 중요한 존재라고 느끼는 행복이 곧 인센티브가 되어야 한다고 주장했다. 게바라는 그러한 자존감과 행복을 인센티브 삼아 기꺼이 희생할 수 있어야 한다고 강조했는데, 희생의 구체적 방법은 '자발적 노동'이라고 했다. 그는 스스로 모범을 보이기 위해 하루 14시간 이상 일하면서도 주말에는 공장, 부두, 사탕수수밭을 누비며 '자발적 노동'을 했다. 짐을 나르고 사탕수

주말에 자발적 노동을 하고 있는 체 게바라

수를 베고, 쉬는 시간에는 다른 노동자들과 물을 마시거나 시가를 피우면서 함께했다.

하지만 이런 삶이 그에게 늘 즐거움과 보람만 준 것은 아닌 듯하다. 게바라는 청년 시절 함께 오토바이 여행을 했던 친구 알베르토에게 이렇게 하소연했다. "하루 24시간 내내 완전히 두 조각 난 사람처럼 살지만 이 말을 할 사람이 아무도 없었어. 내가 이런 심정을 말한다 해도 아무도 안 믿을 거야." 이상과 현실, 욕망과 이성의 조화를 이루고자 했던 그의 치열함이 느껴지는 대목이다.

어려운 상황이었지만 혁명 정부는 기틀을 잡아가고 있었다. 하지만 게바라는 거기에 만족할 수 없었다. 그의 꿈은 사회주의 혁명의 확산이었기에 쿠바에 더 머무르는 것은 의미가 없었다. 37세가 되던 1965년 게바라는 사회주의 혁명을 지원하고자 콩고로 건너갔다. 하지만 쿠바 혁명과는 여러모로 상황이 달랐고, 7개월간의 활동 끝에 후퇴하고 잠시 탄자니아에 머물렀다. 그는 다음 활동지를 고심하다가 볼리비아를 택했다. 볼리비아는 게바라의 고국인 아르헨티나와 가까워 볼리비아에서 사회주의 혁명이 성공한다면 아르헨티나로 확산할 수 있으리라 생각했다.

1966년 게바라는 12인의 볼리비아 요원과 함께 볼리비아로 입국해 게릴라 활동을 시작했다. 하지만 볼리비아 공산당원 몬헤의 배신으로 볼리비아 현지에서 아무런 지원도 받지 못하고, 카스트로의 지원도 받을 수 없는 사면초가 상태에 빠지고 말았다. 게릴라 대원의 체포와 탈영, 미국의 볼리비아 군대 지원 등 모든 상황이 게바라에게는 악화일로였다. 1967년 10월 8일 게바라는 볼리비아 정부군과 마지막 전투를 벌였고, 다음 날 오후 1시 10분에 총살당했다. 총살 직전 지금 무엇을 생각하고 있느냐는 질문에 게바라는 "혁명의 불멸성을 생각하고 있다"라고 대답했다고 한다.

총살 후 CIA와 볼리비아 군대는 게바라의 시신을 암매장했다. 게바라의 시신 사진을 보내 그의 죽음을 쿠바에 알렸지만 시신은 돌려주지 않았다. 쿠바와 아르헨티나 조사팀이 그의 시신을 찾고자 노력했으나 볼리비아 정부의 정보 차단으로 유해 발굴이 난항을 겪었다. 하지만 당시 시신을 옮겼던 운전자의 자백으로 게바라의 주검이 묻혔을 가능성이 큰 지역이 밝혀졌다. 볼리비아 바예그란데 공항 근처를 수색해 결국 게바라의 유골을 발견했는데, 그가 사망한 지 무려 30년이 지난 뒤였다. 게바라의 유골은 아르헨티나가 아닌 쿠바에, 쿠바 중에서도 그가 게릴라전에서 큰 공을 세웠던 산타클라라에 안치되었다. 산타클라라에 설립된 체 게바라 기념관 한쪽에는 게바라를 비롯해 볼리비아 전투에 참여했던 군인들의 유해가 안치되어 있고, 다른 한쪽에는 출생부터 죽음까지 게바라의 생애를 한눈에 볼 수 있는 자료들이 전시되어 있다.

체 게바라는 39세의 젊은 나이로 생을 마감했지만 쿠바인 그리고 전 세계인에게 여전히 살아 있는 존재이다. 그에게 혁명이란 "인간의 개인적 역량을 자유롭게 하기 위한 것"이었다. 게바라의 사상과 이념에 동의하는 수많은 이들이 그를 좀 더 느끼고 알기 위해 쿠바에 방문한다. 쿠바의 초등학생들은 수업 전 조회 시간에 "체처럼 될 거야 Seremos como el Che!"라고 외치며 하루를 시작한다. 쿠바의 거리, 건물 벽, 상점 내부 어디에서나 게바라의 사진을 볼 수 있다. 게바라를 소

산타클라라에 있는 체 게바라 기념관. 출생에서 죽음까지 체 게바라의 생애를 사진과 유품을 통해 느껴볼 수 있다.

재로 한 다양한 상품도 판매한다. 티셔츠, 모자, 달력, 책, 마그네틱, 그림, 에코백, 사진 등 셀 수 없을 정도이다. 그는 죽어서도 쿠바인들을 먹여 살리는 데 한몫하고 있는 셈이다.

게바라의 삶은 위대해 보이지만 한편으로는 안타까움이 더 크다. 그가 남긴 글, 그에 대한 글을 읽다 보면 본능과 이상 사이에서 갈등하던 모습이 보인다. 사회주의 혁명은 그의 이상이고 신념이었지만 신념을 유지하기 위해 스스로를 얼마나 압박했는지 볼리비아 게릴라 활동 중의 일화를 통해 짐작해볼 수 있다. 게바라에게는 생명줄과도 같은 천식약뿐 아니라 식량과 물도 공급받을 수 없는 상황에서 그는 기절 상태로 일주일을 보냈다. 깨어나 보니 설사와 토사물이 온몸에 말라붙어 있었다. 하지만 그는 씻기를 거부했다. 게릴라군은 한 달에 한 번만 목욕해야 한다는 규칙을 지키기 위해서였다.

그래서일까? 게바라가 탄자니아에서 부인 알레이다와 보낸 6주가 '다행'으로 느껴지기까지 한다. 콩고 혁명 지원 계획이 실패하고 게바라는 잠시 탄자니아에 머물렀다. 그는 카스트로에게 부인 알레이다를 탄자니아로 보내달라고 부탁했다. 게바라의 거처를 숨겨야 했기 때문에 두 사람은 철저히 은폐된 공간에 머물러야 했다. 외부에서 보급해주는 음식을 먹으며 6주 동안 책을 읽고 토론하고 사랑을 나누며 온전히 둘만의 시간을 보냈다. 혁명가의 삶을 시작한 뒤 게바라에게는 처음이자 마지막 휴식이 아니었을까?

패밀리 닥터로 일하는 다닐로는 게바라를 가장 존경한다. "그가 의사이기 때문이 아니에요. 자신의 안정적 삶을 포기하고 계속해서 새로운 도전을 한 사람이기 때문이에요." 대학에서 스페인어를 가르치는 아니스벨 역시 게바라를 가장 존경한다. "체의 사상도 훌륭하지만 무엇보다 그는 실제 행동으로 모범을 보인 사람이었어요. 쿠바가 모국이 아님에도 목숨을 걸고 투쟁했거든요. 그 희생은 자신의 욕심과 안녕을 위한 것이 아니었어요. 쿠바 혁명 성공 후 콩고 혁명을 위해 떠난 것만 봐도 알 수 있죠."

쿠바 체류 기간에 쿠바인들을 만나면 카를로스 마누엘 데 세스페데스, 호세 마르티, 피델 카스트로, 체 게바라 중 누가 쿠바 역사에서 가장 중요한 사람이라고 생각하느냐고 묻곤 했다. 사람들은 질문을 듣는 순간 매우 난감한 표정을 지었다. 당시만 해도 생존해 있던 피델 카스트로가 포함되어 있어서 대답하기 어려운 모양이라고 혼자 짐작했다. 하지만 모두가 중요한 사람이기에 한 사람만 뽑기가 어렵다는 것이 쿠바인들의 대답이었다.

누군가를 더 중요하게 생각하는 것은 개인의 가치와 호감도에 따라 달라지는 문제이므로 얼마나 많은 사람이 누구를 더 많이 좋아하는지는 중요하지 않다. 인상 깊었던 점은 질문을 받고 대답하는 쿠바인들의 모습이었다. 일단 지도자들의 업적이나 역사적 사실을 매우 잘 알고 있었고, 자신이 왜 누구를 더 존경하는지 설명하는 데 거침이 없었다. 자유, 연대, 평등을 위해 자신을 삶을 고스란히 내준 쿠바 지도자들의 사상과 행동이 쿠바인의 머리와 가슴에 새겨져 있음을 느낄 수 있었다.

## 카밀로 시엔푸에고스

쿠바에서 가장 상징적인 장소 중 하나가 혁명광장이다. 혁명광장에 가면 정부청사 건물에 조성된 체 게바라 조형물 오른편에 밀짚모자를 쓴 남성의 조형물이 있다. 그가 바로 카밀로 시엔푸에고스Camilo Cienfuegos이다.

혁명광장에서 보이는 체 게바라(왼쪽)와 카밀로 시엔푸에고스의 대형 조형물

1932년 스페인 집안에서 태어난 시엔푸에고스는 스물한 살에 피델 카스트로와 함께 몬카다 병영을 습격했다. 이후 피델 카스트로, 체 게바라와 함께 쿠바 혁명에 참여했고, 1958년 12월 30일 야과하이 전투에서 정부군을 격파하여 게릴라군의 승리를 군히는 데 큰 역할을 했다. 훤칠한 외모에 카우보이모자를 쓴 그는 야구도 잘하고 유머 감각도 뛰어났다고 한다. 혁명 후에는 군 장성으로 복무하며 농업 개혁에도 영향을 미쳤다.

카스트로는 시엔푸에고스를 "체보다 똑똑하지는 않지만 아주 용감했죠. 훌륭하고 매우 인간적이고 과감한 대장이었습니다. 체와 카밀로는 서로 존경했고 아꼈습니다. 체가 사령관으로 임명되자 카밀로는 그의 부대에 배속되어 아주 힘든 일을 수행했죠. 무척 훌륭한 사람이었습니다"라고 평가했다.

혁명박물관 2층에 전시된 게릴라 활동 당시 체 게바라와 카밀로 시엔푸에고스를 재현한 조형물

하지만 그것도 잠시였다. 카스트로는 시엔푸에고스에게 카마궤이 Camagüey에서 반혁명 폭동을 주동한 사령관 우베르 마토스와 휘하 장교들을 체포하도록 했다. 시엔푸에고스는 명령을 수행했고, 마토스와 장교들은 아바나로 이송되어 라 카바냐 감옥에 투옥되었다. 시엔푸에고스는 카마궤이의 군령을 재정비한 다음 1959년 10월 28일 아바나행 비행기에 올랐다. 하지만 그 비행기는 아바나에 도착하지 못했고 시엔푸에고스는 27세의 나이로 생의 마침표를 찍어야 했다. 폭파된

비행기는 카리브해 어딘가로 추락했고 대대적인 수색 작업을 벌였지만 잔해를 발견하지 못했다.

체 게바라는 그의 죽음을 매우 안타까워했고, 그를 기리기 위해 알레이다와의 사이에서 태어난 아들에게 카밀로란 이름을 지어주었다. 게바라가 쿠바에서 마지막으로 지냈던 집 서재에는 책 이외에 단 두 개의 장식품만이 있었는데 그중 하나가 시엔푸에고스의 초상화였다. 현재 쿠바의 20페소 지폐에는 그의 얼굴이 그려져 있다. 지금도 10월 28일이면 쿠바인들은 시엔푸에고스의 죽음을 애도하는데, 카리브해 어딘가에 잠들어 있을 그를 추모하며 바다에 꽃을 뿌린다.

### 라 카바냐 요새

라 카바냐 요새는 모로 요새와 함께 16세기 말부터 17세기 초까지 스페인이 쿠바를 노리는 적으로부터 아바나를 방어하기 위해 해안 절벽 위에 세운 거대한 요새다. 혁명 후에는 바티스타 독재 권력의 하수인 노릇을 하며 국민을 착취한 자들, 혁명에 반대하는 자들을 투옥하고 숙청하는 곳으로 사용했다. 그 일을 담당한 최고 검사가 체 게바라였다. 체제에 반대한 마토스 일당 역시 이곳에 투옥되었다.

현재 라 카바냐는 감옥이 아니라 쿠바의 관광명소이다. 스페인 식민지 시절 포를 쏘아서 성문이 닫히는 것을 알렸는데, 매일 밤 9시면 전통 스페인 군인 복장을 한 쿠바 청년들이 그 의식을 재연한다.

해저 터널을 지나야 갈 수 있는 요새에서 바다를 사이에 두고 아바나를 바라볼 수 있는데, 화포식 관람 이후에는 아바나 야경을 즐길 수 있어 매일 관광객과 쿠바인 들로 가득하다. 피델 카스트로 타계 후 아바나의 라 카바냐와 산티아고 데 쿠바에서 동시에 화포를 쏘는 추모 행사가 있었다.

아바나 시내에서 바라본 모로 요새와 라 카바냐 요새

# 결핍을 채우는 것은 결국 사람들

토지 개혁, 배급, 사회보장 제도를 통해 국민의 기본 생활을 보장하려 했지만 그것만으로는 충분하지 않았다. 물질적 풍요 측면에서 본다면 쿠바는 매우 열악한 나라이다. 하지만 쿠바인들이 결코 불행한 국민으로 보이지 않는 것은 결국 사람들 덕분이다. 교육이나 의료, 돌봄은 재정과 하드웨어만으로 결코 충분할 수 없다. 쿠바는 충분하지 않은 그 공백을 사람이 채우도록 했고, 그 전략은 유효했다. 오늘날 신뢰, 연대성, 호혜성에 기반한 사회적 자본의 중요성이 강조되고 있는데, 쿠바는 이미 그 방법을 택했던 것이다. 개인의 이익과 편의보다는 공동체를 우선시하며 물질의 공백을 메우는 쿠바인들을 소개한다.

## 환자가 있는 곳이면 어디든 가는 쿠바 의사

쿠바가 자랑스러워하는 의료 서비스의 80% 정도가 패밀리 닥터를 통해 제공된다. 패밀리 닥터에게서 직접 업무 내용을 들어보니 그들은 한국의 의사, 사회복지사, 행정복지센터 공무원의 역할을 하는 듯했다. 환자의 질병만 치료하는 것이 아니라 생활 상담까지 한다.

지역 주민 가까이에 있는 패밀리 닥터는 환자의 질병뿐만 아니라 생활 습관, 가족 관계, 주거 환경까지도 파악하고 있다. 집의 위치를 아는 정도가 아니다. 집에 햇빛은 잘 드는지, 방은 몇 개나 되는지, 물은 잘 나오는지 등도 알고 있다. 이런 물리적인 것 외에도 가족 해체 위험은 없는지, 다른 가족 수발에 부담을 느끼고 있는지, 가족 내 갈등은 없는지 등을 파악하고 기록으로 남겨놓는다.

쿠바에 체류하는 동안 한국의 의학전문대학원 학생들이 쿠바에 실습을 왔는데, 운 좋게 그 팀에 합류해 패밀리 닥터가 환자를 치료하는 콘술토리오와 종합진료소를 견학하고, 의사들의 진료 모습도 관찰할 수 있었다.

환자가 진료실에 들어서면 의사는 환자의 이름을 부르며 인사를 나눈다. 진료 기록지에 환자 이름을 자연스럽게 써 내려가고, 간혹 나이가 명확하지 않으면 확인하고 적는다. "올해 77세이시던가 78세이시던가?" 환자의 질병에 대해서만이 아니라 아들에게 연락은 자주 오는지, 배우자와 화해는 했는지, 아침 운동에 잘 참석하고 있는지, 베개 위에 다리를 올리고 자라는 지침을 잘 지키고 있는지 등등을 묻는다. 물론 이사 온 지 얼마 안 된 주민에 대해서는 그렇게까지 소상히 알지 못하기도 하지만 대부분 환자에 대해 매우 잘 알고 있었다.

관할 지역 내 임산부가 몇인지, 그중 청소년 임산부가 어떤 상태인지, 에이즈 환자가 몇인지, 지난 1년간 자살한 사람이 몇인지에 대해서도 잘 알고 있었다. 물론 참관했던 콘술토리오의 패밀리 닥터가 그 지역에서 20년 넘게 일했기 때문에 가능한 것일지도 모른다.

쿠바에서 의사는 이웃이기도 하다. 쿠바에서는 전공하고자 하는 학과가 거주 지역 대학에 개설되어 있지 않은 경우를 제외하고는 지역 내 대학에 입학해야 한다. 전국에 25개의 의과대학이 있기 때문에 의학을 전공하고 싶은 학생은 자신이 사는 지역에서 의과대학을 다닌다. 실습도 그 지역 병원으로 나간다. 의대 졸업 후 의무적으로 해야 하는 사회봉사 기간에는 농촌 지역이나 섬으로 가기도 하지만, 그 이후에는 자신이 살던 지역의 병원에 배치되어 일한다. 그리고 한번 배치된 병원에서 계속 진료하는 경우가 많아 환자와 오랫동안 관계를 유지하면서 환자에 대해 속속들이 알게 된다.

한참 동안 노인 환자에게 식생활과 운동에 대해 조언하는 모습을 지켜본 뒤에 그렇게 교육하면 환자가 지시를 잘 따르는지 물었다. "그러면 얼마나 좋겠어요. 대부분 잘 따르긴 하지만 생활 습관을 바꾸는 게 쉽지 않죠. 그럴 때는 가족이나 이웃에게 연락해요. 콜레스테롤 수치가 많이 높아졌으니 채소를 많이 드실 수 있게 준비해줘야 한다, 아침에 운동 나갈 때 앞집 누구 꼭 데리고 함께 가라, 이런 식으로 주변 사람들에게 연락하면 대부분 많이 따르는 편이에요."

하루는 왕진에 동행할 기회가 있었다. 환자 집에 들어선 의사는 우리 일행을 환자에게 소개하더니 마치 자기 집처럼 앉을 곳을 안내하고 무엇을 마실지 물었다. 부엌에 직접 들어가 음료를 일행에게 나눠주고는 환자와 나란히 흔들의자에 앉아 대화를 나누었다. 간간이 팔을 쓰다듬으며 환자의 말을 경청하는 모습이 마치 사이좋은 모자처럼 보였다. 쿠바 의사의 왕진은 환자의 집에 국한되지 않는다. 담당 환자가 산모의 집에 입소해 있거나 주간보호센터를 이용하고 있으면 그곳으로 가서 건강 상태를 확인하기도 한다.

하루는 진료 시간이 지났는데도 패밀리 닥터가 출근하지 않아 내심 '그 역시 지나치게 느긋한 쿠바 사람이군' 하고 생각하고 있었는데 그가 나타났다. "아침에 환자가 집 문이 열리지 않는다고 도와달라고 전화해서 거기 들렀다 오느라 조금 늦었어요. 미안해요." 환자

패밀리 닥터 다닐로의 왕진 모습. 혈압과 맥박 등을 확인하고 환자의 건강뿐 아니라 생활 전반에 대해 대화하는 모습이 의사와 환자의 관계라기보다 모자지간처럼 보였다.

집 문까지 고쳐주는 의사라니, 꼭 의사여서가 아니라 이웃이어서일 수도 있겠지만 아직도 믿어지지 않아 혹시 그가 어설픈 변명을 한 것은 아닐까 하는 의심마저 든다.

의사로서 어려운 점을 물었더니 좀 더 나은 의료 설비가 있었으면 하는 바람과 해외 미션을 나가는 의사들이 늘어나면서 국내에 남은 의사들의 부담이 커지고 있다는 점을 토로했다. "하지만 옆집 청소하느라 우리 집 청소를 안 할 수는 없잖아요. 그리고 쿠바는 연대를 중요시하니까요." 청진기 하나를 간호사와 의사가 함께 써야 하는 열악한 물리적 환경에도 불구하고 쿠바 국민이 자국의 의료 서비스에 자부심을 느끼는 것은 의사들의 이런 헌신 때문이 아닐까?

### '영혼의 의사' 사회복지사

쿠바에서는 사회복지사를 '트라바하도르 소시알Trabajador social'이라고 부르는데, 직역하면 '사회적 노동자'라는 말이다. 쿠바의 사회복지사는 크게 노동·사회보장부 소속 사회복지사와 보건부 소속 사회복지사로 나뉜다.

1960년대부터 활동해온 보건부 사회복지사는 병원, 산모의 집, 주간보호센터, 요양원, 장애인 시설, 보육원 등에서 근무한다. 노동·사회보장부 사회복지사는 한국의 시·구청이나 행정복지센터에 소속되어 관할 지역에서 주민을 만나고 지원하는 일을 한다. 하지만 초기에는 지역 사회복지사들이 지금과는 조금 다른 역할을 했다.

2000년에 관료주의, 부정부패 척결을 선포한 피델 카스트로는 이를 위해 특별 인력을 양성하기로 했는데, 그 인력이 바로 '트라바하

23번가 람파 거리에 위치한 쿠바 보건부

도르 소시알', 즉 사회복지사였다. 전국에 네 곳의 사회복지사 학교를 설립하고, 이곳에서 1년간의 교육을 수료한 뒤 대학 과정(정치학, 사회학, 심리학, 법학, 교육학 등) 이수와 업무 수행을 병행하도록 했다. 대학 과정은 물론 무료이고, 일에 대한 급여도 따로 지급되었다.

이때 양성된 사회복지사들은 국가 차원의 주요 프로젝트를 수행했다. 초기에는 주로 전국 차원의 조사에 투입되었는데, 보육 시설이 아동을 제대로 돌보고 있는지, 지역에 체중 미달 아동은 없는지, 장애인이나 독거 노인의 생활 실태는 어떠한지, 수감자 가족이 어떻게 생활하고 있는지 등 지역 사회 내 지원이 필요한 사람들을 조사했다. 이후 2006년 '에너지 혁명 운동'이 시작되면서 오남용되거나 뒤로 빼돌리는 석유는 없는지 감시하는 역할을 했고, 가구마다 에너지 효율이 낮은 가전제품을 조사해 새로운 제품으로 교체해주는 역할을 하기도 했다. 이후에는 일자리에 대한 조사를 실시해 국영사업 중 자영업으로 전환 가능한 일을 조사해 보고했는데, 이를 기반으로 쿠바 정부는 자영업을 허용하는 법안을 마련했다. 국가 차원의 프로젝트를 하면서 국민과 정부를 연결해주는 사회복지사를 피델 카스트로는 '영혼의 의사Médico de alma'라고 부르곤 했다.

이 시기에 사회복지사가 된 레이델과 로베르토를 만나보았다. 레이델은 아바나 플라야 구청에 소속된 지역 사회복지사이다. 내 질문에 법령 번호까지 언급하며 거침없이 대답하는 그의 당당함과 자부심이 인상 깊었다. 레이델은 피델 카스트로가 사회복지사 양성을 위해 2000년에 설립한 네 학교 중 산티아고 데 쿠바 지역의 학교에 입학해 1년 과정을 수료했다. 이후 대학에서 심리학을 전공하면서 산티

파란 유니폼을 입은 사회복지사들. 쿠바인들은 사회복지사를 '파란 유니폼을 입고 집마다 방문해 필요한 것을 조사하고 지원해주는 사람'이라고 설명했다. 하지만 2011년 노동·사회보장부 소속이 되면서 파란 유니폼은 사라졌다.

아고 데 쿠바에서 사회복지사 일을 시작했다.

하지만 2006년 사회정화 운동에 사회복지사들이 참여하면서 쿠바 정부는 사회복지사의 근무지를 교체했다. 자기가 살던 지역에서는 객관적 감시자 역할을 할 수 없다고 판단했기 때문이다. 그때 그는 아바나로 이주해 친척 집에 머물면서 사회복지사 일을 했다. 산티아고 데 쿠바는 가난하기는 하지만 사람들이 친절하고 좋았는데, 아바나는 분위기가 시골 같지 않아 힘들었다며 지난날을 회상했다. 하지만 지금은 플라야의 사회복지부 대표로 근무하고 있고, 정부가 그의 공로를 인정해 집을 한 채 주었다며 매우 기뻐했다.

그가 사회복지사로 일하던 초기에 강조되던 두 가지 신조는 "숫자에 연연하지 마라"와 "문제에 다가가라"였다. 몇 명을 지원했느냐가 중요한 것이 아니라 얼마나 어떻게 지원했는지가 중요하며, 어려움에 처한 사람이 도움을 요청하기를 기다리지 말고 먼저 다가가라는 뜻이다. 그는 이를 항상 염두에 두고 일했다.

사회 문제에 따른 위원회에 소속되어 일하던 지역 사회복지사들이 노동·사회보장부 소속으로 변경되면서 구조 조정이 있었다. 사회복지사가 너무 많이 배출되었다고 판단한 정부는 사회복지사 학교를 폐쇄해 더는 사회복지사를 배출하지 않았고, 기존의 사회복지사들에게 이직을 권고했다. 사회복지사들은 자신의 희망에 따라 경찰, 교사, 문화 전문가 등으로 이직했다. 이전에는 급여도 다른 직업보다

플라야 구청의 사회복지사들. 왼쪽에서 세 번째 금발 여성이 엘바 코레르 미하레스 구청장이고, 앞줄 중앙에 앉아 있는 남성이 사회복지부 대표 레이델이다.

많았고 복리후생도 좋았지만 정부 부처에 편성되면서 오히려 급여가 삭감되고 다양한 혜택도 없어졌기 때문이다. 하지만 레이델은 이직하지 않았다. 그에게 왜 사회복지사 일을 계속하느냐고 물었다. "사회복지사 일을 배웠기 때문이에요. 좋은 스승이 참 많았어요. 한 사람이 봉착한 문제를 해결하기 위해서 어떻게 해야 하는지 열심히 배웠고, 이제는 그 배움을 실천하고 있는 거예요. 사람이 살아가는 데 가장 중요한 것이 사람과의 관계인데, 사회복지사만큼 그걸 잘 해나갈 수 있는 직업은 없다고 생각해요."

그동안 사회복지사 일을 하면서 가장 기억에 남는 경험은 무엇인지 물었다. "2007년 기적의 안과 수술 프로그램에 참여했을 때예요. 제가 돌본 아이는 우루과이 아이였는데 여섯 살 때 사고로 실명했대요. 수술을 받으러 쿠바에 왔을 때는 열한 살이었는데 엄마가 건강이 좋지 않아 같이 올 수 없는 상황이었어요. 그래서 제가 아이의 보호자 역할까지 해야 했어요. 치료받는 기간 내내 모든 측면에서 도와줘야 했죠. 치료가 끝나고 안대를 푸는 순간에 의사가 제일 먼저 누가 보고 싶냐고 물었는데, 아이는 엄마보다 제가 더 보고 싶다고 대답했어요. 안대를 풀고 너무 좋아서 함께 눈물을 흘렸어요. 의사는 수술한 눈에 좋지 않으니 그만 울어야 한다고 했지만 기뻐서 계속 울던 모습이 기억에 남아요. 그 아이와는 지금도 계속 연락하고 있어요."

로베르토는 2005년에 사회복지사 양성 교육을 받고 2006년에 대학을 다니면서 사회복지사 일을 시작했다. 사회복지사가 되기 위해 어떤 교육을 받았는지 묻자 그는 "교육받을 때 가장 중요하게 다룬 것은 민감성과 휴머니즘"이었다고 대답했다.

로베르토가 사회복지사 일을 시작할 당시 에너지 혁명 운동이 일어났다. 로베르토는 각 가정에 필요한 물건을 나눠주며 가족의 상태를 파악하는 일을 했다. 그는 당시 활동을 설명하며 "쿠바는 항상 혁명 중이에요. 피델 카스트로의 혁명만 있는 게 아니라 문맹 퇴치 혁명, 에너지 혁명 등 쿠바는 변화가 필요하면 혁명을 하는 곳이죠"라고 덧붙였다.

사회복지사로서 그의 주 업무는 가정 방문이었고, 주로 지역 사회에 머물며 도움이 필요한 사람을 발굴해 정부에 보고하는 역할을 했다. 로베르토는 사회복지사를 "가족과 정부의 다리 역할을 하는 사람"이라고 했다. 도움이 필요한 사람을 어떻게 발굴하는지 묻자 사무실에도 출근하지만 주로 지역 사회에서 일하기 때문에 사람들을 만나다 보면 알 수 있다고 답했다. 어려움에 처한 사람의 이웃, 교사, 경찰, 의사가 사회복지사에게 알려주기도 한다. 그렇다면 그들은 또 어떻게 도움이 필요한 사람을 아는지 궁금해졌다. "그게 쿠바죠. 쿠바는 서로를 너무 잘 알거든요."

로베르토는 주로 아동 관련 일을 했다. "6세까지는 주로 아이의 건강과 발육 상태를 살펴봐요. 그리고 집 환경이 어떤지 보죠. 그런 다음 기관과 연결해서 필요한 것을 제공받을 수 있도록 해요. 입학 후에는 아이들이 학교에 적응을 잘하는지 살피고 방학 계획을 함께 짜기도 해요. 가족에게 문제가 있거나 아이에게 질병이 있으면 방학 동안 숙소를 얻어 그곳에서 음식을 제공하고, 치료하고, 필요하면 보장구도 마련해줘요. 한번은 전동 휠체어가 필요한 아이가 있었는데 쿠바에서 구하기가 너무 힘들어 네덜란드 NGO와 연계해 전동 휠체어를 마련해주었어요. 아이도 저도 정말 기뻐했죠."

　로베르토는 2011년 구조 조정 당시 이직해 지금은 문화 전문가로 일하고 있다. 90여 분간의 인터뷰를 마치며 그가 마지막으로 한 말은 "지금은 문화 전문가로 일하고 있지만 사회복지는 항상 나의 심장 안에 있어요"였다.

## 주민을 위해 무급 봉사하는 시의원

앞서 선거 제도에서 설명했듯이 쿠바의 시의원은 주민들의 추천과 직접·비밀 투표를 통해 선출한다. 임기는 2년 반인데, 시의회 의장이나 부의장이 아니면 직장 생활을 하면서 무급으로 일한다. 시의원은 정기적으로 주민들을 만나 어떤 문제가 있는지 듣고, 문제 해결 방법을 함께 상의하며, 필요한 정부 지원을 파악해 정부에 지원을 요청한다. 또한 정기적으로 지역 주민들에게 그간의 진행 상황을 보고해야 한다. 어떤 문제가 해결되었는지, 해결되지 않은 문제가 있다면 그 원인은 무엇이고 어떤 상태인지 보고한다. 주민 대상 의정 보고인 셈이다.

　지금은 아바나 베다도 지역에서 민박집을 운영하고 있는 호엘은 2009년부터 2년 반 동안 디에스 데 옥투브레Diez de Octubre 지역에서 시의원으로 일했다. "이웃이 저를 추천했어요. 우리 선거구에는 네 명의 후보가 나왔고, 후보자 사진과 약력을 소개하는 벽보가 게시되었죠. 그중 제가 가장 많은 표를 받아 선출되었어요. 시의원 활동을 한다고 해서 급여나 수당은 전혀 없어요. 직장 생활 하면서 시의원 활동도 하는 거죠. 선출이 확정되면 당선증을 주는데 그걸 회사에 제출하면 직장 생활과 시의원 일을 병행할 수 있도록 시간을 배려해줘요." 선거 과정에서 자신을 뽑아달라고 부탁하며 돈이나 선물을 주진 않았는지 묻자 호엘은 대체 왜 그런 걸 줘야 하느냐며 의아해했다.

급여도 없는데 과연 시의원들이 열심히 일을 할까? "사람마다 다르긴 하겠지만, 추천받을 당시 자신의 의견을 밝힐 기회가 있기 때문에 추천을 수락했다는 것은 곧 시의원 활동에 어느 정도 관심이 있다는 의미예요. 그래서 대부분 열심히 일해요. 만약 어떤 시의원이 할 일을 제대로 하지 않는다면 그건 주민들 잘못이라고 봐요. 주민들이 잘못 뽑은 거니까요."

그의 시의원 시절 이야기가 궁금했다. "주민들 이야기를 많이 들으려고 노력했어요. 주민들에게 활동을 보고하는 공식 모임도 있지만 저는 매주 수요일 8시부터 12시까지 따로 시간을 내서 주민들과 대화를 나누었어요." 쿠바 시의원들의 주된 역할은 주민들의 불편 사항을 수렴해 지방정부 사무실(무니시피오)에 보고하고 해결하는 것이다. "동네 가로등이나 길에 문제가 없는지, 위험한 건물은 없는지, 정부가 제공하는 서비스에 문제가 없는지 등등을 확인해 지방정부 사무실에 보고해요. 바로 해결할 수 있는 문제도 있지만 그렇지 않은 경우에는 문제가 해결되지 못한 이유가 무엇인지, 왜 문제 해결에 진전이 없는지를 주민들에게 알려줘요. 문제가 해결될 때까지 주민들에게 보고하면서 관리하는 거죠. 하지만 시의원과 무니시피오 단위에서 해결할 수 없는 문제가 많아요." 특히 주민들이 가장 어려움을 호소하는 것이 주거 문제인데, 쿠바에서는 집수리를 위한 재료를 구하기가 쉽지 않아서 도움을 줄 수 없는 것이 제일 안타까웠다고 했다.

기회가 된다면 다시 시의원을 할 의향이 있는지 물었다. 호엘은 잠시 망설이더니 하고 싶지 않다고 대답했다. "시의원 일은 매우 좋은 일이죠. 이웃을 도울 수 있고 사회 문제를 예방하고 문제 상황에 개입하기 때문에 의미 있는 일이에요. 하지만…" 남편의 망설임을 옆에서 지켜보던 부인이 나섰다. "이 사람은 원래 남 돕는 일을 좋아하는 사람이에요. 남편이 다시 시의원을 하겠다면 저도 적극 지지하고 도울 거예요. 남편이 지금 저를 많이 도와주고 있으니 남편이 시의원 일을 한다면 저도 당연히 도와야죠." 부인의 이야기를 듣고 호엘이 마지막으로 남긴 말은 "제가 꼭 필요하다면 다시 할 수 있을 것 같아요"였다.

2017년 쿠바에 방문했을 때 마침 도착 다음 날이 기초 시의원을 뽑는 날이어서 쿠바인들이 투표하는 모습을 직접 볼 수 있었다. 그리고 며칠 후 혁명수호위원회 모임에 갔을 때 사흘 전 선출된 26세 시의원 다이스를 만날 수 있었다. 엔지니어인 그녀는 임기 동안 젊은 층이 지역 문제에 관심을 가지고 참여하는 지역으로 만들어가겠다는 포부를 밝혔다. 26세의 신임 시의원 옆에 앉아 있던 더 앳된 여성은 이번 선거에서 선거관리위원으로 일했던 마리엘레나였는데, 그녀의 나이는 18세였다.

자리를 함께한 지역 주민 20여 명은 연령층이 매우 다양했다. 다양한 연령대와 세대가 모여 의견을 조율하는 것이 가능한지 질문하자 그중 나이 지긋한 주민이 이렇게 대답했다. "그 질문에 대한 답은 없다고 봐요. 꼭 나이 때문이 아니라 사안마다 의견이 다를 수 있으니까 다 같이 참여해서 상의하는 수밖에 없어요. 어쨌든 단결하는 것이

2017년 11월 기초의원 선거에서 선거관리위원으로 활동한 18세의 마리엘레나(맨 왼쪽)와 새로 시의원으로 선출된 26세의 다이스(왼쪽에서 두 번째)

가장 중요한 겁니다."

### 의료사회복지사 야리아드나

주민과 밀착된 1차 의료 시스템은 쿠바의 자랑이다. 가까운 곳에 진료소가 있고, 진료소에 가면 이미 환자를 소상히 알고 있는 패밀리닥터가 있다. 또 환자가 진료소에 가기 힘들면 의사가 환자 집으로왕진을 온다. 여기서 그치지 않는다. 의료 서비스 외에 필요한 물품지원, 타 기관 서비스 연계 등을 돕는 사람이 있는데, 바로 의료사회복지사이다. 이들은 쿠바의 1차 의료 시스템이 작동하는 데 중요한역할을 한다.

한국의 의학전문대학원 학생들과 쿠바 의료기관을 방문하던 중 병원에 사회복지사가 근무하고 있다는 이야기를 듣고는 종합진료소(폴리클리니코) 3층에 있는 사회복지사 사무실을 찾았다. 24세의 의료사회복지사 야리아드나가 나를 맞아주었다. 야리아드나는 고등학교 졸업 후 쿠바에서 가장 오랜 역사를 자랑하는 빅토리아 히론 의과대학에 입학했다. 쿠바는 의대에 간호사, 사회복지사 과정이 개설되어 있으며, 전공에 따라 이수 기간이 다르다. 야리아드나는 2년간 사회복지, 심리학, 정신건강, 조사연구 방법, 역사, 스페인어, 영어, 정치 등의 교과목을 이수했다. 총 4학기 중 3학기 동안은 일주일에 이틀간 실습 교육을 받고, 마지막 학기에는 실습 교육만 받았다. 실습은 종합진료소, 종합병원의 모든 병동, 노인요양원, 주간보호센터 등에서 이루어진다. 시험 문제는 사례를 주면 상담을 진행하고 개입 계획을 짜는 것이다. 2년간의 교육을 이수한 후 야리아드나는 베다도 지역 종합진료소에 배치되었다. 쌍둥이 여동생도 같은 학교에서 같은 전공을 마치고, 지금은 다른 지역 종합진료소에서 의료사회복지사로 일하고 있다.

종합진료소의 의료사회복지사들은 모든 환자를 돌보지만 특히 노인, 임산부, 유아에 집중한다. 노인 환자에게는 휠체어, 특수 침대, 위생 의자, 기저귀, 대소변기 등 필요한 용품을 대여하거나 지급하는 일을 한다. 상담과 방문 중에 주거 환경이 열악하거나 경제적으로 어려운 사람을 발견하면 노동·사회보장부 소속 지역 사회복지사에게 의뢰해 주거 환경을 개선하거나 물품을 지원받을 수 있도록 한다. 반대로 지역 사회복지사가 집에서 생활하기 어려운 주민을 발견하면 의료사회복지사에게 의뢰하고, 의료사회복지사는 주민의 신체적·정신적 건강 상태를 점검할 수 있도록 의사에게 연계한다.

의료사회복지사는 오전에는 주로 사무실에서 상담을 하고 오후에는 가정 방문을 한다. 도움이 필요한 가정에 방문하기도 하지만 좀 더 정확한 정보를 얻기 위해 그 동네 혁명수호위원회 위원, 쿠바여성연맹 위원, 이웃을 방문해 정보를 수집한다. 야리아드나는 쿠바에는 자원이 많지 않기 때문에 꼭 필요한 사람에게 지급하는 것이 매우 중요하므로 방문 조사가 중요하다고 강조했다.

일하는 과정에서 주로 누구와 협력하는지 질문하자 거의 모든 전문가와 협력한다고 한다. "환자의 질환에 따라 전문의들과 상의해야 하고 심리상담사와도 상의해야 해요. 지역 주민들을 만나 정보를 듣는 것도 중요하죠. 하지만 누구보다 노동·사회보장부 소속 지역 사회복지사와 정보를 교환하고 서로 의뢰하면서 가장 많이 협력해요."

의료사회복지사로 일하면서 가장 인상 깊었던 사례를 소개해달라고 부탁했다. "딸아이와 둘이 사는 여성이었는데 유방암에 걸려 치료받고 있었어요. 치료를 받다 보니 아이를 혼자 돌보는 것이 어려웠죠. 그런데 그것을 빌미로 이혼한 남편이 아이를 데려갈까 봐 매우 불안해했어요. 아이와 함께 살고 싶다며 도움을 요청해서 지역 사회복지사와 연계하여 도움을 줄 수 있는 사람을 그 집에 파견해 양육을 돕도록 했어요. 지금은 완쾌해서 아이와 잘 살고 있답니다."

야리아드나의 대학 동기 중에는 사회복지사 일을 그만둔 경우가 많다고 한다. 그녀에게 사회복지사 일을 계속하는 이유를 물었다. "처음에는 저도 그만두고 싶다고 생각했어요. 하지만 시간이 지나면서 제가 하고 있는 일이 얼마나 중요한 일인지 알게 됐어요. 문제 당사자는 자신의 문제를 객관적으로 볼 수가 없어요. 전문가로서 문제 상황을 객관적으로 판단해 해결해나가는 과정이 좋아요."

혹시 자녀에게도 사회복지사 일을 추천할 의향이 있는지 묻자 "왜 반대해요? 이 일이 어려운 일은 아니에요. 누군가를 돕는 직업이라 사람들이 고마워하고, 다른 전문가들도 잘 협조해주기 때문에 보람 있는 일이라고 생각해요"라며 미소 지었다. 같은 종합진료소에서 근무하는 간호사 넬사에게 병원에 왜 사회복지사가 필요한지 물었다. "병원에 오는 환자들은 사회적 문제가 있는 경우가 많아요. 그런 문제를 해결하기 위해서는 사회복지사가 반드시 필요해요." 사회복지사와 타 분야 전문가 간 신뢰와 협업을 엿볼 수 있는 대목이었다.

베다도 지역 종합진료소에서 의료사회복지사로 일하고 있는 야리아드나

## 노인주간보호센터장 마이라

쿠바에 체류하는 한국인에게 쿠바의 사회복지사를 만나고 싶다고 했더니 자기 집 근처에 시설이 하나 있는데 아침마다 노인들이 그곳에서 운동한다고 했다. 설명을 들어보니 노인주간보호센터(카사 데 아부엘로스)인 듯했다. 일단 그곳을 찾아가 보기로 했다. 하지만 정식 방문허가증 없이는 외국인이 들어갈 수 없는 시설이라 그녀의 쿠바 친구가 동행해주기로 했다. 장모님이 그곳 서비스를 이용하기 위해 신청해놓고 대기하는 중이라며 그 시설에 대해 설명해주었다. 음료수 두 박스를 사 들고 찾아가 시설 책임자를 만나고 싶다고 했더니 사무실로 안내해주었다. 사무실 사람들은 방문허가증도 없이 찾아온 동양인 여성을 보고는 의아한 표정을 지었다. 서투른 스페인어로 나는 한국에서 온 사회복지사인데 쿠바의 사회복지사에 대해 알고 싶다고 하자 32년 차 경력의 사회복지사 마이라가 환한 표정으로 반갑게 맞아주었다.

마이라는 전문대학에서 3년간 공부한 뒤 1984년부터 지금 일하는 시설에서 일해왔다. 일하는 동안 의과대학에 다시 입학해 5년간 사회 및 직업재활을 공부했다. 그녀가 일을 시작할 당시에는 장애아동을 위한 시설이었지만 최근에 노인주간보호센터로 기능이 변경되었다. 쿠바의 저출산, 고령화 대응책의 일환이었다. 그녀는 노인들의 상태를 파악하고 개입하는 것도 중요하지만 가족 관계를 파악하고 가족 문제에도 함께 개입하는 것이 중요하다고 여러 번 강조했다.

시설 정원은 70명인데, 1층에서는 비교적 신체와 정신 기능이 좋은 노인들이 활동한다. 노래, 춤, 미술 프로그램 등이 진행되는데, 어르신들의 노래를 듣고 싶다고 하자 화음을 넣어가며 멋지게 한 곡 불러주셨다. 2층에는 치매 증상이 있는 노인들이 한 방에 네 명씩 배정되어 있고, 간호조무사 한 명이 노인 네 명을 돌본다. 시설에서는 하루 세 끼 식사와 두 번의 간식, 각종 여가 프로그램을 제공한다.

다른 사회복지 시설은 감소 추세인데 유독 쿠바의 노인주간보호센터인 카사 데 아부엘로스만 증가 추이를 보이고 있다. "노인이 많아지고 있지만 젊은 가족들이 이들을 돌보기 어려운 상황이에요. 가족 내에서 결정권이 없어지고 소외되는 등의 문제가 많이 발생하고 있어요. 노인들의 고독과 소외 문제를 해결하기 위해서는 이런 시설이 매우 중요해요. 정책적으로 시설을 늘리고 있지만 아직도 공급보다 수요가 많은 상황이에요."

인상 깊은 사례를 소개해달라고 하자 긴 이야기를 들려주었다. "그 아이의 이름은 베로니카예요. 세 살 때 버려졌죠. 팔과 다리 근육이 제 기능을 하지 못해 혼자서 움직일 수 없었지만 정신적·지적 능력은 문제없는 아이였어요. 네 살 때 전문가 팀이 이 아이를 종합 진단했는데 학습 능력이나 지능은 오히려 보통 아이들보다 더 뛰어났어요. 시청, 교육청과 협력해 그 아이를 일반 학교에 입학시켰는데, 아이들끼리는 별문제 없이 지냈지만 학부모들의 거부로 학교에 다니기 어렵게 되었어요. 하지만 시설에서 다닐 수 있는 또 다른 학교가 마땅치 않아서 다른 시설에서 일하던 선생님이 그 아이를 4년간 가르쳤어요. 더 이상 그 선생님에게 받을 수 있는 교육이 없어서 다시 교육청에 베로니카를 위한 특수 교사를 시설에 파견해주도록 요청했어요. 당시에는 정신장애 없이 신체장애만 있는 아동을 돌보고 교육할 수 있는 시설이 없었는데, 베로니카의 사례가 도청까지 보고되었고 파나마와 연계한 프로젝트의 일환으로 기숙사에서 생활하며 중학교 교육을 마칠 수 있었어요. 고등학교에 진학하고 싶었지만 역시 갈 수 있는 방법이 없었어요. 시설 주변에 학교가 없어서 시각장애아동의 이동을 위한 차량을 이용해 다른 지역에 있는 학교에 다닐 수 있게 했어요. 대학에서는 법학을 전공해 4등으로 졸업하고, 지금은 시청에서 변호사로 일하고 있어요. 졸업할 때 살 집과 돌봐줄 사람을 국가에 요청해서 지금은 독립해 살고 있어요. 비장애인 남자 친구도 있고, 당당하게 사회적 역할을 하면서 살고 있어요."

경제적 어려움에도 불구하고 어떻게 다양한 사회복지 제도가 유지될 수 있는지 물었다. "쿠바 경제가 어려운 건 사실이지만 쿠바는 국민의 기본 생활을 보장해주겠다는 의지가 강해요. 부족한 부분은 다른 국가로부터 후원받고요. 후원을 확보하는 것도 사회복지사의 역할이에요. 저도 캐나다, 이탈리아 등에서 후원을 받아 일한 적이 있어요."

마이라는 노인 인구가 증가하면서 쿠바에도 노인 학대 문제가 발생하기 시작했다며 다른 나라에서는 어떻게 대응하고 있는지 알고 싶어 했다. 정년이 10년도 남지 않았지만 이 분야를 더 공부하고 싶어서 석사 과정에 입학할 계획이란다. 혹시 참고할 만한 자료가 있으면 보내달라면서 메일 주소를 적어주던 그녀의 모습이 지금도 생생하다.

30년간 장애아동보호시설에서 일했고 최근에는 노인주간보호센터장으로 일하고 있는 마이라

## 사회조사원 메르세데스

좀 더 많은 지원이 필요한 지역에는 '지역 사회의 집'을 설치해 운영하기도 하는데, 그곳에서는 사회조사원, 건축가, 사회복지사가 팀을 이루어 일한다. 메르세데스는 지역 사회의 집의 사회조사원Investigador social으로 11년째 일하고 있다. 지역 사회에 무슨 문제가 있는지 조사를 통해 진단을 내리고 해결할 계획을 세운 후 실행하고 평가하는 일이 그녀의 업무이다.

1977년 대학에 입학한 메르세데스는 1학년 때 앙골라에 파견되어 자원봉사 활동을 했다. 졸업 후 철학 교사로 일했고, 이후 시의원, 국회의원 등 정치인으로 활동하다가 건강상의 문제로 정치를 그만두고 고향으로 돌아와 사회조사원으로 일하고 있다.

지역을 위해 일하는 과정에서 가장 보람된 순간을 묻자 너무 많아서 하나만 꼽을 수가 없다면서 이야기를 시작했다. 메르세데스는 동네에 가로등이 없어 밤에 너무 깜깜했는데 가로등을 설치해 동네가 환해지는 모습을 봤을 때, 동네 길을 다닐 때 아이들이 "선생님! 선생님!" 하며 인사할 때 보람을 느낀다고 했다.

　이어서 좀 더 긴 이야기를 들려주었다. "한 여성이 전화를 걸어 자신의 힘든 상황을 토로했어요. 남편에게 다른 여자가 생겨 헤어질 수밖에 없는데, 살고 있는 집이 남편 소유여서 이혼하면 오갈 데가 없다는 거예요. 하루하루가 너무 힘들다고 했어요. 그래서 그 여성이 교육을 받을 수 있도록 했어요. 교육을 이수하고 취업까지 하게 되었고요. 그러는 사이 사랑하는 사람도 만나고, 지금은 행복하게 살고 있어요."

　이야기가 마무리되는가 싶었는데 또 다른 이야기가 이어졌다. "우리 지역은 노동자들이 중심이 되어 만든 오래된 동네예요. 마을 형성 100주년이 되는 해를 기념하려고 이탈리아와 협력해 마을에 대한 다큐멘터리를 제작했어요. 그렇게 제작한 다큐멘터리를 아바나에서 제일 큰 찰리 채플린 극장에서 상영했어요. 동네 공터에서도 상영했는데 동네 할아버지, 할머니가 자신이 화면에 나오는 모습을 보면서 즐거워하던 때가 기억에 남아요."

　최근 지역의 이슈는 무엇인지 묻자 노인 학대 문제를 언급했다. 메르세데스는 노인이 많아지고 주택 부족 문제까지 맞물려 나타나는 현상이라며 설명을 이어갔다. 쿠바는 집이 부족해 조부모 소유의 집에서 삼대가 함께 사는 일이 많은데, 젊은 세대가 조부모 집을 마음대로 바꾸고 자신들이 방을 차지한 채 조부모를 거실에서 지내게 하는 경우가 있다면서 이는 노인에 대한 정서적 학대이자 경제적 학대라고 했다. 그녀의 설명을 듣고 한국의 노인 학대 현황과 대응에 대해 이야기해주자 쿠바는 아직 그렇게까지 심각한 상황은 아니지만 앞으로 문제가 증가할 것 같다며 걱정했다.

국회의원까지 하다가 지역으로 돌아와 이렇게 작은 기관에서 일하는 것이 놀랍다고 하니 내가 살고 있는 지역을 더 좋게 만드는 일이고, 내가 할 수 있는 일이 있는데 안 할 이유가 무엇이겠느냐고 대답했다. 우문현답이었다.

## 협업할 줄 아는 쿠바인, 협업이 만드는 시너지

의사, 사회복지사, 시의원, 교사 등이 개인의 부와 이익보다는 주민과 학생을 돌보고 돕는 일을 우선시하는 것도 인상적이었지만 더 흥미로운 점은 이들이 서로 상의하며 돕는다는 점이었다. 전문가 간 협업뿐 아니라 지역 주민과 긴밀한 관계를 맺으며 지역의 문제를 해결해간다.

학교 적응에 어려움을 겪는 학생이 있으면 사회복지사, 심리학자, 병리학자, 언어치료사, 교사 등으로 구성된 CDOCentro de Diagnóstico y Orientación가 함께 학생의 문제를 진단하고 돕는다. 지역 사회복지사들은 자신의 관리 구역 주민들의 요구를 파악해 직접 개입하기도 하지만 필요한 자원을 연계하는 역할을 한다. 그러는 과정에서 다양한 협의와 협력이 이루어진다.

먼저 매주 수요일에는 주민들과의 만남을 통해 주민들의 요구를 파악한다. 이웃 중 어려움이 있는 사람이 누구이고 어떤 도움이 필요한지에 대한 정보를 얻는 것이다. 매주 화요일과 금요일에는 사회복지사들끼리 병원이나 학교에 모여 업무에 대해 상의하고 의견을 나눈다. 월초에는 사회복지사가 주축이 되어 의사, 간호사, 심리학자, 정신의학자 등이 참석하는 사례 회의를 진행하는데, 주로 행동 문제가 있는 아동, 임산부, 노인, 장애인 등에 대한 사례를 다룬다. 그리고 6개월마다 컨퍼런스를 개최하는데, 이때는 심리학자, 사회학자, 노동·사회보장부 직원, 의료인, 보건부 사회복지사 등이 참석한다. 이런 다양한 모임을 통해 주민, 동료 사회복지사, 타 분야 전문가와 협력해 지역의 문제를 해결해 나간다.

노인주간보호센터에서 일하는 다이아는 정부 보조금이 충분치 않다며 나름의 해결 방법을 이야기했다. "무니시피오에서 보조금이 나오는데 충분치는 않아요. 특히 시설 유지보수비가 부족하고 프로그램 재료비가 부족해요. 그럴 때는 이웃들에게 도움을 받아요. 예컨대 뜨개질 재료가 부족하다고 하니 이용자 가족들이 재료를 후원해줬어요. 시설 옆 빵집에서는 정기적으로 빵을 후원해주고, 이 화분은 근처 꽃가게에서 준 거예요. 옆집에 전기공이 사는데 문제가 생길 때마다 와서 고쳐줘요."

지역 사회의 집에서 교육 프로그램을 운영하려면 다양한 전문가가 필요한데, 전문가들은 자원봉사 형태로 참여한다. 의사, 예술가, 교사 들의 자원봉사 참여를 이끌어내는 것이 어렵지 않느냐고 물으니 조금 의아한 표정으로 "전문가들이 지역 사회에서 봉사를 하면 그들에게도 이득이 되기 때문에 어렵지 않아요"라고 대답했다. 의사나 교사가 치료를 잘하고 교육을 잘하려면 환자나 학생에 대해 잘 알아야 하는데 자원봉사를 하면 지역 주민에 대해 정보를 많이 얻을 수 있다는 것이다. 그리고 쿠바에서는 전문가들이 지역 기관에서 자원봉사를 하는 것이 당연한 일이라고 한다.

물질적으로 부족해도 쿠바인들의 삶이 궁핍해 보이지 않는 것은 사람에 대한 관심과 서로에 대한 배려와 도움이 촘촘히 엮여 이루어낸 신뢰와 연대 때문이다. 서로 돕는 것을 당연시하는 쿠바인들의 생각과 태도는 빼앗아갈 수도, 고갈시킬 수도 없는 쿠바의 위대한 유산이다.

# 너무 많이 관여하는 쿠바 교사들

영화 〈품행〉의 포스터

2015년 쿠바현대영화제를 통해 한국에 소개된 쿠바 영화 〈품행 Conducta〉(2014)은 '찰라'라는 초등학생이 주인공이다. 찰라는 약물 중독자 엄마를 대신해 생계를 책임지고, 엄마의 보호자 역할을 한다. 비둘기와 불법 투견에 출전시킬 개를 키워 돈을 벌고, 가끔 투견에 돈을 걸기도 한다. 찰라에게는 두 명의 담임 선생님이 있다. 은퇴할 시기가 10년이나 지났지만 학생들을 가르치고 있는 카밀라 선생님, 그리고 카밀라 선생님이 심근경색으로 휴직한 사이 새로 부임한 담임 선생님 마르타.

계속해서 크고 작은 말썽을 일으키고 불법 투견을 하는 찰라는 학교의 문제아이다. 그리고 같은 반에는 동부 지역 올긴에서 정부 허가 없이 수도 아바나로 이사 온 불법 체류자 예니가 있다. 두 아이를 대하는 두 선생님의 태도는 사뭇 다르다.

카밀라 선생님은 학생이 원하는 것, 다소 원칙에 어긋나더라도 그들의 자유의지를 가장 중요시한다. 문제를 일으켜 재교육학교를 간 찰라를 무단으로 데리고 나오면서 카밀라 선생님은 이렇게 말한다. "그곳에선 더 나아질 게 없고, 오로지 낙인만 남을 뿐이야." 카밀라 선생님은 예니가 불법 이주한 것을 알면서도 등록시켜 학교에 다니게 한다. 그리고 학생 본인뿐만 아니라 아이에게 영향을 주는 모든 것에 관여한다. 신참 교사인 마르타에게 선생으로서 직면해야 하는 네 가지는 가정, 학교, 엄함, 애착이라고 말한다.

반면 마르타 선생님에게는 원칙 준수가 중요하다. 학생의 의지보다는 전문가의 판단을 따르는 것이 학생을 위한 방법이라고 생각한다. 그리고 학생에게 지나치게 관여하는 것은 바람직하지 않다고 본다. 전문가의 판단에 따라 찰라를 재교육학교에 보내는 것이 곧 찰라를 위한 일이라고 생각하고, 예니도 자신의 고향으로 돌아가게 하는 것이 옳다고 생각한다. 카밀라 선생님에게 "선생님은 너무 많이 관여하세요"라고 말하는 마르타이지만 예니 아버지가 경찰서에 잡혀간 사실을 알고는 곧바로 경찰서로 가서 석방을 돕는다.

인상 깊은 장면은 학생의 문제를 다루기 위해 다양한 전문가들이 협의하는 모습이다. 정해진 결론에 형식적으로 동의하는 것이 아니라 갑론을박 치열한 토론을 벌인다. 찰라를 재교육학교로 보내는 결정을 두고 학교 선생님들, 사회복지사, 심리상담사, 경찰의 의견서를 검토한다. 문제가 발생하면 외부에 노출되지 않도록 쉬쉬하고, 물밑 합의를 하거나 문제 당사자를 전학시켜버리는 것으로 재빨리 일단락하려는 한국 학교와는 다르다.

또 하나 인상 깊은 점은 단지 지식만 전달하는 것이 아니라 학생 삶 전반을 파악하고 지원하려는 선생님의 모습이다. 가정 방문을 하고, 학생을 자기 집에 재우기도 하고, 학생에게 나쁜 영향을 미친 이웃을 찾아가 경고하기도 한다. "그 아이를 위해서 어제 무엇을 했죠? 그 아이의 삶에 대해 얼마나 알죠? 내가 범죄자로 보고 싶으면 그 아이는 범죄자가 되는 거예요. 그 아이는 강해요" 등 카밀라 선생님의 대사는 오랫동안 기억에 남을 듯하다.

유치원, 초등학교, 중학교, 고등학교를 방문할 때마다 선생님들이 얼마나 자주 학생들 가정에 방문하고, 부모와 소통하는지 물었다. 초등학교 2학년 담임 선생님은 한 달에 한 번 부모 모임이 있고, 매주 금요일 오후는 부모와의 상담을 위해 시간을 비워놓는다고 했다. 그리고 9월에는 모든 학생의 집을 방문하고 어려움이 있는 학생 집은 수시로 방문한다고 했다. 게다가 쿠바에서는 부모가 아이를 학교에 데려다주고 데려가기 때문에 수시로 만난다고 덧붙였다.

페드로 도밍고 무리오 초등학교 5학년 학생은 한 달에 한 번 정도 선생님이 집으로 찾아와서 부모님과 이야기를 나눈다고 대답했다. 베다도 고등학교 교장 선생님은 쿠바 교사들은 항상 학생 가족과 상의하며 학생을 지도하고, 거의 매달 학부모를 만난다고 말했다. 같은 학교에서 평교사로 40년을 일했다는 선생님은 "저는 다시 태어나도 교사를 할 겁니다"라고 말했다. 그러자 옆에 있던 교장 선생님은 "학생이 교사를 학교에 머물게 합니다"라고 덧붙였다.

영화 속 카밀라 선생님의 모습이 일반적인 쿠바 교사의 모습은 아닐지도 모른다. 하지만 쿠바 교사의 역할은 지식 전달이나 학교 내에서의 생활 지도보다 훨씬 광범위하며, 그런 자신의 역할에 교사들이 보람을 느끼고 있음을 확인할 수 있었다.

대부분 집 근처에 학교가 있지만 혼자서 등교하는 초등학생은 찾아보기 어렵다. 엄마, 아빠, 할아버지, 할머니, 누구든 보호자가 아이를 학교까지 데려다준다.

# 4
# 다양성과
# 공존의
# 나라

사회주의 국가인 줄 알았던 쿠바에서 자영업자를 쉽게 볼 수 있었다. 혁명의 아이콘 피델 카스트로는 아디다스 저지를 입고 공산당 대회에서 연설했다. 한국에 대해 아는 사람이 거의 없을 줄 알았는데 이민호를 좋아한다는 쿠바 여성을 많이 만났다. 섬나라 쿠바에 가면 바닷가재와 생선을 원 없이 먹을 줄 알았는데 해산물은 암시장에서 사야 했다. 자유분방해 보이는 쿠바인이지만 항상 연대가 가장 중요하다고 말한다. 공산주의와 자본주의의 조화, 개인주의와 집단주의의 조화, 자유와 평등의 조화 등 쿠바 사회는 생각보다 다양한 요소가 조화를 이루어 작동하고 있는 듯했다.

# 쿠바의 자본주의, 부작용 많은 치료제

쿠바 혁명 정부는 정부 수립 초기 소련보다도 엄격한 공산주의 경제 모델을 표방했다. 국립은행 총재와 산업부 장관을 지낸 체 게바라의 영향이었다. 게바라가 사라진 후 1970년대에 자본주의 요소가 유입된 소련 모델에 기초한 계획 경제를 시행했고, 소련을 위시한 동구권 국가와의 교역으로 쿠바의 경제는 유지될 수 있었다. 하지만 소련의 붕괴로 쿠바 경제는 큰 타격을 입었고 자구책을 마련해야 했다. 생산성 향상과 외화 확보를 위해 자본주의 경제 요소를 도입했다. 자본주의식 소유권을 인정하고, 자영업을 허가하여 민간 경제 육성을 꾀했으며, 해외 자본의 유입을 위해 관광업을 활성화했다. 쿠바 정부가 치료제로 택한 자본주의의 득과 실은 무엇일까?

## 자본주의라는 치료제의 효과

자본주의적 요소를 인정한 경제 개혁의 성과는 외국 자본의 투자로 인한 산업 발달과 외화 유입의 증가이다. 쿠바 정부는 외국 기업의 투자를 확대하기 위해 2014년 '신 외국인 투자법'을 공포했다. 이 법은 외국인들이 투자를 꺼리게 만든 기존 조항을 삭제해 외국인 투자를 확대하고자 했다. 예컨대 이전에는 외국인이 설립한 회사에 대해 전적인 소유권을 인정하지 않고 쿠바 정부와 외국 기업이 51 대 49로 지분을 분할해야 하는 조건이 있어서 사실상 합작 형태로만 회사 설립이 가능했다. 하지만 개정된 법은 100% 외국인 소유를 허용하고 사업 승인 절차 간소화, 조세 감면 혜택, 이익금의 해외 송금 허용 등의 내용을 담았다. 쿠바 정부는 법 개정과 더불어 외국인 투자 유치를 위한 인프라 구축에도 적극적으로 나섰다. 외국인 투자, 기술 혁신 및 산업 집중을 통해 쿠바 경제 성장의 허브 기능을 하도록 마리엘 경제특구를 구축했다.

이러한 쿠바 정부의 노력으로 현재 쿠바에는 스페인(195개사), 파나마(44개사), 이탈리아(40개사), 캐나다(40개사), 멕시코(34개사), 중국(41개사), 프랑스(19개사), 독일(21개사) 등 58개국 650개 기업이 진출해 있다.[105] 이러한 외국 투자를 통해 쿠바의 산업을 발전시키고, 수입해야 했던 물품을 국내에서 생산하며, 일자리를 창출하는 일거삼득의 효과를 꾀할 수 있었다.

관광업 활성화를 통한 외화 획득도 큰 성과 중 하나이다. 쿠바는 아직 개발되지 않아 본연의 아름다움을 간직하고 있는 자연, 유네스코 세계문화유산으로 등재된 지역들, 이국적 음악과 춤 등 다양한 관광 자원을 보유한 나라이다. 외국인 관광객 유치를 위해 문을 개방하자 정말로 전 세계 사람들이 쿠바로 몰려왔고 그 수는 계속 증가하고 있다. 2014년에는 쿠바 방문자 수가 300만을 넘었고, 2015년에는 350만을 넘어섰다.

**쿠바 방문 외국인 현황**

단위: 명

| 구분 | 2011 | 2012 | 2013 | 2014 | 2015 |
|------|------|------|------|------|------|
| 전체 방문자 수 | 2,531,745 | 2,716,317 | 2,838,607 | 3,002,745 | 3,524,779 |
| 관광객 | 2,668,004 | 2,814,541 | 2,828,983 | 2,969,825 | 3,490,710 |
| 연수자 | 28,313 | 24,066 | 23,589 | 32,920 | 34,069 |

자료: 쿠바 통계청

한국인 관광객도 꾸준히 증가하고 있는데, 2015년 쿠바를 방문한 한국인 관광객은 7,567명이었다.[106] 외국인 관광객으로 인한 수입이 2010년에는 22억 달러, 2014년에는 28억 달러, 2015년에는 31억 달러에 달했다.[107]

오바마 정부의 경제 제재 완화로 가능해진 쿠바와 미국 간 민간 항공 운영에 대한 협정으로 하루에 최대 110편의 민간 항공 노선 운항이 가능해지면서 쿠바를 찾는 미국인이 늘어났다.[108] 하지만 앞으로의 양상은 좀 더 지켜봐야 할 듯하다. 트럼프 대통령이 쿠바 군부와 연관된 관광업체와의 금융 거래를 제한하고 개인 여행을 제한하는 등의 제재를 복원하겠다고 2017년 6월 발표했기 때문이다.[109]

쿠바 정부는 해외로부터의 송금 제한도 완화했는데, 해외 송금을 통한 외화 유입은 쿠바 경제에 매우 큰 비중을 차지한다. KOTRA

의 2016년 자료에 따르면 해외 송금으로 쿠바에 유입된 외화는 약 28억 달러로 쿠바의 관광 수입과 맞먹는 수준이다.[110] 이뿐만 아니라 350억 달러 상당의 현물이 외국으로부터 유입되고 있다.

자영업이 차지하는 비율은 꾸준히 증가해 쿠바 경제 활동 참여자 중 약 34%가 자영업에 종사하고 있다(2015년 기준). 고소득을 올리는 업종은 관광객을 위한 숙박 및 요식업인데, 자영업자의 외화 수입은 쿠바 정부의 수입원이기도 하다.

자본주의 요소를 도입하면서 쿠바 정부가 산업을 발달시키고 외화를 획득하는 효과를 본 것은 분명한 사실이다. 하지만 자본주의라는 치료제가 낳은 부작용도 상당하다.

## 커지는 소득 격차

자본주의라는 치료제 덕에 쿠바 정부는 무상 교육, 무상 의료 같은 자국민을 위한 정책을 유지할 수 있었다. 하지만 물질만능주의, 소비주의, 불평등이 확산하고 있어 '평등을 유지하기 위한 불평등 조장'이라는 모순적 상황에 놓여 있다.

1989년 이전에는 월급을 가장 많이 받는 사람과 가장 적게 받는 사람의 소득 차이가 5 대 1 수준이었으나 2001년에는 1만 2,500 대 1로 격차가 엄청나게 벌어졌다.[111] 1990년대 전반에 경제적 어려움이 급속히 증가하면서 국가의 분배 능력이 감소했고, 이는 사회 서비스의 질적 저하로 이어졌다. 노동자의 실질 임금이 감소하고 도시 빈민이 급속히 증가하여 전체 인구의 20%에 달했다. 1980년대까지 0.24로 매우 낮았던 쿠바의 지니계수는 2000년 0.38까지 증가했다.[112]

쿠바 정부는 2005년 격차 해소를 위한 조치로 최저임금을 100세우페에서 225세우페로 올리고, 월평균 임금을 203세우페에서 398세우페로 인상했다. 또 최소연금과 사회지원금을 164세우페와 122세우페로 인상했지만 격차를 해소하기에는 턱없이 부족한 액수였다.[113]

자영업 종사자가 증가하면서 소득 격차는 점점 더 커지고 있다. 쿠바의 경제 전문가는 커가는 소득 격차에 대해 이렇게 말했다. "쿠바에서 불평등이 심각해지고 있다는 것은 인정할 수밖에 없는 사실입니다. 약 30%를 차지하는 민간 자영업자들은 공공 영역에서 일하는 사람들보다 돈을 더 많이 벌 수 있습니다. 하지만 쿠바 정부는 그들에게 세금을 더 많이 걷어 사회보장 제도를 유지하려고 합니다. 쿠바에서 불평등이 커지고 있는 것은 사실이지만 대자본이 형성되는 일은 없을 것입니다. 공평한 조세 정책을 위해 앞으로 단속이 더 강화될 것입니다."

하지만 강력한 조세 정책으로 민간 자영업자의 소득 일부를 일반 국민의 사회보장 비용으로 어느 정도 순환시킬 수는 있어도 불평등의 정도를 완화하기는 어려워 보인다. 쿠바인들이 택할 수 있는 방법은 쿠바에 머물면서 달러나 태환 페소를 벌 방법을 찾거나 외화를 벌 수 있는 외국으로 떠나는 것이다.

## 떠나는 쿠바인들

쿠바인들이 경제적 이유로 대규모로 쿠바를 떠난 때가 세 차례 있었다. 첫 번째 대이동은 혁명 정부 수립 직후 농지 개혁법과 도시 개혁법 등을 기초로 일정 기준 이상의 재산과 사업체를 국유화하는 과정에서 일어났다. 조만간 혁명 정부가 전복될 것을 기대하고 많은 자본가가 처분할 수 있는 재산을 모두 현금화해서 미국으로 향했다. 그리고 비교적 안정된 삶을 누리던 의사, 기술자, 교수 등의 전문가들도 미국행을 택했다. 이들은 마이애미 쿠바인 혹은 쿠바 이민 1세대로 불린다. 이들은 피델 카스트로 정부의 사회주의 노선에 반대해 이민했다지만 결국 그 속내는 더 많이 가진 사람이 자신의 재산과 소유를 나누기 싫어서 떠난 것이라고 볼 수 있다. 이때 떠난 사람이 약 20여만 명이다.[114]

미국의 이민 정책은 쿠바인들의 쿠바 탈출을 부추기는 요인이었다. 1966년 제정된 미국의 '쿠바 난민 적응법'은 공식 비자 없이 미국에 입국하는 쿠바인에게 바로 난민 지위를 부여하고 다른 나라 불법 이민자와 달리 특혜를 주는 내용을 담고 있다. 어떤 방법으로든 미국에 입국하면 쿠바인은 주택 무상 제공, 취업 등 여러 혜택을 누릴 수 있었기에 많은 쿠바인이 불법적인 탈출을 감행했다. 피그스만 공습과 피델 카스트로 암살에도 가담했던 호세 바술토는 '구출을 위한 형제들Brothers to the Rescue'이라는 조직을 만들어 뗏목을 타고 탈출하는 쿠바인들을 미국에 데려다주었다.

두 번째 대규모 이동은 1980년 4월부터 약 6개월간 일어났다. 12만 명이 넘는 쿠바인이 해상을 통해 쿠바를 떠난 '마리엘 보트리프트 The Mariel Boatlift 사건'의 내막은 이러하다. 1980년 4월 1일 젊은이 다섯이 버스를 몰고 페루 대사관 문을 부수고 들어가 정치적 망명을 요구했다. 이 과정에서 대사관저를 지키던 쿠바 경비원 한 명이 사망했다. 화가 난 피델 카스트로는 페루 대사관 사망 사건을 재판하겠다며 다섯 청년을 인도할 것을 요구했는데, 페루 대사관이 이를 거절하자 대사관 주변의 경비원을 철수시켰다. 이 소문이 쿠바 전국에 퍼지자 며칠 사이 1만 명 넘는 인파가 페루 대사관으로 몰려왔다. 대사관 건물 안은 물론이고 마당에 사람이 서 있을 자리조차 없자 사람들은 나무와 지붕 위로 올라갔다. 뒤늦게 사태의 심각성을 알아차린 쿠바 정부는 경찰을 동원해 대사관 건물을 포위했다.

하지만 카스트로는 측근들도 전혀 예상하지 못한 결정을 내렸다. 쿠바 북서쪽 끝에 있는 마리엘 항구를 개방할 테니 쿠바를 떠나고 싶은 사람은 떠나라고 한 것이다. 소식을 들은 쿠바계 미국인들은 미국 전역에서 마이애미와 키웨스트로 몰려와 요트와 보트를 빌려 그들의 친지를 탈출시키려고 마리엘 항구로 향했다. 쿠바 전역에서 사람들이 마리엘 항구로 모여들었다. 그해 9월까지 12만 5,000명이 마이애미와 키웨스트로 향하는 보트를 탔다.

세계가 지켜보는 가운데 보트 탈출이 이어지자 쿠바의 보안 책임자와 내무장관은 적어도 200만 명이 쿠바를 탈출하려 한다고 카스트로에게 보고했다. 화가 난 카스트로는 감옥에 있는 죄수와 정신병원에 수용된 환자들을 마리엘 항구로 보내라고 지시했다. 그것이 카스트로가 미국에 할 수 있는 유일한 복수였을 것이다. 미국 이민 당국은 그때 들어온 12만 5,000명 중 2,700여 명을 범죄인으로 분류해 시민권 부여를 거부하고 격리 수용했다.

세 번째 대규모 이동은 1994년에 일어났다. 1994년은 소련 붕괴로 지원이 끊긴 특별시기 중에서도 최악의 상황이었다. 당시 쿠바를 탈출하려는 사람들이 배를 빼앗고 훔치는 와중에 30명 넘게 사망하는 사건이 발생했다. 8월 11일 카스트로는 쿠바를 떠나려는 사람을 막지 않겠다고 선언했고, 많은 쿠바인이 미국행을 택했다. 하지만 그들을 모두 감당하기 어렵다고 판단한 미국은 결국 8월 18일 정식 허가 없이 입국하는 쿠바인을 받아들일 수 없다고 발표했다. 이로 인해 불법적으로 미국행을 택한 사람들은 쿠바 내 미국령인 관타나모 기지로 보내졌는데 그 수가 5만 명에 달했고 그들을 보호하는 데 하루 100만 달러에 달하는 비용이 발생했다.[115] 물론 그 비용은 고스란히 미국의 몫이었다.

이후 미국은 1995년 일명 '젖은 발, 마른 발 정책Wet-foot, dry-foot policy'이라는 이민 정책을 발표했다. 어떤 식으로든 미국 영토에 도착한 사람은 특혜를 받을 수 있지만 해상에서 붙잡히면 본국으로 소환한다는 것이 정책의 주요 골자였다. 이 정책은 쿠바인의 불법 이민을 조장한 측면이 있다.

오바마 대통령 집권 말기 쿠바와 미국 간 국교가 정상화되면 불법으로 미국에 유입된 쿠바인에 대한 특혜가 사라질 것이라는 소문이 돌았다. 어떻게든 그 전에 미국 영토에 들어가겠다는 생각으로 스스로 독을 먹거나 바다에 투신하고 자해까지 하면서 미국 상륙을 시도하는 쿠바인들도 있었다. 오바마 대통령이 직접 나서서 이민 정책이 유지될 것이라고 홍보하기까지 했지만 미국행 물결은 계속 이어졌다. 2015년 미국 경비대가 단속한 쿠바 이민자는 무려 30만 4,473명이었다.[116]

해상을 통해 미국으로 직접 입국하는 사람들도 있지만 중남미를 경유해 미국 입국을 시도하는 사람들도 있다. 이들은 대개 중남미 국가에서 불법 체류자 신분이고, 일부는 인신매매와 성 착취 상황에 노출되어 있다. 2016년 중남미 9개국 외교부 장관들은 이러한 문제의 근본적 원인이 불법 이민을 조장하는 미국 이민법에 있다며 미국 국무부 장관에게 이민법 개선을 촉구하는 서한을 보냈다.[117]

쿠바인이 택하는 합법적 이민 방법 중 하나는 국제결혼이다. 대학에서 스페인어를 가르치던 30대 초반 교수는 쿠바에 여행 온 열세 살 연상의 유럽 여성과 만난 지 3개월 만에 혼인신고를 했다. 그의 아내는 유럽으로 귀국했고, 그는 이민을 위한 행정 절차를 5개월에 걸쳐 마치고 아내 곁으로 떠났다. 항공료 등 최소한의 비용을 마련하기 위해 한동안 일을 세 개나 해야 했다. 대학에서 스페인어를 가르치는 일 외에 빵집 배달 일과 과외를 하느라 바쁜 와중에도 이민 수속을 위해 뛰어다녀야 했다.

아바나의 야경을 보며 아름답다고 말하던 내게 그는 독백처럼 말했다. "아바나는 사람이 생존하기에 너무 매서운 도시야. 사람의 에너지를 다 빨아들이는 것 같아." 그의 말을 듣노라니 결혼의 목적이 사랑이었는지 출국이었는지 궁금해졌다. 그리고 세 달 뒤 또 다른 교수가 보이지 않았다. 그 역시 외국인 부인 곁으로 떠난 것이다.

## 사랑인지 거래인지 모호한 경계

해외에 나가 있는 가족이나 친척이 송금을 해주지 않는 이상 쿠바인이 국내에서 태환 페소를 획득하려면 외국인과 접촉하는 수밖에 없다. 외국 회사에 취업하든, 외국인을 상대하는 자영업에 종사하든, 외국인을 접할 수 있는 여행사나 식당, 호텔에 취업하든, 혹은 외국인을 친구나 애인으로 두어야 한다.

그렇다 보니 의사나 교사, 법률가처럼 사회적으로 인정받는 전문직 종사자가 택시 운전이나 청소를 부업으로 하기도 하고, 아예 전업하는 경우도 있다. 한번은 대학 강사로 일하던 친구가 레스토랑 종업원 일을 하고 싶다고 낮은 목소리로 얘기한 적이 있는데, 이유를 묻자 "그냥 유니폼이 예뻐서"라며 말을 흐렸지만 그녀의 마음을 이해할 수 있었다.

쿠바에서는 쿠바인과 외국인 커플을 쉽게 볼 수 있다. 이른바 '원나잇' 관계에서부터 체류 기간 동거하는 커플까지 매우 다양한데, 내가 보기에는 쿠바인을 향한 외국인의 구애보다 외국인을 향한 쿠바인의 구애가 더 적극적으로 보였다.

쿠바에는 다양한 유형의 클럽이 있다. 한국처럼 입장료와 주류 값만 내면 춤추고 즐길 수 있는 곳도 있지만, 공연이 함께 곁들여지는 클럽도 있다. 그날의 공연에 따라 입장료가 달라지는데, 대부분 5달러에서 10달러 정도의 입장료를 내면 누구든 들어갈 수 있다. 하지만 입장 이후 지불 능력에 따라 공연을 보고 춤추며 즐길 수 있는 공간이 분리된다. 당연히 돈을 더 많이 낸 사람이 더 좋은 위치를 차지하는데, 가장 좋은 자리를 차지하기 위해서는 10만 원이 넘는 돈을 지불해야 한다. 쿠바인들에게는 서너 달 치 월급에 맞먹는 금액이다 보니 좋은 자리를 차지하는 것은 외국인들이다. 그리고 그 주위에는 외국인이 그 자리로 불러주길 기다리는 쿠바인들이 있다. 다양한 클럽을 다녀본 한국 지인에 따르면 가격 차이가 큰 클럽일수록 젊은 쿠바 여성들이 추는 '구애의 몸부림'이 더욱 적극적이라고 한다.

하루는 FAC라는 곳에 입장하려고 줄 서서 기다리고 있는데, 내 앞에 10대 후반쯤으로 보이는 쿠바 아가씨가 서 있었다. 본래 예쁘게 태어난 데다 어찌나 정성스럽게 꾸몄던지 질투 반 동경 반의 마음으로 바라보았다. 입장의 순간에 그녀는 핸드백을 열더니 쿠바 현지인들이 사용하는 페소를 한 움큼 꺼냈다. 꾸깃꾸깃한 지폐와 동전이 섞여 있었고, 요금을 받던 사람은 액수가 맞는지 유심히 셌다. 그 광경을 보고 있자니 그녀에게 행복한 시간을 선사해줄 멋진 외국인 남자친구가 생기길 바라는 마음이 절로 생겼다.

학교와 민박집을 오가며 스페인어 공부에만 열중하던 한국인 남학생에게 같은 반의 나이 지긋한 유럽인 친구가 쿠바 여자 친구 사귀는 방법을 전수해주었다. "저녁 시간에 말레콘에 가서 맘에 드는 이성이 있으면 세 마디만 해. 안녕! 예쁘네! 전화번호 좀 알 수 있을까? 그러면 하룻밤 즐겁게 보낼 수 있고, 그 이상의 관계도 가능하지." 아바나 도심에서는 나이 지긋한 외국인 남성과 어린 쿠바 여성 커플을 쉽게 볼 수 있다.

물론 모든 쿠바인이 그런 것은 결코 아니다. 대부분 쿠바인은 일터와 학교, 가정에서 각자의 일상을 보낸다. 대학에 다니면서 중국어와 한국어, 영어 강좌를 들으러 다니고, 이웃의 초등학생에게 스페인어와 수학을 가르치고, 빨래 아르바이트를 하면서 열심히 살아가는 여학생도 보았다.

하지만 관광객의 증가는 이런 부작용을 낳을 수밖에 없다. 여행자들은 일상을 떠나 새로운 경험과 일탈을 꿈꾸기 마련이다. 모든 쿠바인이 그런 것은 아니지만 쿠바의 개방적 성의식과 문화, 이중 화폐

등으로 인해 스스로를 상품화하는 젊은이들이 점점 많아지고 있다. 연세 있는 쿠바인들이 이런 쿠바 젊은이들을 걱정하는 것도 어쩌면 당연해 보인다.

한국에서 개최된 쿠바 세미나에서 한 발표자는 쿠바와 한국 간 외교 관계를 강화하려면 하부로부터 친밀도를 높여야 하는데, 그 방법 중 하나가 한국인들의 쿠바 여행을 장려하는 것이라고 했다.[118] 부작용 많은 치료제를 공급하자는 이야기처럼 들려 심기가 불편했다. 세미나 참석 이후 마음이 불편했던 이유를 곰곰이 생각해보았다. 아마도 쿠바인들만은 자본의 노예가 되지 말고 가난한 평등을 견뎌내주길 바라는 내 모습이 못나 보였기 때문인 듯하다.

# 불탄 식용유 공장의 변신

국내에 나온 쿠바 여행서에는 없지만 쿠바에 방문하는 사람들이 꼭 들르는 곳이 있다. 바로 FACFabrica de Arte Cubano이다. 직역하면 '쿠바 예술 공장'이란 뜻인데 대부분 '파브리카'라고 부른다. 미국 오바마 대통령도 쿠바에 방문했을 때 이곳을 찾았다. 자영업자가 운영하는 곳이라 국영 여행사가 연수 및 관광 일정에 포함하지 않기에, 쿠바 관련 정보가 부족한 연수단원이라면 이곳에 방문하지 못하겠지만, 자유 여행을 하거나 장기간 쿠바에 머무는 외국인은 꼭 들르는 곳이다.

FAC는 '신테시스Sintesis'라는 가족으로 구성된 쿠바 재즈 밴드가 운영한다. 아프로-쿠반 음악에 뿌리를 두고 재즈와 록이 혼합된 음악을 연주하고 노래하는 신테시스는 2016년 내한 공연을 하기도 했다.

FAC에서는 음악과 춤 공연을 볼 수 있고, 공연을 보면서 춤출 수 있는 공간도 있다. 영화나 뮤직비디오도 볼 수 있고, 사진이나 회화, 설치미술 작품도 감상하고, 쿠바 젊은이들이 직접 만든 소품도 살 수 있는 종합 예술 공간이다. 운이 좋으면 오케스트라 공연도 감상할 수 있다. 아름드리 망고나무가 있는 야외 공간도 마련되어 있다.

FAC가 운영되기 전 그곳은 식용유 공장이었다. 화재가 발생한 뒤 방치되어 있던 공장을 신테시스가 국가로부터 임대받아 종합 예술 공간으로 탈바꿈했다. 아직 리모델링하지 않은 일부 공간은 과거 그곳이 공장이었음을 짐작게 한다. 2,400원쯤 하는 입장료를 내면 도서상품권만 한 크기의 티켓을 준다. 입장 후 음료를 마실 때마다 바텐더가

티켓에 기록하고 나올 때 음료 값을 계산한다. 입장료와 음료 값만 내면 모든 공연과 작품을 무료로 감상할 수 있다. 외국인에게는 싼 가격에 다양한 문화와 예술을 경험할 수 있는 공간이지만, 쿠바 노동자들은 입장료와 음료 한 잔 값으로 일주일 치 급여를 써야 한다.

FAC는 방문할 때마다 3층 건물과 야외 공간까지 발 디딜 틈 없이 사람이 많았다. 이곳 운영자는 도대체 얼마나 돈을 많이 벌까 생각했는데, 신테시스와 인연이 있는 지인의 말로는 운영 수익의 반 이상을 세금으로 낸다고 한다.

방치되어 있던 공장을 종합 예술 공간으로 만든 아이디어 덕에 쿠바를 방문한 외국인들은 눈과 귀가 행복해지고, 운영자는 수익을 창출하고, 쿠바 정부는 세입을 확대할 수 있었다. 하지만 외국인이 많이 방문하는 곳이다 보니 외국인을 상대로 '원나잇' 가격 흥정을 꺼리지 않는 쿠바인들이 1년 사이 눈에 띄게 많아지기도 했다.

1층 공연장에서는 음악 공연을 관람하며 춤을 출 수 있다.

2층 공연장에서는 영화를 상영하지만 오케스트라 연주를 들을 수도 있다.

망고나무 아래에서 칵테일을 마시거나 대화를 나눌 수 있는 야외 공간도 있다.

2층과 3층에는 미술 작품이 전시되어 있으며 주기적으로 작품이 바뀐다.

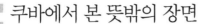

# 쿠바에서 본 뜻밖의 장면

쿠바 방문을 구체적으로 계획하기 시작한 것은 2014년이었다. 쿠바에 관한 책과 논문, 영상을 찾아보면서 자주 접한 단어는 도시농업, 무상 교육, 살사, 헤밍웨이, 혁명, 체 게바라 등이었다. 하지만 2016년 쿠바에서 생활하기 시작하면서부터는 아디다스, 과외 교사, 롤링스톤스, 샤넬, 분노의 질주, 하이네켄 등이 쿠바 하면 떠오르는 단어 목록에 추가되었다. 쿠바와는 전혀 어울리지 않아 보이는 이들 단어가 함께 연상되는 정황은 이러하다.

### 아디다스 저지를 입은 피델 카스트로

피델 카스트로의 업적과 삶, 태도를 가장 잘 대변해주는 단어는 '카리스마'일 것이다. 스물여섯 살에 정부 정규군 부대를 습격하고, 실패와 망명에도 불구하고 게릴라 전투를 통해 6년 6개월 만에 혁명에 성공한 인물. 그리고 혁명 후 자신의 약속을 지키며 45년 넘게 통치한 인물.

카리스마의 대명사 피델 카스트로를 사진이 아닌 생중계로 처음 본 순간을 잊을 수가 없다. 사진으로 봐온 모습과 TV를 통해 본 모습이 많이 달랐기 때문이다. 사진으로 본 그의 모습은 주로 젊었을 때이거나 나이가 들었어도 정치 활동을 하던 때의 모습이었다. 군복을 입고 연설하거나 업무를 보고 있는 모습이 거의 전부였다.

TV로나마 그를 처음 본 것은 2016년 열린 7차 공산당 대회에서의 모습이었다. 5년에 한 번 개최하는 공산당 대회는 쿠바에서 매우 의미 있는 행사로, 이후의 정책 방향을 설명하는 중요한 대회이다. 생중계로 본 공산당 대회에서 깡마른 노인이 연설하고 있었는데, 그가 바로 최장기 집권 기록 보유자 피델 카스트로였다. 그 역시 노화를 피할 수는 없었을 테다. 90세의 고령에 오랜 병환을 겪은 그에게서 젊을 적 카리스마와 의연함을 기대하는 것은 무리였을지도 모른다.

하지만 그의 복장에 놀라지 않을 수 없었다. 그가 그토록 오랫동안 고집하던 군복이 아니었고 그렇다고 정장도 아니었다. 카스트로는 아디다스 저지를 입고 있었다. 왜 운동복 차림일까? 역시 쿠바는 형식을 중요하게 생각하지 않는 나라인가? 그런데 왜 하필 거대 자본 브랜드인 아디다스일까? 의문이 가시지 않았지만, 그 이후로도 신문에서 아디다스 저지를 입은 카스트로의 모습을 종종 볼 수 있었다.

나중에 알고 보니 아디다스는 오랜 기간 쿠바 선수들에게 운동복과 스포츠 용품을 공급해왔다고 한다.[119] 어떤 경위로 카스트로가 아

아디다스 저지를 입고 7차 공산당 대회에서 연설하고 있는 피델 카스트로(《그란마》 2016년 4월 20일
자 사진)

디다스 저지를 즐겨 입게 되고, 그 모습으로 공식 석상에까지 등장했
는지는 알 수 없다. 하지만 카스트로가 아디다스 운동복을 입은 모습
을 대중에게 보인 후 쿠바인들에게 해당 브랜드의 인지도가 높아지
리란 점은 자명하다.

　아디다스와 비슷한 전략을 사용하는 기업들의 예는 더 있다. 하이
네켄은 쿠바에 수입되는 맥주 중 높은 비율을 차지한다. 쿠바산 맥주
크리스탈Cristal이나 부카네로Bucanero보다 더 쉽게 구할 수 있는 맥주가
하이네켄이다. 하이네켄은 브랜드 로고가 인쇄된 냉장 트럭을 쿠바
대내무역부에 무료로 제공해 유통에 사용하도록 했는데, 운송 수단
이 부족한 쿠바에 딱 맞는 마케팅 전략이었다.

　구글은 쿠바의 카초 재단이 최첨단 온라인 기술 센터를 설립할 때

쿠바에서 쿠바산 맥주보다 구하기 쉬운 하이네켄 맥주. 냉장고가 하이네켄 맥주로 가득 차 있다.

쿠바에서 일반적으로 사용하는 인터넷보다 70배 빠른 인터넷 서비스와 컴퓨터를 제공했다.

쿠바에서 성공한 기업들은 손해를 감수하면서도 과감히 투자했고, 미래를 겨냥해 중장기적 마케팅을 했다. 설득 정도가 아니라 감동을 목표로 한 전략이 통한다면 쿠바에서 거의 독점에 가까운 판매권을 가질 수 있다. 그리고 아디다스처럼 사회주의 혁명의 아이콘에게 자본주의 상징을 입힐 수도 있다.

### 쿠바의 케이팝 스타

쿠바에서 지내는 동안 뉴스 외에는 TV 프로그램을 즐겨 보지 않았다. 뉴스는 이해하든 못 하든 의무감에 시청했다. 하나라도 더 보고

구글이 지원한 카초 재단의 최첨단 온라인 기술 센터

더 듣고 수집해야 한다는 압박감 때문에 이해하지 못하는 신문 기사 제목 베껴 쓰기와 뉴스 시청은 중요한 일과였다.

다른 프로그램은 딱히 보고 싶은 마음이 들지도 않았다. 화질이 좋지 않을뿐더러 채널도 다양하지 않았다. 드라마나 음악 프로그램은 한국의 1970년대로 돌아간 듯한 기분이 들게 하는 수준이었다. 예를 들면 각기 다른 초등학교 학생들이 출연해 운동 경연을 하는, 예전 한국의 〈명랑운동회〉를 연상케 하는 프로그램이 방송되었다. 그러던 어느 일요일 저녁 옆집 TV에서 들려오는 노랫소리가 마음에 와닿았다. 그날부터 뉴스 외에도 챙겨 보는 프로그램이 생겼다.

'돈벌이를 위한 음악' 또는 '이기기 위한 음악'이라고 해석할 수 있는 〈라 무시카 파라 가나르La Música para Ganar〉라는 음악 경연 프로그램이었는데, 전문 가수가 아닌 일반인들이 노래로 경합해 최후 승자를 가리는 프로그램이었다. 세 명의 멘토이자 평가자가 관중석 중간에 설치된 높은 의자에 앉아 있는 모습이 마치 한국의 〈케이팝 스타〉 무대를 그대로 쿠바에 옮겨 놓은 듯했다. 지난 한 주 동안 멘토가 지도하면서 함께 연습하는 모습을 보여주고 연습한 곡을 무대에서 부르는 설정도 비슷했다. 노래가 끝나고 나면 세 명의 멘토가 평가하고, 다음 경합에 올라갈 사람 혹은 탈락자를 지명한다. 패자 부활전도 있어서 시청자들의 문자나 전화로 진출자를 결정한다. 방송을 볼 때마다 쿠바 국영방송 프로듀서가 한국 프로그램을 벤치마킹한 것이 틀림없다는 생각이 들었다.

하지만 한국 프로그램과는 다른 점이 몇 가지 있었다. 먼저 지역 할당이 있다는 점이다. 쿠바에는 총 16개 지역provincia이 있는데, 크게 서부Occidental, 중앙Centro, 동부Oriental로 구분한다. 뉴스에서 날씨 예보를 할 때도 세 지역으로 구분해 보도한다. 각 지역 예선을 통해 본선에 진출할 참가자를 뽑고, 경연이 계속되는 과정에서도 지역 비율이 일정하게 유지된다. 지역 주민들이 자신의 지역 참가자를 응원하는 모습을 방송하기도 한다. 2016년 우승자는 서부 출신이었다. 서부의 대표 도시인 피나르 델 리오 출신 스페인어 과외 교사는 자기 고향에서 1등이 나왔다며 매우 기뻐했다. 쿠바에도 지역감정이 있는지 묻자 "라이벌 의식이 강하지. 특히 야구 경기 할 때 더 심해"라며 설명했지만 한국의 골이 깊은 지역감정과는 많이 달라 보였다.

두 번째 차이점은 경연 대회 동안 참가자들이 노인 시설이나 병원에 가서 공연 자원봉사를 한다는 점이다. 경합을 위한 프로그램이지만 그 과정에서도 함께 즐기는 기회를 마련했다. 처음에는 젊은 예비 가수들의 노래를 듣는 것으로 시작하지만 시간이 지나면서 한바탕 축제가 된다. 노인들, 시설 직원들, 제작진까지 모두 노래를 따라 부르고 춤을 춘다.

마지막으로 우승자에게 주는 상금과 상품이 다르다. 한국은 현금이나 자동차, 대형 기획사와의 계약 등이 상으로 제공된다. 한편 쿠바 우승자들은 트로피와 참가자의 모습을 담은 대형 브로마이드, 경연 중 부른 노래를 녹음한 CD, 올가 타뇬Olga Tañón과 순회공연을 할 수 있는 기회 등을 상으로 받는다. 올가 타뇬은 노래를 통해 평화를 전하는 가수로, 푸에르토리코 출신이지만 쿠바에 기부를 많이 해서 쿠바인들이 특히 좋아하는 가수이다.

한국에 이와 유사한 프로그램이 많지만 즐겨 보지 않았고 남이 보는 것도 마땅치 않게 생각했던 내가 매주 일요일 저녁이면 그 프로그램을 챙겨 보았다. 최종 우승자가 선발된 2016년 최종회뿐만 아니라 재방송까지 모두 보았다. 프로그램 자체도 볼만했지만 쿠바에서 인기 있는 이유가 궁금해서이기도 했다. 일요일 저녁이면 옆집도 앞집도 그 옆집도 이 프로그램을 보았다. 정확한 시청률을 알 수는 없지만 인기 프로그램이 분명했다. 신나는 음악이 나오면 앞집 초등학생 아들과 엄마는 음악에 맞춰 살사를 추기도 했다. 평등과 연대를 강조하는 쿠바에서 경쟁을 부추기는 프로그램이 인기 있는 이유가 궁금했다. 우승자에게 주어지는 상을 본 순간 '돈벌이를 위한 음악'보다는 '이기기 위한 음악'이란 해석이 더 적절하다는 생각이 들었다.

## 쿠바에 나타난 자본주의 첨병들

내가 쿠바에 체류하던 2016년에는 유독 유명인들의 쿠바 방문이 잦았다. 미국 대통령이 88년 만에 쿠바를 방문했고, 한국 외교부 장관도 처음으로 쿠바를 찾았다. 정치인 외에도 유럽과 북미의 스타들이 줄지어 방문했다.

2016년 유명인의 쿠바 방문 첫 테이프를 끊은 팀은 영국의 록 밴드 롤링스톤스였다. 1962년 런던에서 결성되어 해체 없이 활동해온 롤링스톤스는 이제 멤버들 나이가 70대이다. 쿠바 정부는 서방 문화를 철저히 검열해왔고, 록 음악은 자본주의의 첨병으로 여겼기 때문에 롤링스톤스의 쿠바 공연은 뜻밖의 소식이었다. 특히나 롤링스톤스는 마약, 인종차별, 성차별적 내용까지 스스럼없이 노래하고, 70대가 된 이후에도 끊임없이 스캔들을 만들어내는 그룹이기 때문에 쿠바와는 정말로 어울리지 않아 보였다.

하지만 그들은 남미 공연의 마지막 장소로 쿠바를 택했고, 쿠바 정부는 이를 허락했으며, 쿠바인들은 롤링스톤스를 격하게 환영했다. 그들의 공연은 매우 쿠바답게 펼쳐졌다. 시우다드 데포르티바Ciudad deportiva의 야외 경기장에서 공연이 열렸는데, 모든 사람에게 무료로 개방했다. 이날 공연장을 찾은 쿠바인은 60만 명에 달했다.

스페인어 공부와 쿠바 사진 촬영을 위해 쿠바에 체류하던 호주 사진 작가 론치는 롤링스톤스 무료 공연에 매우 열광했는데, 이전에 매우 비싼 가격을 치르고 공연을 봤다며 약간 억울해하기도 했다.

영국의 록 밴드가 다녀간 지 얼마 되지 않아 할리우드 스타들이 쿠바에 방문했다. 쿠바에 방문한 적이 있는 사람이라면 2017년 개봉한 영화 〈분노의 질주: 더 익스트림〉이 더욱 기억에 남을 것이다. 영화 초반 레이싱 장면의 배경이 바로 쿠바의 카요 코코 섬으로 가는 육로와 수도 아바나이기 때문이다. 〈트랜스포머: 최후의 기사〉도 2016년 쿠바에서 촬영했다.

어학원 수업이 끝나고 지인과 점심을 먹으러 가던 중 경찰이 길을 통제하고 많은 사람이 모여 있는 광경을 보았다. 무슨 일인가 싶어 다가가 보니 영화 촬영 중이라고 했다. 쿠바에서 미국 영화를 촬영하는 그 순간이 너무 신기해서 카메라를 꺼내 사진을 찍으려 했지만 신분을 알 수 없는 사복 차림의 남성에게 제지당했다.

음악과 영화만이 아니다. 샤넬의 패션쇼도 쿠바에서 열렸다. 쿠바

영화 〈분노의 질주〉 촬영을 위해 교통이 통제된 거리. 어깨 너머로 할리우드 트럭과 촬영을 준비하는 제작진이 보였다.

의 '프랑스 주간' 행사의 하나로 열린 것이다. 패션쇼는 관광객이 많이 찾는 프라도 거리에서 열렸다. 프라도 거리는 미국이 지배하던 공화국 시기에는 엘리트들을 위한 산책로였지만 혁명 이후 누구나 산책하고, 학교 체육 수업을 하기도 하고, 화가나 수공업자가 자신의 작품을 팔기도 하는 모두의 공간이 되었다.

그러나 2016년 3월 3일에는 쿠바인들이 프라도 거리에 접근하지 못하게 전면 통제되었다. 샤넬 패션쇼를 위한 조치였다. 거리만 통제한 것이 아니었다. 아바나에 있는 멋진 올드카도 모두 사라졌다. 참가자를 태우고 입장하기 위해 자취를 감추었다가 행사 시간에 맞춰 나타났다. 행사에 초대받지 못한 아바나 시민 대부분은 멀리 보이는 조명과 간간이 들리는 음악에 기대어 패션쇼를 상상해야만 했다.

이런 이색 이벤트와 유명 외국인을 조금이라도 더 가까이 보고 싶어서 전날부터 밤을 새워가며 기다리는 사람, 유명 외국인의 쿠바 방문을 반기는 쿠바인도 있다. 반면 잦은 교통 통제에다 쿠바인과는 별 관련 없는 자본주의 문화의 향연이 쿠바에서 벌어지는 것에 불편한 심경을 드러내는 쿠바인도 있다. 하지만 외부를 향한 쿠바의 문은 점점 넓어지고 있고, 쿠바 내 자본주의의 색채도 함께 짙어지고 있다.

### 쿠바의 과외 선생님

무상 교육으로 유명한 쿠바이지만 쿠바에도 과외와 학원이 있다. 물론 합법적인 것은 아니다. 쿠바에 처음 도착해 지냈던 민박집의 40대 중반 부부에게는 중학교에 다니는 아들이 하나 있었다. 주인아저씨는 국영 식당의 요리사 겸 바텐더로 세계 바텐더 대회에서 수상한 경

평상시의 프라도 거리

력도 있었다. 낚시를 좋아해 시간이 날 때마다 말레콘에서 낚시를 즐길 뿐만 아니라 낚시 잡지에 사진과 글을 기고하기도 했다. 아주머니는 전에는 영어 교사였지만 지금은 민박집을 운영하는 자영업자로 전직했다. 입이 짧은 아들이 부실한 학교 급식 대신 먹을 점심을 준비하는 것부터 모든 삶의 패턴이 외동아들을 중심으로 짜여 있었다. 원래 살던 집이 맘에 들었지만 이사를 온 것도 아들이 다닐 학교가 좀 더 가까워서였다.

아들은 컴퓨터 게임을 매우 좋아해서 게임 관련 일을 하고 싶어 하지만, 민박집 아주머니는 아들이 의사가 되기를 원했다. 주인집 아들은 당시 중학교 마지막 학기여서 고입을 준비하고 있었다. 오후가 되면 20대나 50대 남성이 와서 민박집 아들과 시간을 보낸 뒤 사라졌다. 역사, 스페인어, 수학을 가르치는 세 명의 과외 교사였다. 그때가 시험 기간이기도 했는데, 시험 성적이 나올 때마다 주인아주머니는 아들의 성적을 자랑하곤 했다.

외국인을 위한 스페인어 과외 교사가 아닌 자국민을 위한 스페인어 과외 교사를 쿠바에서 보게 될 줄은 몰랐다. 경제적으로 살 만하고 자녀 교육에 관심이 많은 집이라 특별한 경우이겠거니 생각했다. 그러나 쿠바의 사교육 현황에 대한 자료가 있는 것이 아니라서 확신할 수는 없지만, 시간이 지나면서 내 추측이 틀릴 수도 있겠다는 생각이 들었다.

평범해 보이던 대학생에게 쿠바의 과외 실태에 대해 물었다. 민박집 아들이 세 과목이나 과외를 받아서 놀랐다고 하니 본인도 고등학교 입학시험을 앞두고 과외를 받았다고 한다. 과외 선생님이 집으로 오기도 하지만 학생들이 과외 선생님 집에 가서 배우기도 하는데, 과외비는 한 시간에 1,200원 정도이다. 심지어 학교 선생님이 과외를 하기도 한다.

쿠바에서 무상으로 교육이 제공되는 것은 사실이지만 경쟁을 통해 입학하는 고등학교와 대학교가 있는 것도 사실이다. 쿠바가 한국과 완전히 다른 곳은 아니라고 생각하기 시작한 때가 그즈음이었던 듯하다.

# 쿠바 속 한국

쿠바에 체류하는 동안 매일 아침 8시면 어김없이 문자 메시지가 왔다. "사건사고 시 연락처: KOTRA 아바나 무역관 +5372041020, 주멕시코 대사관 +5215554378587." 쿠바에 체류하는 한국인에게 문제가 생겼을 때 도움을 주려는 것인데 긴급 연락처가 쿠바 대사관이 아니고 멕시코 대사관과 무역관이다. 아직 정식 수교를 맺지 않아 쿠바에 한국 대사관이 없기 때문이다. 한국과 쿠바는 각각 190개국, 191개국과 외교 관계를 수립하고 있는데, 왜 유독 한국과 쿠바 간에는 국교가 수립되지 않은 걸까? 쿠바 사람들은 한국과 한국인에 대해 얼마나 알고 있고, 어떻게 알고 있을까?

## 멀고도 먼 한국과 쿠바

쿠바는 한국 전쟁 당시 긴급 구호금을 지원하기도 했다. 그러나 혁명 이후 미국과 극심한 대립 관계에 들어선 쿠바 정부는 미군이 주둔하는 한국과 국교를 단절했다. 특히 미국의 경제 제재 해제에 대한 투표에서 한국은 항상 반대 입장을 고수하는 몇 안 되는 국가였기 때문에 두 나라의 관계는 냉랭할 수밖에 없었다. 그러던 중 1999년 김대중 정부는 54차 UN 총회에서 미국의 대쿠바 금수 해제 결의안에 찬성했다. 2016년 초에는 외교부 장관이 쿠바에 방문했다. 하지만 아직 공식 외교 관계 수립에는 별 진척이 없다.

정식으로 외교 관계가 수립되지 않아서인지 한국인이 쿠바에 장기간 체류하기는 쉽지 않다. 비자가 있어야 입국할 수 있으며 한 달까지만 체류할 수 있다. 한 달 이상 체류하기 원한다면 여행자 보험을 들어 보험 기간만큼 연장할 수 있는데, 총 체류 기간이 90일을 넘을 수 없다. 3개월 이상 장기 체류를 하려면 현재로서는 두 가지 방법밖에 없다. 하나는 외국인을 위한 어학연수 과정을 신청해 이수하는 것이다. 1년 장기 과정과 원하는 개월 수만큼 등록할 수 있는 단기 과정이 있는데, 학생비자 발급비와 한 달에 300세우세(약 36만 원) 정도 하는 수업료를 지불해야 한다. 또 다른 방법은 3개월에 한 번씩 인근 국가로 출국했다가 되돌아오는 방법이다.

한번은 한국의 일간지 기자가 쿠바 특파원으로 파견되어 활동하다 쿠바 정부의 제재로 철수한 일이 있었다. 미수교국의 기자에게 취재비자를 줄 리가 만무했기에 그 기자는 관광비자로 쿠바에 입국했다. 그러던 중 반기문 UN 사무총장이 쿠바에 방문했을 때 신문사는 한국인 기자가 쿠바에 체류하고 있으니 취재를 허락해달라고 요청했다. 쿠바 정부는 쿠바에 주재하는 기자 명단을 확인했지만 그 한국인 기자의 이름은 없었다. 결국 그 기자는 쿠바 정부의 특별 배려 덕에 반기문 사무총장 기자회견장에 들어갈 수는 있었지만, 더 이상 쿠바에서의 취재가 허락되지 않았고 곧 다른 국가로 떠나야 했다. 쿠바에서 외신 기자는 국제미디어센터에 등록해야 하고, 등록하지 않거나 관광비자로 입국해 취재하면 체포나 추방이 가능하기 때문이다.

쿠바 사람들은 동양인을 보면 "치나China" 하고 부른다. 처음에는 중국인으로 착각한 것이겠거니 생각하고 무시하곤 했다. 그런데 알고 보니 쿠바 사람들에게 중국인, 일본인, 한국인, 베트남인 등 동양인은 그냥 모두 '치나'였다. 동양인은 맞는데 중국 사람은 아니라고 대답하면 쿠바인들이 내 국적을 맞추는 스무고개 시간이 열린다. 결국 못 참고 내가 "소이 데 코레아노 델 수르 Soy de Coreano del Sur(나는 남한 사람이야)"라고 답하면 남한을 안다면서 "삼숭! 다이우! 윤다이!"를 연호한다(삼성, 대우, 현대를 스페인어식으로 발음하면 삼숭, 다이우, 윤다이가 된다).

"이민호" "김수현" "안녕하세요" 등의 한국어를 말하는 꽤 많은 사람을 만날 수 있었다. "너희는 자본주의 국가잖아. 그리고 미국과 친하지? 솔직히 난 한국을 별로 안 좋아해"라고 말하던 연세 지긋한 할아버지 한 분을 제외하고는 대개 매우 긍정적 반응을 보였다. 한국에 대한 쿠바인들의 호의적 태도는 정치적으로 단절된 상황에서도 경제와 문화 교류를 지속해왔기 때문이다.

## 쿠바 화폐 속 현대중공업

교역량으로 봤을 때 한국은 쿠바의 스물한 번째 교역국이고 아시아 국가 중에서는 중국과 베트남에 이은 3대 교역국이다. 전 세계 기업이 참여하는 아바나 국제박람회에 한국은 1996년부터 17년째 꾸준히 참여해왔다. 2005년에는 KOTRA 아바나 사무소를 개소했다. 2005년은 쿠바가 에너지난을 겪으며 에너지 혁명 운동을 시작하던 시점이었다. 현대중공업이 쿠바에 전력 발전 설비를 설치해 쿠바 전체 전기 소비량의 30%를 공급할 수 있게 되었고, 이에 고마움을 느낀 쿠바는 현대중공업의 발전 설비 그림을 담은 지폐를 발행했다.

한국은 발전기 부품, 자동차 및 부품, 가전제품 등을 쿠바에 수출했고, 쿠바산 설탕과 럼주, 커피 등을 수입했다. 아직은 쿠바와의 교역량이 많지 않고 수출입이 획기적으로 증가하는 양상도 보이지 않는다. 하지만 머지않은 미래에 쿠바 내 한국 기업의 진출이 확대될 것

현대중공업이 설치한 발전 설비 그림이 담긴 쿠바의 10페소 화폐

으로 보인다.

2015년에는 한국의 무역 투자 노하우를 공유하기 위해 KOTRA가 쿠바 경제사절단을 초청해 'G2G 일대일 상담회'를 개최하기도 했다. 2016년에는 '한국 주간Korea Week in Cuba'을 개최해 역대 최대 규모의 한국 경제사절단이 쿠바에 파견되기도 했다. 한국 기업이 쿠바에 진출하는 성과도 거뒀다. 2015년 마리엘 경제특구 투자 유치를 위해 쿠바 관계자들이 한국에 방문해 투자설명회를 개최했는데, 이듬해 10월 아르코이리스가 한국 기업 최초로, 아시아에서는 두 번째로 쿠바 정부로부터 사업 추진 승인을 받았다.

## 쿠바의 한류 열풍

한국과 쿠바 간 문화 교류 촉진에는 한쿠바교류협회의 역할이 컸다. 한쿠바교류협회는 2011년 법인 설립과 함께 아바나 지부를 개소해 영화, 음악, 미술 등 다양한 분야의 문화 교류를 성사해왔다.

쿠바에서 2016년까지 총 세 차례의 한국 영화제를 개최했고, 한국에서는 2015년 쿠바 문화제를 개최했다. 쿠바의 유명 감독인 페르난도 페레스, 쿠바 재즈 밴드 신테시스, 체 게바라의 딸 알레이다 게바라가 한국에 방문할 수 있었던 것도 한쿠바교류협회 덕분이었다. 한쿠바교류협회는 해마다 노동절 행사와 함께 열리는 브리가다Brigada 캠프에 참여할 수 있도록 연계하는 역할도 하고 있다.

아직은 한국에서 접할 수 있는 쿠바 문화보다 쿠바에서 접할 수 있는 한국 문화가 확실히 더 많다. 많은 쿠바인이 한국을 알게 된 매개는 다름 아닌 드라마이다. KOTRA는 미수교국의 드라마는 방영할 수 없다는 쿠바 정부를 설득해 무상으로 쿠바에 한국 드라마를 공급했다. 첫 작품이 〈내조의 여왕〉이었는데, 쿠바 내 반응이 폭발적이었다. 이후 〈아가씨를 부탁해〉〈드림하이〉〈시크릿 가든〉 등이 방영되었다. 방송되지 않은 드라마를 불법으로 다운로드받아 판매하고, 그것을 친구들끼리 돌려 보기도 한다. 쿠바인에게 "부인이 한국 드라마를 너무 좋아해. 이민호를 나보다 더 좋아하는 것 같아"라는 얘기를 듣기도 했다. 인터뷰에 응해준 쿠바인들에게 감사의 표시로 USB 메모리를 선물하곤 했는데, 혹시 그 안에 한국 드라마가 저장되어 있는지 물어보고 아무것도 없는 새 USB 메모리라고 하면 실망하는 기색을 보였다.

쿠바 재즈 밴드 신테시스의 내한 공연
포스터

아바나의 인판타 극장에서 열린 한국 영화제. 한쿠바교류협회 정호현 실장이 김동호 부산국제영화제 조직위원장의 인사말을 통역하고 있다.

'한국을 사랑한다'는 문구가 적힌 티셔츠를 입은 쿠바 소녀들이 우연히 만난 한국 연수단을 위해 공원에서 한국 노래에 맞춰 춤을 추고 있다.

드라마의 인기는 한국 가요의 인기로 이어졌는데, 특히 드라마 OST의 인기가 엄청나다. 쿠바 한류 팬클럽 아르트코르ArtCor의 1,700여 회원들은 한국 드라마, 케이팝 등의 한류 정보를 공유하며, 좀 더 적극적인 이들은 한국어를 배우기도 한다.

### 아바나 거리에서 들리는 "안녕하세요"

현재 아바나에서 한국어를 배울 수 있는 공식 기관은 호세 마르티 문화원이다. 문화원에는 50여 개의 클럽이 운영되고 있는데, 그중 2012년 시작된 '쿠바-한국 친선 마티아노 클럽Club Matiano Amistad Cuba y Corea'이 한국어 학습을 위한 클럽이다. 3년 과정으로 일주일에 두 번 수업하며 초급, 중급, 고급 3개 반으로 운영한다.

아바나의 호세 마르티 문화원

호세 마르티 문화원 한국어 교실 초급반 학생들

인디라는 2013년 한국어 공부를 시작해 2016년 수료했다. 수업을 시작할 때는 70여 명이 등록했지만 25명만이 수료했다고 한다. 수강생 중 두 명만 학생이고 모두 직장인이었는데 건축가, 변호사, 생물학자, 치과의사, 통신사 직원, 프로그래머, 종교인, 교사, 기상캐스터 등 직업이 매우 다양했다. 대부분 한국 드라마를 통해 한국을 알게 되었고, 한국어에 관심을 갖게 되었다고 한다.

안토니오는 경제 분야에서 일하는 20대 후반 청년이다. 그는 한국 드라마를 본 적도 없고 쿠바 드라마도 즐겨 보지 않지만 호세 마르티 문화원에 등록해 한국어를 배우고 있다. 안토니오는 한국어에 대한 사전 지식이 전혀 없이 초급반을 신청했는데, 반에서 남자는 단 둘뿐인 데다 대부분 수강생이 한국어를 이미 너무 잘 알고 있다고 했다.

다들 한국 드라마에서 배웠단다. 드라마에는 도통 관심이 없는 그가 선택한 방법은 실제 한국인과 대화를 나누는 것이었다. 안토니오는 문화원에 가지 않는 날 중 이틀은 나와 한국어로 대화하는 시간을 가졌는데, 일을 마치고 저녁 식사도 거른 채 피곤한 모습으로 어눌하게 한국어를 읽고 말하던 모습이 아직도 눈에 선하다.

## 쿠바에 첫발을 디딘 288명의 한국인

한국과 쿠바의 관계는 생각보다 오래전에 시작되었다. 1905년 돈을 많이 벌 수 있다는 말에 속아 1,035명의 한국인이 멕시코로 이주했다. 하지만 4년의 계약 기간이 끝났어도 한국에 돌아갈 여비조차 마련하지 못했고, 재고용되지 않은 사람도 많았다. 당시 멕시코에서는 혁명이 일어났는데 혁명 세력과 노동자, 농민 들이 외국인 노동자를 좋지 않게 보았다. 그사이 일본이 한국을 강제 합병해 한국 노동자들은 무국적자가 되었고, 국민회와 연계해 하와이로 이주할 계획을 짰으나 이마저도 실패하고 말았다. 그 가운데 288명이 우여곡절 끝에 쿠바에 도착했지만 그들을 기다리고 있던 현실은 녹록지 않았다. 입국 거절, 약속한 회사의 고용 거절 등으로 일부는 멕시코로 귀환하기도 했다. 남은 한인들은 마탄사스주를 중심으로 터를 잡고 엘 볼보 El bolbo라는 한인촌을 형성했다. 멕시코 에네켄 농장에서 일한 경력을 높이 평가했지만 일감이 충분치 않았고 급여 수준도 낮아 적당한 일자리를 구하지 못한 사람들은 다른 지역으로 이주했다.[120]

현재 쿠바 전역에는 1,000여 명의 한인 후손이 살고 있다. 이주 초기 국민회가 쿠바 지방회를 조직하여 어느 정도 한인들의 조직화가 이루어졌으나 이후 유명무실해지면서 한인들의 구심점 역할을 할 수 있는 곳이 없었다. 그러던 중 민주평화통일위원회 중미캐러비안지구 회원들이 십시일반 후원금을 모아 2014년 호세 마르티 한국-쿠바 친선 문화원을 개소했다. 일반인들에게는 '한인후손회관'으로 알려져 있다. 문화원에는 한인들의 쿠바 정착 과정을 엿볼 수 있는 사진과 한국의 전통 의상, 한류 스타 자료 등이 전시된 박물관이 있다. 월 1회 한국 음식 학교가 열리고, 최근에는 청소년을 위한 한국어 교실을 시작했다.

100여 년 전 우리 조상이 처음 정착해 1,000여 명의 후손이 살고 있는 나라. 한국 드라마와 노래, 영화를 사랑해 한류 팬클럽이 있고 한국어 교실이 운영되고 있는 나라. 하지만 지구 반 바퀴를 돌아야

한국-쿠바 친선 문화원 대표 안토니오 김

한국—쿠바 친선 문화원의 한국어 교실. 호세 마르티 문화원에서 우수한 성적으로 한국어 수업을 이수한 학생이 이곳에서 한국어 교사로 활동하고 있었다.

한국 전통 의상과 악기, 인형 등이 전시된 한국—쿠바 친선 문화원 내 한국 박물관

갈 수 있고, 아직 공식 수교가 체결되지 않은 나라. 쿠바는 어찌 보면 아주 먼 나라이기도 하고, 어찌 보면 가까운 나라이기도 하다. 다만 쿠바인들이 느끼는 한국에 대한 거리감이 한국인들이 느끼는 쿠바에 대한 거리감보다는 가까워 보인다.

## 쿠바 최대의 축제일, 노동절

모든 국민이 기념하고 기억하는 날을 보면 그 나라의 역사와 특성을 이해할 수 있다. 한국의 광복절은 한국 역사에 일제 강점 시기가 있었고 주권을 되찾은 경험이 있음을 알게 해준다. 한글날은 자국의 문자가 없던 한국이 불과 570여 년 전에 문자를 갖게 되었음을 알게 해준다. 국군의 날은 과거 한국에서 군인의 위상이 높았거나 혹은 그 위상을 높이고자 했음을 짐작하게 한다.

혁명기념일, 카밀로 시엔푸에고스 추모일, 바르바도스 희생자 추모일, 의대생의 날처럼 한국에는 없지만 쿠바에만 있는 특별한 날들이 있다. 그리고 한국에도 있지만 쿠바에서는 좀 더 특별한 날도 있는데, 바로 노동절이다. 5월 1일이면 한국 신문에도 간혹 쿠바의 노동절 행사가 소개되곤 한다.

노동절의 유래는 1886년 5월 1일로 거슬러 올라간다. 그날 미국 시카고에서 8만 명의 노동자와 그 가족들이 파업 집회를 열었다. 파업의 목적은 장시간 노동에 지친 노동자들이 8시간의 노동 시간을 보장받는 것이었다. 하지만 미국 정부는 공산주의자들의 난동이라며 무력으로 진압했다. 경찰과 군대의 발포로 유혈 사태가 발생했고, 노동자들은 단결 투쟁을 통해 결국 그들의 요구를 관철할 수 있었다.

한국은 그날을 '근로자의 날'이라고 부르고 유급 휴일로 인정한다. 그동안 나는 근로자의 날을 5월의 여러 휴일 중 하루로만 인식해왔지만, 사회주의 쿠바의 노동절을 지켜보며 노동절의 의미를 다시 생각해볼 수 있었다.

2016년 5월 1일 노동절에 나는 아바나에서 네 시간 거리에 있는 시엔푸에고스 지역에 머물렀다. 노동절 행사에 대해 모르고 민박집을 잡았는데, 민박집은 노동절 행사를 진행하는 광장 바로 앞에 있었다. 밤새 음악을 틀어놓고 먹고 마시며 즐기는 쿠바인들 덕에 잠을 포기해야 했지만, 대신 노동절 전야제와 노동절 행진을 근거리에서 지켜볼 수 있었다.

이른 새벽부터 노동절을 기념하기 위해 거리로 쏟아져 나온 시엔푸에고스 시민들

노동절 당일 TV를 통해서 수도 아바나에서 거행되고 있는 노동절 행사를 보았다. 그리고 그와 동시에 육안으로는 시엔푸에고스 지역의 노동절 행사를 보았다. 국가 행사라고 하면 엄숙한 분위기의 기념식부터 떠오르지만, 쿠바의 노동절 행사는 노동자의 권리 획득을 축하하는 그야말로 축제이자 파티이다.

아침 7시 30분부터 직업군별 행진이 진행되는데, 행진하는 동안 "자유 쿠바 만세!" "쿠바 노동절 만세!" 등의 구호가 스피커에서 울려 퍼진다. 이 행진에 참여하기 위해 쿠바인들은 새벽 일찍부터 나오고, 심지어는 전날 미리 나와 잠을 자기도 한다. 행진을 위해 주요 도로를 통제하기 때문에 행진이 진행되는 혁명광장까지 걸어가야 함에도 아바나에서는 시민의 80%가량이 참여한다.

쿠바 국민만 행진에 참여하는 것은 아니다. 다른 나라에서 온 노동자들도 같이 행진하거나 단상에 앉아 행진하는 모습을 지켜볼 수 있다. 2017년에도 28개국에서 약 280명이 참여했다. 한국에서도 민주노총, 전국농민회, 사이버노동대학 등의 단체가 거의 매년 이 행사에 참석한다. 한쿠바교류협회를 통해 개인도 참여할 수 있다.

노동절 즈음에 쿠바국제우호협회ICAP, Instituto Cubano de Amistad con los Pueblos는 국제 노동절 브리가다 행사를 주최하는데, 10여 일간 소박한 음식을 먹으며 농업 체험을 하고, 쿠바 혁명의 역사가 담긴 현장이나 박물관을 방문한다. 이 브리가다의 프로그램 중 하나가 노동절 행진 참여 및 관람이다.

노동절 브리가다를 주최하는 쿠바국제우호협회의 아시아·오세아니아 담당자 라파엘라는 한국 참가자들에 대해 이렇게 이야기했다. "브리가다 행사에 참여하는 한국팀은 매우 인상적이에요. 머리띠를 하고 노래하며 율동하는 것을 보았는데, 그 율동이 어찌나 절도 있던지 매우 인상적이었어요. 한국팀이 인기상을 받은 적도 있어요. 그리고 UN 회의 때 미국의 쿠바에 대한 경제 제재 해제에 찬성해주고, 미국 대사관 앞에서 관타나모 기지를 쿠바에 반환하라는 피켓 시위를 하기도 했어요. 쿠바에게 한국은 매우 고마운 나라입니다."

# 쿠바인의 사랑과 이별

스페인어 수업 중에 자신의 파트너 사진을 보여주며 스페인어로 외모와 성격을 묘사하는 시간이 있었다. 당시 딸아이와 같은 반에서 공부하고 있었는데, 내 차례가 되어 남편 사진을 보여주며 설명하려던 순간 교수가 내게 다가와 귓속말로 물었다. "이 사람이 저기 있는 당신 딸 아빠인가요?" 만남과 이별이 자유로운 쿠바임을 새삼 체감한 순간이었다.

### 여성 찬미의 대가 쿠바 남성들

쿠바에 오기 전 읽은 책들에서 '사랑이 넘치는 쿠바' '연애 천국 쿠바' 같은 문구들을 접했기에 쿠바는 사랑과 연애에 자유로운 나라라고 충분히 예상했다. 쿠바에 도착한 지 얼마 안 돼서 사랑의 나라 쿠바에 와 있음을 실감할 수 있었다.

쿠바인, 특히 쿠바 남성의 애정 표현은 매우 적극적이고 다양하며 시간과 장소를 개의치 않는다. 쿠바에 머무르는 여성이라면 누구나 경험하는 것이 길거리 쿠바 남성들의 구애 표현이다. 예쁘다, 아름답다, 사랑한다 같은 말만 하는 게 아니다. 입술을 내밀고 쪽쪽 소리를 내기도 하고 윙크를 하기도 한다. 처음 보는 여성에게도, 시간대에 상관없이, 심지어는 여자 친구와 손잡고 걸어가면서도 이런 표현을 한다. 잠시 스쳐 가는 사람들에 대한 표현이 이 정도인데, 잠시라도 함께 있으면 쿠바 남성들의 구애와 애정 표현은 더욱 적극적이 된다. 또 매우 창의적이기까지 하다.

딸아이와 시장에 갔을 때의 일이다. 시장 근처 어느 집 냉동실이나 후미진 골목에 물건을 보관해놓고 외국인이나 물건을 살 만한 사람이 나타나면 가까이 다가와 귓속말을 하는 사람이 있다. 암시장의 호객꾼이다. 주로 판매하는 품목은 감자, 냉동 해산물, 소고기 등이다. 새우가 필요하지 않냐며 다가오던 10대 후반의 청년이 딸아이에게 "남자 친구 필요하지 않니? 우리 코펠리아에 가서 아이스크림 먹을까? 지금은 이렇게 꾀죄죄해도 씻고 옷 갈아입으면 나도 멋져. 몇 시에 만날까?" 하면서 따라왔다. 딸아이는 불쾌한 표정만 지을 뿐 어찌하지 못하고 있었는데, 내가 지켜보다 "이 아이는 아직 열네 살이야. 난 이 아이 엄마고"라고 말했다. 실제로는 나이가 더 많았지만 열네 살이라고 한 것은 여자아이의 성인식과 유사한 킨세 아뇨스Quince años를 의식해서였다. 킨세quince는 스페인어로 열다섯을 뜻하는데, 쿠바에서는 여자아이가 만 15세가 되면 성대한 생일 파티를 열어준다. 한국의 웨딩 촬영을 연상케 하는 요란한 사진 촬영을 하고, 친척들까지 초대해 생일 파티를 한다. 그래서 딸이 있는 부모들은 딸아이의 열다섯 번째 생일 파티를 위해 몇 년 전부터 돈을 모은다. 그리고 만 15세가 지나면 어느 정도 성인으로 인정해주는 문화가 있다. 그래서 우리 딸은 열네 살이라고 못 박았던 것이다.

그런데 청년의 반응은 의외였다. "나이가 문제였던 거야? 괜찮아" 하더니 시장 모든 상인에게 "이 여자아이는 내 여자 친구이고, 이 사람은 내 장모야!"라고 떠벌리며 따라다녔디. 그다음부터 시장에 가면 상인들이 나를 알아보고는 "네 딸은 어디 있어?" 하며 인사하곤 했다.

택시 안이라면 구애의 표현을 들을 가능성이 훨씬 크다. 쿠바에서는 누가 봐도 외국인임이 분명한 동양인이 택시를 타면 기사들이 국적과 체류 기간, 하는 일, 쿠바에 온 동기 등을 묻곤 한다. 그런데 가끔은 남자 친구 필요 없느냐고 묻기도 한다. 난 결혼했고 남편이 한국에 있다고 얘기하면 "그게 무슨 상관이야?"라고 하고, 곧 떠난다고 하면 "남아 있는 시간도 충분하다"라고 한다. 아는 한국인은 남자 친구 필요하지 않냐는 택시 기사에게 기혼자라고 얘기했더니 택시 기사가 "요즘 사이는 좋아?"라고 물었다고 한다.

지방을 여행할 때 식당 앞에서 지나가는 외국인들에게 메뉴를 설명해주며 호객 행위를 하던 남성이 있었다. 스페인어가 서투르던 때여서 영어를 또박또박 느리게 말해주는 친절함에 그 식당에서 식사를 했다. 음식 맛도 좋았고, 옥상에 마련된 식당인지라 전망 또한 좋았다. 식사를 마치고 덕분에 즐거운 저녁 시간을 보냈다며 감사 인사를 하고 헤어졌다. 다음 날 저녁 산책하던 중에 전날 그 식당 앞 남성을 우연히 만났다. 그 남성은 자신의 아버지에게 나를 소개하더니 대뜸 "네가 내 심장에 있어. 네가 왜 좋은지 이유는 모르겠지만 네가 좋아"라고 말하고는 딸아이를 향해서는 "난 네 아빠가 되고 싶어"라고 이야기했다.

귀국 전 FAC를 마지막으로 방문했을 때 그곳을 추억할 만한 무언가를 갖고 싶었다. 그러던 참에 그곳 스태프가 FAC 상호가 새겨진 티셔츠를 입고 있는 것이 눈에 띄었다. 남성 스태프에게 혹시 그 티셔츠를 살 수 있냐고 물었더니 스태프에게만 지급하는 것이라 판매는 어렵다고 했다. 그러고는 한마디 덧붙였다. "날 사면 돼. 그럼 이 티셔츠도 네가 가질 수 있어."

동네 채소 가게의 흑인 청년. 청년의 적극적 구애는 비단 나만을 향한 것은 아니었다. 스페인어 과외 교사에게도, 가끔 우리 집에 놀러 오던 여대생에게도 그랬다.

어느 날은 동네 채소 가게 흑인 청년이 검은색을 좋아하냐고 물었다. 며칠 후에는 한국에도 흑인이나 혼혈인이 있냐고 물었다. 그러더니 또 며칠 후에는 "우리 한국계 혼혈인을 한번 만들어볼까?"라고 말했다.

남성이 여성 파트너를 부르는 호칭도 '나의 하늘' '나의 운명' '나의 태양' 등 매우 다양하다. 심지어 가게 점원이 손님에게 "미 아모르(내 사랑)"라며 윙크하는 일도 흔하다. 이렇듯 감정 표현이 적극적이고 자유로우며, 그런 표현을 즐길 줄 아는 쿠바인들이기에 사랑의 결실을 맺기는 아주 쉬워 보였다.

## 결혼의 가장 큰 걸림돌, 집

한국에서 사랑하는 남녀가 결혼하기 위해서는 넘어야 하는 관문이 대략 네 가지 있다. 양가 부모의 허락을 받는 것, 지인들에게 결혼을 알리기 위한 결혼식, 법적 부부관계를 확정하기 위한 혼인 신고, 그리고 두 사람이 함께 지낼 신혼집 마련이다. 물론 결혼에 대한 인식이 변화하고 있는 것은 사실이다. 부모님 의사보다는 당사자 의견이 중요하고, 혼인 신고를 하지 않고 사실혼 관계를 유지하는 이들도 늘고 있다. 하지만 결혼식과 신혼집 마련을 위한 경제적 부담은 여전한 듯하다. 결혼하려면 경제력이 뒷받침되어야 하는데 청년 실업 문제가 심각하다 보니 만혼과 비혼이 늘어나고 있다.

그에 비하면 쿠바에서의 결혼은 훨씬 쉬워 보인다. 본인의 의사에 따라 파트너를 선택하는 것은 너무도 당연한 일이다. 채 한 시간도 안 되는 식을 치르고 손님에게 식사 대접하느라 수천만 원을 써야 하는 한국의 결혼식에 비해 쿠바의 결혼식은 매우 단출하다. 변호사 사무실에서 가족 외 증인 두 명이 참관하는 가운데 변호사가 결혼의 의무 등을 설명하고 결혼 당사자 두 사람이 동의한다고 서명하면 결혼이 성립된다. 이렇게 간단한 절차임에도 쿠바인들은 법률혼 절차를 거치지 않는 경우가 많다. 쿠바는 카리브해와 중앙아메리카 다른 나라와 비슷하게 법률에 의한 결혼보다는 합의에 의한 동거 형태로 지내는 커플이 많다.[121] 원한다면 가까운 가족끼리 모여서 파티를 열 수도 있지만, 한국의 결혼식처럼 번잡하고 돈이 많이 들지 않는다.

쿠바인들이 결혼을 미루고 출산을 미루는 가장 큰 이유는 경제적 문제, 특히 집 때문이다. 쿠바는 주택 소유율이 높지만 가구당 동거인 수가 많고, 주택 수가 절대적으로 부족하다. 그렇다 보니 집이 있는 부모나 조부모와 함께 살 것이 아니라면 젊은 신혼부부가 집을 마련하기란 매우 어려운 일이다.

## 사랑은 움직이는 것

열정적 사랑을 중요하게 여기는 쿠바인들에게는 '백년해로'가 그리 좋은 것만은 아닌 듯하다. 그들에게 사랑은 움직이는 것. 그래서 만남과 헤어짐도 빈번하다. 법률혼 관계에 있는 파트너와 헤어지려면 이혼 절차가 필요하다. 이혼 의사가 확실하고 18세 미만 자녀 양육권, 재산 분할 등에 대해 두 사람이 합의하면 비교적 절차가 간단하다. 변호사 사무실에 가서 이혼하겠다는 의사와 합의 내용을 이야기하고, 일주일 뒤 다시 사무실에 방문해 서명하면 이혼 절차가 완료된다. 하지만 두 사람 간 합의가 되지 않으면 재판을 하기도 한다.

절차만 보면 한국과 큰 차이가 없어 보인다. 하지만 쿠바에서는 이혼과 재혼에 대한 사회적 편견이 적어서 당사자들이 보다 쉽게 이혼을 선택할 수 있다. 여성이 이혼으로 받게 되는 부담도 적다. 일단 남편과 헤어지고 나서 다른 가족과 살 가능성이 높기 때문에 양육 부담을 나눌 수 있고, 양육 기관을 이용하기도 쉽다. 그리고 성별, 직업 간 급여 차이가 크지 않고, 가구원 수에 따라 기본 생필품이 배급되기 때문에 이혼으로 인한 경제적 타격이 크지 않다. 그리고 쿠바에서 이혼은 특별한 사람만 하는 게 아니고 누구나 하는 것이므로 심리적 부담감도 적다.

발표되는 수치만 보고 한국과 쿠바의 이혼율이 비슷하다고 판단해서는 안 된다. 통계 수치는 법률혼을 기준으로 한 것인데, 쿠바는 사실혼 관계의 커플이 많다는 점을 고려하면 쿠바인들의 만남과 이별이 한국보다 자유롭다고 볼 수 있다.

자신의 감정을 숨기지 않고, 감정이 시키는 대로 몸과 마음을 맡기는 쿠바인들은 한국인들의 사랑과 이별 방식을 어떻게 생각할까? 한국인은 남녀가 짝을 지어 춤추는 일이 거의 없고, 쿠바인들처럼 감정 표현을 적극적으로 하지도 않는다고 하자 쿠바인이 이렇게 반문했다. "그럼 너희는 어떻게 사랑을 시작해?"

종종 쿠바와 한국은 스펙트럼의 양 끝에 있는 것처럼 느껴지곤 한다. 느림과 빠름, 내가 원해서 하는 행동과 남을 의식해서 하는 행동, 사회주의와 자본주의, 연대와 경쟁… 쿠바인과 한국인의 사랑과 이별 방식 역시 달라도 너무 달라 보인다.

# 천성 혹은 체념

쿠바인의 생활 방식은 '빨리빨리'와 조급함이 일상화된 한국과는 매우 다르다. 한때 SNS에 '한국인 고문법'이라는 글이 회자되었는데, 다음은 그중 일부이다. "인터넷 속도를 10메가바이트 이하로 줄인다. 버스가 완전히 정차하고 난 뒤 자리에서 일어나게 한다. 엘리베이터 문 닫기 버튼을 누르지 못하게 한다."

옳고 그름, 좋고 나쁨에 대한 가치 판단을 뒤로하고, 효율과 조급함과는 거리가 먼 생활 방식을 경험해보고 싶다면 쿠바를 추천한다. 어떤 상황에서도 크게 화내지 않고 기다림에 익숙한 그들을 보면서 짜증과 조급함을 버리지 못하는 내 모습이 무척 못나 보였다. 쿠바에서 지내는 동안 적게 소비하고 아껴 쓰는 그들의 모습은 어느 정도 따라 해볼 수 있었다. 하지만 느긋하게 인내하고 기다리는 것은 흉내조차 어려웠다. 쿠바인들이 그렇게 느긋할 수 있는 것은 '천성'인 걸까, 아니면 '체념'인 걸까?

## 정전이 되어도 이어지는 노랫소리

쿠바는 정전이 잦다. 방충망이 없는 집에서 모기를 피하는 방법은 창문을 닫는 것뿐이다. 그런 다음에는 더위와 상대해야 한다. 한국도 마찬가지이지만 선풍기와 에어컨 없이 여름을 지내기란 상상조차 어렵다. 한국은 사계절이 뚜렷하지만 쿠바는 아침과 밤에 서늘함이 느껴지는 12월에서 2월까지의 석 달을 제외하면 한국의 여름과 비슷한 날씨이다. 그래서 난방 개념은 따로 없지만 냉방 장치는 매우 중요하다. 외국인 대상 민박업 허가를 받기 위해 꼭 갖추어야 하는 조건도 에어컨 설치이다.

그런데 가끔 에어컨과 선풍기가 무용지물이 된다. 정전 때문이다. 그럴 때면 모기와 더위를 동시에 견뎌야 한다. 이런 상황이 되면 극도의 짜증이 몰려온다. 모두가 창을 열어놓다 보니 이웃들의 대화 소리, TV 소리, 음악 소리, 아이 우는 소리, 개 짖는 소리까지 함께 견뎌야 한다.

하루는 자정 즈음 정전이 되어 창문을 열고 바람이 잘 통하는 곳에 의자를 가져다 놓고 잠을 청하는데 이웃집에서 파티가 열렸다. 대개 파티가 있으면 음악을 틀어놓고 먹고 마시며 춤추는데, 그 이웃과 손님들은 북을 치며 다 같이 노래를 불렀다. 실컷 노래를 부르다 정전이 되니 모두가 "아~" 하더니 다시 노래를 이어갔다. 잠시 후 전기가 들어오자 이번에는 "와~" 하면서 노래를 계속 불렀다. 몇 초 지나지 않아 다시 정전이 되었지만 그들의 노래는 계속되었다. 화를 내거나 짜증 내는 이웃은 하나도 없었다. 정전되었다고 어딘가 전화해 항의하거나 화를 내는 이웃을 단 한 사람도 본 적이 없다. 그저 기다릴 뿐이다.

늦은 시간에 거리를 걷다 보면 블록 전체가 불빛 하나 없이 깜깜하다. 처음에는 너무 어두워 밤길 걷기가 무서웠다. 하지만 나중에는 무섭다는 생각보다 '제발 우리 블록은 정전이 아니길' 하는 생각뿐이었다.

## 물 아끼는 비법

정전은 바로 알 수 있지만 단수는 좀 다르다. 당장 물을 쓰고 있던 상황이 아니라면 단수인지 모르기 때문이다. 그렇다고 단수를 예고해주는 것도 아니고 언제쯤 물이 공급되는지 알 수도 없다. 집마다 물탱크가 있어서 아껴 쓰면 단수가 되더라도 얼마간은 버틸 수 있다. 그렇다 보니 항상 물 사용을 최소화하는 생활 방식에 적응해야 한다.

일단 세탁기를 사용하지 않고 손빨래를 한다. 쿠바 가정에 세탁기가 다 있는 것은 아니다. 월세 70만 원을 지불한 덕에 세탁기, 에어컨 사용의 편의를 누릴 수 있었다. 세탁기가 자주 고장 나 어쩔 수 없이 시작한 손빨래지만 하다 보니 물, 시간, 전기 절약을 위해 충분히 할 만한 수고였다. 어쩌다 세탁기를 사용하더라도 흘러나온 물을 통에 받아놓고 바닥 청소나 변기에 재사용했다.

또 다른 물 절약 방법은 세제 사용을 최소화하는 것이다. 주방에서뿐 아니라 욕실에서 사용하는 수많은 종류의 세제를 과감히 줄였다.

머리와 얼굴에 비누 거품이 가득한 상태에서 단수되는 상황을 맞이하지 않기 위함이었다. 게다가 주방 세제, 세안제, 비누, 샴푸, 린스, 보디 샴푸 등은 사기도 힘들뿐더러 세제를 사용하면 물을 많이 쓰게 되므로 세제 사용을 최소화했다. 그런 생활을 지속하다 보니 한국에서 아무런 생각 없이 사용했던 다양한 세제가 꼭 필요한 것은 아니라는 생각이 들었다. 언젠가부터는 변기 물을 매번 내리는 것마저 아깝다는 생각이 들었다.

아직 이런 생활에 익숙해지기 전 쿠바 친구들에게 불편함을 토로한 적이 있는데, 그들의 반응은 내 입을 막았다. "너희 집은 그래도 좋은 동네에 있어서 단수되는 시간보다 물 나오는 시간이 더 긴 거야." "한국 사람은 너무 깨끗이 하려고 애쓰는 것 같아. 그렇게까지 깨끗하지 않아도 괜찮은데 말이야."

### 줄 설 때 꼭 확인해야 하는 것, 울티모

쿠바에 도착해 처음으로 줄 서서 기다린 곳은 공항 환전소였다. 쿠바 화폐는 쿠바가 아니면 구할 수 없다. 미국 달러나 유로, 캐나다 달러를 가져가 쿠바 공항에서 쿠바 화폐인 세우세로 바꿔야 한다. 쿠바 내에서는 달러나 유로를 사용할 수 없기에 공항에서 목적지로 이동하기 위해서는 반드시 환전을 해야 한다. 그렇게 비행기 연착으로 자정 넘어 도착한 쿠바에서 첫 번째 줄 서기를 경험했다.

이후 기다림은 일상이 되었다. 쌀을 사기 위해, 달걀을 사기 위해, 현금인출기에서 돈을 찾기 위해, 휴대전화 충전 카드를 사기 위해, 인터넷 카드를 사기 위해, 식당에서 밥 먹기 위해, 은행에서 수입인

지를 사기 위해, 환전하기 위해, 두루마리 휴지를 사기 위해, 버스를
타기 위해…

아바나에서 가장 넓고 번화한 곳인 23번가에 '코펠리아'라는 아이
스크림 가게가 있다. 피델 카스트로가 미국이 만들어 파는 아이스크
림보다 더 맛있고 저렴한 아이스크림을 개발해 팔라고 지시해서 만
든 가게가 코펠리아이다. 세계에서 가장 큰 아이스크림 가게인 코펠
리아는 국영으로 운영하고 현지인이 주 고객이기 때문에 가격이 매
우 저렴하다. 단 음식을 좋아하는 쿠바인들에게 에어컨까지 가동되
는 그곳은 '핫 플레이스'일 수밖에 없다. 한 가지 단점이라면 몇 시간
동안 기다릴 인내심과 시간이 필요하다는 점이다. 줄 서는 것이 싫어

아이스크림 가게 코펠리아 앞의 기나긴 줄

버스를 타려고 줄 서 있는 사람들

서 아직 코펠리아를 가보지 못했다고 하니 쿠바 친구가 비 오는 날 아침 일찍 가면 오래 기다리지 않아도 들어갈 수 있을 거라고 조언해 주었다.

다행인 점은 '울티모Último'라는 규칙이 있다는 것이다. 울티모는 '마지막'을 뜻하는 스페인어인데, 줄 서기가 워낙 일상이다 보니 나름의 묘책을 마련한 듯하다. 여기저기 흩어져 있는 사람들 가운데 누가 마지막 사람인 줄 모르고 그 뒤에 줄을 섰다간 낭패를 볼 수도 있다. 그래서 사람들이 줄 서서 기다리고 있다면 "울티모"라고 외치며 누가 마지막 사람인지 확인해야 한다. 그러면 자신이 새로운 울티모가 되는 것이다. 새로 온 사람이 울티모를 찾으면 "요Yo(나)"라고 확인해주고 울티모 자리를 넘겨준다. 줄에서 자기 앞사람이 누구인지

동네 슈퍼마켓 개점을 기다리는 사람들

확인하고 나면 뙤약볕을 피해 잠시 그늘에서 쉴 수도 있고, 잠깐 다른 일을 보고 올 수도 있다.

이런 오랜 줄 서기는 쿠바 생활의 어려움 가운데 하나였다. '내가 이렇게 길바닥에서 시간 낭비하러 이곳에 왔나? 스페인어 단어라도 외울까?' 하는 생각이 들곤 했다. 그러던 어느 날 수업 시간에 교수가 말했다. "우리에게 줄 서기는 대화의 시간이야. 나는 우리 동네에서 아이스크림을 사 먹을 수도 있고 영화를 볼 수도 있지만 일부러 중심가로 와. 많은 사람을 만나 대화할 수 있거든." 물론 쿠바 사람이라고 다 그 교수 같지는 않겠지만 시간 소비에 대한 생각이 이렇게 다를 수도 있구나 싶었다.

## 누구에게 힘든 하루였을까

쿠바에서의 생활 두 달 만에 다른 지역으로 여행을 떠났다. 당일치기 패키지 여행이었는데 출발부터 순조롭지 않았다. 시간이 한참 지나서야 버스가 도착해 언짢았지만 일단 출발했으니 즐겁게 보내자고 다짐하며 마음을 달래던 참이었다. 한 시간이나 달렸을까? 경찰이 차를 세우고 운전기사, 가이드와 한참 동안 이야기를 나눴다. 버스에 올라온 가이드는 운전기사가 전날 마신 술이 깨지 않아 음주운전 상태여서 경찰이 더 이상 운전을 못 하게 했다고 설명했다. 우리는 여행사에서 다른 운전기사와 버스를 보낼 때까지 꼼짝없이 기다려야 했다.

여행지를 향하던 버스는 도로에 멈췄고, 노란 옷을 입은 가이드가 승객들에게 상황을 설명하고 있다.

달리던 차를 세워 음주운전을 적발한 경찰과 회사의 처분만 기다려야 하는 관광버스 운전기사

　관광객들은 하는 수 없이 길가에 세워놓은 버스에 앉아 있거나 버스 밖으로 나와 서성거리며 기다렸다. 얼마간의 시간이 지난 뒤 경찰이 정밀 검사를 한 결과 본래 운전을 했던 기사가 운전해도 괜찮은 상태가 되었다며 운전을 허락했다. 하지만 여행사가 이를 허락하지 않았고, 긴급히 투입할 새 차량과 기사를 찾는 동안 관광객들은 그때까지 달려온 시간보다 더 많은 시간을 기다려야 했다.

　점심도 계획된 시간보다 늦게 먹어야 했고, 원주민 마을이라고 갔는데 이미 원주민 역할을 하던 사람들은 퇴근해 텅 비어 있었다. 석회동굴 유람은 보트 운전자가 퇴근해버려 예정보다 오래 기다려야 했다. 도착이 늦어지는 바람에 일정이 모두 꼬였고, 가이드는 일정을 조정하느라 분주했다. 짜증스러운 상황이었지만 쩔쩔매는 가이드가 안쓰러워 "참 힘든 하루겠구나"라고 말을 건넸다. 하지만 그녀의 반응은 의외였다. "힘들다고? 순서만 바뀌었지 오늘 가야 할 곳도 모두 갔고 다친 사람도 없는데 왜?"하며 웃음을 보였다.

## 범죄 영화를 웃으며 보는 쿠바인

체류 기간 한국 영화제에 초대받아 아바나 시내에 있는 인판타 극장에 갔다. 한 달 이상 아바나에 체류하는 한국인이 스무 명 남짓이기에 소규모 극장에서 열리는 조촐한 행사일 줄 알았다. 정시에 도착한 극장 분위기는 예상과 달랐다. 많은 사람이 줄 서서 기다리고 있었고, 쿠바의 유명 배우와 공직자도 방문했다. 상영관에 들어가니 이미 빼곡히 자리가 찼다.

개막작은 〈끝까지 간다〉였는데, 영화의 내용은 대략 이러하다. 어머니의 장례식장에 있던 주인공에게 경찰인 자신을 내사한다는 연락이 온다. 부정부패를 일삼던 그는 증거를 없애기 위해 급하게 경찰서로 향하는데, 그 길에 실수로 사람을 치어 사망하게 한다. 이를 감추기 위해 시신을 어머니 관에 함께 묻어 범죄를 은폐하려 했고, 성공하는 듯했다. 하지만 사고 희생자가 범죄조직과 연루된 사람이었고, 그 사망자가 거액의 돈을 찾을 수 있는 단서를 가지고 있어서 그 시신을 찾기 위해 쫓고 쫓기는 그런 내용이다.

일부 코믹한 장면도 있긴 했지만 영화 내내 협박과 폭력, 살인이 계속되는 섬뜩하고 긴장감 넘치는 스릴러였다. 하지만 쿠바인들의 반응은 좀 달랐다. 나는 차마 볼 수가 없어서 영화 중간중간 눈을 감았다 뜨기를 반복하고 귀를 막기도 했는데, 그런 순간에도 쿠바인들은 소리 내어 웃었다. 번역이 잘못된 건 아닐까? 쿠바인들은 도대체 심각할 줄 모르는 사람들인가?

하지만 한국 영화제에 대한 보도에 따르면, 쿠바인들도 이 영화를 역동과 감동, 긴박함이 넘치는 훌륭한 작품으로 평가했다고 한다. 결코 영화를 잘못 이해하거나 제대로 이해하지 못한 것이 아니었다. 그냥 서로 다르게 반응했을 뿐이었다. 작은 상황도 심각하게 받아들이고 걱정하던 내게 "괜찮아" "좋아질 거야" "조금씩 조금씩"이라며 위로해주던 과외 교사와 웃으면서 범죄 영화를 보던 관객이 오버랩되었다.

평생 쿠바와 아르헨티나를 오가며 활동하던 체 게바라의 막냇동생 후안 마르틴 게바라는 형을 기리는 책에서 쿠바인들을 이렇게 묘사했다. "나는 쿠바 민족을 좋아한다. 멋지고, 의연하며, 자신들에 맞는 리듬으로 즐길 줄 안다. … 그들은 아무것도 아닌 말을 끊임없이 재미있게 구사하는 화술 전문가이고, 물속에서도 시가를 피우는 일이 가능한 재주꾼들이다. 그들은 삶의 기쁨으로 가득 차서 춤추고, 웃고, 농담하며 행복을 찾고 낙천적 기질과 유머 감각이 넘치는 기질로 불행 따위는 가볍게 여긴다."[122]

## 느긋한 운전자들

쿠바에서는 좌회전, 직진, 우회전 모두 초록 신호일 때만 가능하다. 그래서 비보호 우회전에 익숙한 한국인들은 경찰 단속에 잘 걸린다. 엄격한 신호 체계하에서 운전하면서도 쿠바 운전자들은 매우 조심스럽다. 자신이 양보해야 할 차선의 차가 시야에 한 대도 없을 때까지 기다린다.

합승 택시는 정해진 경로를 오가며 그 경로 내의 목적지까지 태워 다주는 교통수단이다. 5인승에서 12인승까지 다양한 형태의 합승 택시가 있고, 타고 내리는 방법도 다양하다. 안쪽 승객이 먼저 내려야 하면 바깥쪽에 앉은 승객들은 내렸다 다시 타야 한다. 그 과정에서 짐을 들어주기도 하고, 손을 잡아주기도 하고, 문을 여닫는 것을 도와주기도 한다. 택시 기사는 그 모든 과정을 묵묵히 기다린다.

한 사람이라도 더 태워야 수입이 늘어나기 때문에 기피 승객이 있을 법도 하다. 예를 들면 아이들을 많이 데리고 타는 승객이나 연로한 승객이 그렇다. 아이 몫으로 택시비를 따로 받지 않기 때문이고, 연로한 승객은 승하차 시간이 오래 걸리기 때문이다. 나는 거의 매일 두 번 이상 합승 택시를 타고 다녔지만 쿠바 택시 기사들이 특정 승객을 거부하는 것은 한 번도 보지 못했다. 만약 택시 기사가 승차를 거부한다면 그건 승객 때문이 아니라 자신이 운행하는 경로와 승객의 목적지가 맞지 않기 때문이다. 택시에 빈자리가 있는 한, 그리고 목적지가 자신의 경로와 맞는 한 승차 거부란 없다.

귀국 후 라디오에서 귀에 쏙 들어오는 공익 광고를 들었다. "운전대만 잡으면 변하는 당신, 당신은 좋은 사람입니까?" 이 말대로라면 나는 좋은 사람이 아니고, 쿠바 운전자는 대부분 좋은 사람이다.

## 소소한 감사들

계획과 의지대로 되지 않는 상황이 반복됨에도 큰 탈 없이 몇 달을 지내다 보니 조바심과 걱정, 욕심을 덜어낼 수 있었다. 그러다 생각 외로 일이 쉽게 풀릴 때면 사소한 일에도 기분이 매우 좋아졌다.

"여기가 아니라 다른 곳으로 가야 해" "담당자 휴가니까 다음 주에 와" "오늘은 근무일이 아니니 내일 다시 와" "오늘은 물건이 없어. 언제 올지 모르겠어. 다음에 와봐" "이건 원본이 필요하니 다시 가져와" "출력본을 가져와" 등등의 이야기를 들으면 만감이 교차한다. 예상치 못한 돌발 상황이 워낙 많은 곳이다 보니 의외로 일이 술술 잘 풀리면 그 기쁨도 크다. 스페인어 공인 인증 시험 신청을 단 이틀 만에 마치고 돌아가려는데, 평소 10달러 넘게 내야 탈 수 있는 택시를 2달러에 태워주겠다고 했다. 택시 기사에게 오늘은 모든 일이 술술 잘 풀리는 게 마치 내 생일 같다고 말했다. 하지만 내 짧은 스페인어 실력 탓에 택시 기사는 정말로 내 생일인 줄 알고 "생일 축하해. 몇 번째 생일이야? 스무 번째?" 하면서 한바탕 웃었다.

귀국 즈음에는 정전과 단수가 동시에 안 되는 것에 감사함마저 느끼게 됐다. 그런 시간을 보내면서 언제든 버튼을 누르면 불이 켜지고, 에어컨이 작동하며, 수도꼭지를 돌리면 물이 콸콸 쏟아지는 상황이 과연 언제까지 지속될 수 있을까 하는 생각이 들었다. 피크 오일은 우리가 곧 맞이할 현실이다. 신재생에너지 개발 계획을 발표하지만 말 그대로 계획일 뿐이다. 언제 닥칠지 모르는 어려움에 적응하기 위해 소방 훈련이나 지진 대피 훈련을 하듯 정전과 단수 적응 훈련도 필요하지 않을까?

한편 비단 쿠바인들만 무언가를 위해 오래 기다리는 삶을 살고 있는 걸까 하는 생각도 들었다. 오히려 한국인들이 원하는 바를 얻기 위해 더 오랜 시간 인내하는 것은 아닐까? 원하는 대학에 가기 위해 오랜 기간 입시 지옥을 견디고, 취업을 위해 대학을 졸업하고 대학원을 졸업하고 학원을 다니면서 오랫동안 기다린다. 원하는 배우자를 찾고, 결혼에 필요한 조건을 갖추기 위해서도 오랫동안 기다린다. 한국인들은 오랜 기다림에는 익숙하지만 짧은 기다림에는 너무 인색한 것이 아닐까?

쿠바인들의 결핍에 대한 수용, 기다림에 대한 수용이 천성이든 반복에 의한 체념이든 한국인들도 이를 배울 수 있다면 삶이 조금은 더 여유로워질 것이다.

# 광고 없는 나라 쿠바

강신주의《상처받지 않을 권리》를 보면 프롤로그에 한 여성이 등장한다.[123] 그녀는 예상하지 못했던 보너스를 받아 백화점에 들어서면서 귀족 부인 같은 당당함을 느낀다. 원하는 물건을 사고 집으로 돌아가는 길, 원하는 것을 가졌는데도 뭔가 빠진 듯한 결핍감을 느낌과 동시에 또다시 돈 쓸 일들을 떠올리며 수입과 지출에 관한 복잡한 계산을 한다.

자본주의는 소비를 부추겨 이윤을 창출하고, 소비를 위해 노동의 세계로 사람들을 몰아내 생산을 유지한다. 위의 여성은 이런 자본주의의 작동에 매우 잘 순응하고 있는 인간상을 대변한다. 사실 대부분이 그녀와 크게 다르지 않은 모습과 생각으로 살아간다. 더 많은 소비를 부추기기 위해 끊임없이 유행을 만들고, 그 유행을 따르고 새로운 상품을 구입하도록 하는 데 광고는 매우 중요한 역할을 한다. 이러한 자본주의의 작동에 익숙해진 상태에서 방문한 쿠바는 좀 다르게 보였다.

## 광고의 홍수 속에 사는 한국인

대부분 한국인은 본인의 의사와 상관없이 시간과 공간을 상업적 광고에 빼앗기고 있다. TV, 신문, 인터넷, 전단, 현란한 간판뿐만 아니라 대중교통 수단의 내외부 공간까지 광고의 매체가 되고 있다. 보기 싫고 듣기 싫어도 봐야 하고 들을 수밖에 없고, 이런 상황에 반복적으로 노출되다 보면 결국 재화와 서비스 구매를 결심하게 된다.

지하철이 없는 지방에 살다가 서울에서 지하철을 탈 때마다 마땅치 않은 것이 하나 있다. "○○병원에 가시려면 이번 역에서 몇 번 출구로 나가시기 바랍니다" 하는 식의 안내를 가장한 광고 방송이다. 대중교통 수단과 의료는 빈부의 차이에 상관없이 누구나 누릴 수 있는 공공재여야 하는데, 이 두 영역 깊숙이 자본이 침투해 있는 것을 듣기가 영 편치 않다. 지하철역 벽면을 차지하면서 시각을 빼앗아가는 것으로도 부족해 광고 방송까지 하면서 청각마저 자극하는 전략이 마땅치 않다.

물론 사회 체계가 유지되려면 적절한 생산과 소비가 필요하다는 점에는 동의한다. 하지만 소비의 양과 질을 살펴보면 과연 우리가 현명한 소비를 하고 있는지 의문이 든다. 산업자본주의 사회에서 소비에 대한 욕망이 충족되는 순간이란 결코 존재하지 않는다. 소비에 대한 욕망을 소비자가 아닌 산업자본이 만들기 때문이다. 다시 말하자면 어떤 서비스나 물건을 사겠다는 결정은 구매자가 하는 것이 아니라 사실상 생산자가 하는 것이다. 이때 중요한 역할을 하는 것이 광고이다.

산업자본주의는 시간의 차이를 이용해서 이윤을 남긴다. 예를 들면 A라는 휴대폰을 사용하고 있는데 얼마 지나지 않아 새로운 B 모델의 휴대폰이 출시된다. 두 휴대폰 사이에는 시간 차이가 발생한다. 이 시간 차이는 본래적으로 존재하는 것이 아니라 생산자가 새로운 상품을 출시했기 때문에 발생한다. 생산자는 새로운 모델을 생산하기 위해 투자한 비용을 회수해야 하고 그러려면 최대한 많이 팔아야 한다. 수단과 방법을 가리지 않고 소비를 부추겨야 한다. 이전 상품에 문제가 생겨 새로운 모델로 바꿀 때까지 기다릴 여유가 없다.

이때 사용되는 것이 광고이다. 새로운 상품을 보여주며 소비를 부추기는 직접 광고만이 전부가 아니다. 마치 정보를 제공하는 듯한 신문 기사나 방송 프로그램, 드라마나 영화에서 주인공이 사용하는 물건 등이 결국 소비를 부추기는 미끼, 즉 광고인 경우가 많다. 광고가 없는 대중매체 콘텐츠를 찾기 어려울 정도이다.

직·간접적 광고는 숨어 있는 욕망, 미처 깨닫지 못했던 욕망을 깨울 뿐만 아니라 새로운 욕망을 만들어낸다. 이는 우리가 구입하는 상품과 서비스가 과연 꼭 필요한지, 쓰지 않고 버리는 물건이 정말로 제 기능을 못 해서인지 생각해보면 알 수 있다. 과연 누구를 위한 소비인가? 필요에 의한 소비가 아니라 욕망에 의한 소비가 너무 많은 건 아닐까? 중요한 사실은 인간의 소비욕을 채워줄 수 있는 자원이 무한하지 않다는 점이다.

## 광고 없는 방송과 신문

쿠바 TV에는 광고가 없다. 정확히 말하면 상업 광고가 없다. 쿠바의 광고는 공익 광고나 정보 제공에 가깝다. 내가 쿠바 TV에서 본 가장 상업적인 광고는 쿠바의 유명 관광지와 아름다운 풍경을 보여주고는 마지막에 "Bienvenido a Cuba(쿠바에 온 것을 환영합니다)"라는 자막이 나오는 영상이었다. 나머지는 '모기 퇴치법' '내 집 앞부터 깨끗이 하자' '금연' 등에 관한 내용이었다.

한국 신문에는 전면 광고나 빈면 광고가 많다. 기사 형식을 가장한 광고도 있다. 반면 쿠바 신문에서는 광고를 찾아보기 힘들다. 일단 쿠바의 일간지는 분량 자체가 많지 않다. 가끔 특별판은 10면이 넘을 때도 있지만 대개 타블로이드판 8면 정도이다. 쿠바 신문에는 어떤 물건을 사라는 광고 대신 나이와 건강 상태에 따라 어떤 식료품을 받을 수 있고 어디로 가야 하는지 등을 안내하는 내용이 실려 있다.

쿠바 매체에 상업 광고가 거의 없는 이유가 있다. 생필품 외의 사치품, 기호품이 흔치 않기 때문이다. 사고 싶어도 물건이 다양하지 않고, 물건이 있다 해도 구매력이 낮다. 이런 현실적인 이유뿐만 아니라 정부의 의도도 반영되어 있는데, 혁명 이전에 상업적 가치만을 유포하던 TV와 라디오가 계몽과 건전한 가치관 함양에 도움이 되도록 해야 한다는 것이 혁명 정부의 의도였다. 쿠바의 모든 언론 매체가 국영이고, 외국 언론사가 TV나 라디오 방송국에 투자할 수 없기 때문에 가능한 일이기도 하다. 피델 카스트로는 인터뷰에서 상업 광고에 대한 생각을 밝혔는데, 이를 보면 쿠바 TV나 신문에 광고가 없는 이유를 이해할 수 있다.

쿠바 신문에 실린 배급품 안내문

"엄청난 돈이 상업 광고에 사용되면서 그 어느 것으로도 만족시킬 수 없는 소비주의의 열망을 수십억 명의 머릿속에 심고 있습니다."

"왜 광고에 수억, 수십억 달러를 쓰는 걸까요? 광고로 낭비하는 10억 달러로 얼마나 많은 일을 할 수 있을까요? 쿠바는 광고에 한 푼도 사용하지 않는 나라입니다."

"대중 매체가 탄생하면서 그것들은 인간의 정신을 차지했습니다. 그리고 거짓말뿐만 아니라 조건 반사를 바탕으로 인간의 정신을 지배합니다. 거짓말과 조건 반사는 다릅니다. 거짓말은 지식에 영향을 끼치지만 조건 반사는 사고 능력에 영향을 줍니다. 생각할 능력을 상실한 것과 모르는 것은 다릅니다. … 그렇게 인류를 사고할 능력이 없는 존재로 만들어버리니다. 똑같은 비누인데 열 개의 다른 상표가 있다면 특정 비누를 소비하도록 대중을 속이죠. 그 상품의 엄청난 광고비는 회사가 지불하는 것이 아니라, 광고를 통해 그 물건을 사는 사람들이 지불합니다. 그들은 조건 반사를 만들기 위해 돈을 씁니다."

"우리의 텔레비전이나 라디오와 신문은 상업 광고를 게재하지 않습니다. 모든 광고는 건강과 교육, 문화, 체육, 스포츠, 건전한 오락, 환경 보호의 문제를 다룹니다. 또한 마약과의 투쟁, 사회적 성격의 사고나 다른 문제와의 투쟁을 홍보합니다. 우리의 대중 매체는 사람들을 악에 물들게 하거나 소외시키지 않고 대신 교육시킵니다. 썩은 소비 사회의 가치를 찬양하거나 숭배하지 않습니다."[124]

## 간판 없는 나라

쿠바에 처음 도착해 가장 많이 했던 말이 "돈데 에스타 Dónde eatá ○○?(○○이 어디 있나요?)"였다. 가게를 찾아 헤매면서 사람들에게 물어보면 "저기로 가면 있어" 하고 대답해준다. 서투른 스페인어 실력 탓에 못 찾은 적도 있지만 분명 맞게 갔는데도 찾지 못하기도 했다. 다시 묻기를 여러 번 반복해서 겨우 찾고 나면 헛웃음이 나왔다. 습관대로 그럴싸한 간판과 번듯한 상점을 생각하며 찾았건만, 막상 찾고 보면 골목 앞 벽에 가게 이름이 쓰여 있고 정작 그 가게 앞에는 별다른 표시조차 없곤 했다.

한국의 의학전문대학원 학생들의 병원 참관을 위해 콘술토리오를 찾아갈 때도 한참을 헤매야 했다. 딱히 건물이 따로 있는 것도 아니고 간판이 있는 것도 아니어서 간호사복을 입은 사람이 유리창 너머

길목에 있는 신발 수선점의 유일한 간판

왼쪽부터 꽃가게, 시계 수리점, 신발 수선점이다.

에 있는 것을 보고는 겨우 찾아 들어갔다. 어학연수 등록금을 내기 위해 경제부 사무실을 찾아갈 때도, 비자 발급을 위해 이민청에 갈 때도 직접 물어보지 않고는 찾기 어려웠다. 상가 건물 벽면이 온통 간판으로 뒤덮인 한국과는 매우 달랐다.

## 목 좋은 곳엔 구호가

한국은 도심뿐 아니라 도심 밖 고속도로 주변에도 사람들의 이목이 쏠릴 만한 곳에는 모두 상업용 광고가 차지하고 있다. 기업 광고뿐 아니라 대학 홍보 간판도 흔히 볼 수 있다. 어떤 공간이든 어느 시간대든 상업 광고가 많고 규모도 크다. 하지만 쿠바에서는 목 좋은 곳에 구호가 적혀 있다. 구호의 내용은 보통 이렇다.

"모두를 위한 교육 Educación Para Todos"

"봉쇄: 역사상 가장 긴 대학살 BLOQUE–El genocidio más largo de la historia"

"이 도시를 사랑한다 Amo este ciudad"

목 좋은 곳에는 광고 대신 역사를 기억하고 혁명을 지키자는 구호들이 자리 잡고 있다.

"무엇보다도 소중한 자원은 바로 인간이다 Lo más importante, nuestro capital Humano"

"제국주의 양반들, 우리는 당신들이 전혀 무섭지 않아! Señores imperialistas, ¡No les tenemos absolutamente ningun miedo!"

쿠바에서 상업 광고를 보기 어려운 이유에는 상업 광고를 지양하는 쿠바 정부의 의도 외에도 여러 이유가 있다. 국영 기업이 수입, 유통, 판매를 독점하고 있어 광고 시장이 발달하지 않았기 때문일 수도 있다. 소비를 억지로 부추겨 팔 물건도 없고, 쿠바인의 구매력이 없어서일지도 모른다. 산업자본주의와 공생 관계라 할 수 있는 대중 매체가 발달하지 못했기 때문일 수도 있다. 어쨌든 극단의 자본주의를 표방하는 나라에서 살다 온 외국인의 입장에서 욕망을 필요로 둔갑시켜 소비를 부추기는 광고가 없다는 것만으로도 삶의 피로도가 확 낮아지는 듯했다.

# 쿠바 정부에 하고 싶은 제안들

쿠바에서의 생활을 가장 잘 표현해주는 단어는 '불편함'이다. 상식적으로 이해하기 힘든 비싼 자동차 가격과 렌트비, 너무 적고 낡은 대중교통, 제한된 통신 수단, 짧은 근무 시간과 느긋한 일 처리로 인한 기다림의 연속, 언제 닥칠지 모르는 정전과 단수… 처음에는 하루에 몇 번씩 귀국을 고민하게 했던 것들이 시간이 지나면서 '불편함' 정도로 인식되었고, 이내 감수할 만해졌다. 하지만 시간이 지난 지금에도 하루빨리 개선되기만을 바라는 점이 몇 가지 있다. 쿠바 정부에어서 빨리 개선해달라고 요구하고 싶은 쿠바의 '옥에 티'는 이러한 것들이다.

## 걱정 없이 마실 물

쿠바인 집에 초대받았을 때의 일이다. 방금 점심 먹고 오는 길이라 목이 마르지 않아서 물을 사양했더니 "수돗물 끓여서 정수기에 걸러 냉장고에 넣어놔서 시원해!" 하면서 장황하게 설명한다. 이렇게 물에 대해 장황하게 설명하는 이유를 쿠바에서 잠시라도 지내본 사람이라면 이해할 것이다.

수도관에서 물을 받아 끓이면 다량의 하얀 침전물이 생긴다. 형편이 괜찮은 집은 정수기를 사용해 끓인 물을 걸러 식수로 사용한다. 하지만 정수기가 없는 집은 하얀 천을 깔때기 모양으로 만들어 거기에 거른다. 처음 쿠바에 도착해 집주인과 함께 살 때는 집에 정수기가 있어서 바로 마실 물을 마련하는 것이 어려운 줄 몰랐다. 하지만 독채로 이사한 집에는 정수기가 없었다. 다행히 집주인이 미리 만들어놓은 천 깔때기를 사용했는데 여간 귀찮은 게 아니었다. 일단 가만히 앉아 있어도 땀이 흐르는 더운 날씨에 물을 계속 끓이는 것부터가 고역이다. 끓고 나면 식기를 기다렸다가 천 깔때기에 거르는데, 병안으로 들어가는 게 반, 흘려 버리는 게 반이다.

좀 더 쉬운 방법이 있긴 하다. 생수를 사 먹는 것이다. 하지만 가격이 만만치 않다. 생수 1.5리터에 1세우세 정도 하는데, 모든 식수를 생수로 이용하려면 큰돈이 든다. 750원짜리 라면 하나를 끓여 먹으려면 생수 1,000원어치가 필요하다. 사서 나르는 일도 문제인데, 가게에서 집 앞까지 차를 이용할 수 없는 상황에서 한 번에 살 수 있는 물의 양이란 뻔하기 때문이다. 쿠바에는 배달 서비스나 택배도 없다. 게다가 가게에 가도 물이 없는 경우가 종종 있다. 그런데 이렇게 힘들게 구한 생수도 끓이면 침전물이 생긴다. 양의 차이가 있을 뿐이지 하얀 침전물이 가라앉는 건 수돗물과 매한가지이다.

나보다 먼저 쿠바 생활을 시작한 한국분은 이런저런 안내를 해주면서 물에 대해 이렇게 충고했다. "물은 반드시 사서 드세요. 그리고 마트에서 산 생수도 꼭 끓여서 거른 다음에 드세요. 쿠바 물이 그런지 모르고 그냥 지냈더니 신장 결석이 생겨서 미국 가서 수술받았어요." 처음에는 조심하느라 그분 충고를 따랐는데 귀국 즈음에는 바로 마실 물만 생수를 사서 마시고, 나머지 생활 식수는 수돗물을 끓여 사용했다. 어쨌든 쿠바에서 지내려면 물을 자주 끓여야 한다.

물과 관련한 또 다른 어려움은 잦은 단수이다. 내가 머물던 베다도 지역은 그나마 사정이 나은 지역임에도 단수를 자주 겪었다. 그래서

수돗물을 끓이면 생기는 침전물

세제 사용을 최소화하고, 샤워는 땀을 닦아내는 정도로만 했다. 물 사용을 최대한 줄이기 위해 손빨래를 하고, 빨래한 물은 모아두었다가 걸레를 빨기도 하고 변기에 재활용하기도 했다. 시의원이 주민들을 만나 의견을 듣는 모임에서 주민들이 가장 많이 언급한 것도 '아구아Agua', 물이었다.

귀국 후 쿠바의 수질에 대한 자료를 찾아보면서 쿠바의 물 문제 현황을 좀 더 정확하게 이해할 수 있었다. 쿠바는 수자원과 관련해 복합적인 문제에 직면해 있다. 우선 쿠바는 대표적인 물 부속 국가이다. 댐 건설을 통해 담수량을 꾸준히 늘려왔지만 지속적인 물 사용량 증가, 오염, 재활용 부족 등으로 물 부족은 계속 쿠바의 골칫거리로 남아 있다.

게다가 물 손실률이 높아 물 부족 현상을 더욱 악화하고 있다. 상수도 시설이 낡아 공급 과정에서 누수로 손실되는 물의 양이 심각한 수준이다. 피나르 델 리오 지역은 13%, 만사니요 지역은 30%, 산타클라라 지역은 42%가 공급 과정에서 손실되고 있다. 또 아바나로 매달 들어오는 물 3,000만 세제곱미터 중에서 1,200만 세제곱미터가 손실되고 있다.[125] 체류 기간에 쿠바 뉴스에서 수도관이 낡아 상수도가 누수되는 장면을 몇 차례 본 적이 있다.

또 다른 문제는 수질 오염이다. 공업 및 생활 폐수, 농업용수가 제대로 하수 처리되지 않은 상태로 방류되고 있다. 하수 처리 시설이 부족하고, 그나마도 지어진 지 100년이 넘어 재정비와 확장이 필요하다. 아바나 하수 처리 시설은 인구 40만 명을 가정하고 건설했는데, 그 시설로 현재 200만 명의 하수를 처리하고 있다. 가정 하수의

40%만이 하수 시스템으로 모이고 나머지는 그대로 방류된다. 이 때문에 쿠바 해안의 오염이 심각한 수준이다. 해안을 따라 만든 말레콘은 연인들의 데이트 장소이자 낚시꾼들의 여가 공간이며 관광객의 필수 코스이다. 그런데 그 말레콘에 너울대는 파도와 바닷물은 깨끗하지도 않을뿐더러 쓰레기로 가득하다.

처리되지 않은 하수는 바닷물뿐 아니라 지하 대수층도 오염시킨다. 아바나 시내를 관통하는 알멘다레스Almendares강은 처리하지 않은 생활 하수가 그대로 흘러와서 물빛이 석연치 않은 진한 초록색을 띤다. 문제는 그 강 아래로 아바나 시민들이 마시는 식수의 36%를 공급하는 지하 대수층이 흐르고 있다는 사실이다. 이렇다 보니 쿠바산 생수를 사 먹는 것도 찜찜하기는 마찬가지이다.

하수 처리가 제대로 되지 않아 쓰레기가 널려 있는 아바나만

이 글을 읽었다면 쿠바에서 수돗물을 그냥 마실 용기가 나지 않을 것이다. 쿠바 정부에 첫 번째로 제안하고 싶은 것은 상하수도 시설의 개선이다. 안전하게 마실 물, 기본 생활이 가능한 생활용수는 교육과 의료만큼이나 살아가는 데 중요하기 때문이다.

## 공중화장실

쿠바에 다녀온 사람이라면 누구나 화장실 사용료를 내본 경험이 있을 것이다. 쿠바에서는 자기 집 화장실을 이용할 때를 제외하고는 거의 예외 없이 화장실 사용료를 내야 한다. 휴게소 화장실, 공원에 있는 공중화장실, 식당 안에 있는 화장실, 박물관에 있는 화장실, 심지어는 대학교 안에 있는 화장실도 사용하려면 돈을 내야 한다.

공중화장실을 사용하면서 사용료를 내는 것은 이해할 수 있다. 그런데 매달 300달러가량을 내고 수업을 받으러 다니는 학생이 돈을 내야 대학 화장실을 이용할 수 있다니. 더욱 난감한 점은 돈을 내도 이용할 수 없을 때가 있다는 사실이다. 외국인을 위한 스페인어 과정이 개설된 아바나 대학 건물의 화장실을 관리하는 분은 연세 지긋한 백발의 할머니이셨는데, 그분이 몸이 아파 출근하지 못한 날이면 화장실 문이 잠겨 있었다. 그런 날에는 네 시간의 수업 시간 동안 급한 상황이 발생하면 빨리 집에 가거나 화장실 문이 열려 있는 근처 호텔을 찾아야만 했다.

식당에서도 마찬가지이다. 주로 현지인이 이용하는 식당에는 거의 화장실이 없고, 외국인이 이용하는 식당에는 대부분 화장실이 마련되어 있지만 돈을 내야만 쓸 수 있다. 이렇다 보니 식당을 고를 때 화장실은 중요한 기준이다. "그 식당 화장실 상태 괜찮은데 돈 안 내도 돼!"

화장실 사용료는 천차만별이다. 현지인이 많이 사용하는 화장실은 100원, 200원만 내도 고맙다고 하지만, 쿠바 노동자 하루 일당 수준의 돈을 요구하는 화장실 관리사도 있다. 아바나 비에하의 오비스포 거리에 있는 한 식당에서 있었던 일인데, 1세우세짜리 화폐가 없어서 20세우페를 내고 화장실에 들어가려고 했다. 두 화폐의 환율이 1 대 24이니 얼추 비슷한 금액인데 화장실 관리사는 4세우페 부족한 그 돈을 받지 않겠다며 1세우세를 가져오라고 했다. 200원 정도 하는 금액을 깎아주기 싫었던 것이다.

한국인 관광객을 인솔했던 분의 경험담도 기억에 남는다. 한국인 관광객들의 화장실 사용 빈도가 잦았는데 그때마다 1인당 1세우세씩 지불하다 보니 그 돈도 상당해서 식당에 가면 먼저 화장실 이용료부터 협상했다고 한다. 일행이 모두 열 명인데 5세우세를 줄 테니 일행 모두 화장실을 사용하게 해달라는 식으로 말이다.

100원에서 6,000원까지 쿠바의 화장실 사용료는 정말 천차만별이다. 상황이 이러하다 보니 생긴 부작용이 바로 노상 방뇨이다. 조금만 후미진 곳이면 여지없이 노상 방뇨의 흔적을 후각적·시각적으로 느낄 수 있다. 심지어는 노상 방변의 흔적도 볼 수 있다.

화장실 상황이 이러한지라 집을 나서기 전에는 반드시 화장실에 들렀다. 외출 시에 물은 최소한만 마시고, 화장실을 쓸 수 있는 기회는 절대 놓치지 않았다.

쿠바 정부에 하고 싶은 두 번째 제안은 공중화장실을 많이 만들어

달라는 것이다. 화장실 관리사 제도는 일자리 창출 측면에서 나름의 의미가 있다고 생각한다. 그러니 일자리 창출을 위해, 시민들의 생리적 욕구 해소를 위해, 그리고 도시 미관을 유지하기 위해 꼭 공중화장실을 충분히 만들어주길 바란다.

## 쓰레기 분리수거 시스템

쓰레기 버리기는 한국보다 쿠바가 훨씬 쉽다. 일단 물자가 귀해 버릴 것이 많지 않다. 그리고 버릴 것은 복잡하게 분리할 필요 없이 한꺼번에 모아 블록마다 비치된 큰 쓰레기통에 던져 넣으면 그걸로 끝이다. 그러면 매일 쓰레기 수거차가 와서 쓰레기통을 비워준다.

한국에 있을 때는 음식물 쓰레기 버리는 일이 가장 싫었다. 음식물 쓰레기를 모아 수거함까지 가는 일도, 냄새 나는 수거함을 열어 음식물 쓰레기를 버리는 일도 늘 스트레스였다. 그런데 쿠바에서는 일반쓰레기에 음식물 쓰레기도 함께 버리니 훨씬 수월했다. 하지만 이내 마음이 불편해졌다.

블록마다 있는 쓰레기통에는 모든 것이 다 들어갔다. 나뭇잎, 시멘트 덩어리, 음식물 쓰레기, 병, 캔, 비닐, 플라스틱 등 모든 것이 같이 버려졌다. 매일 오는 수거차가 내 눈앞의 쓰레기를 치워줬지만, 그 쓰레기가 어떻게 처리되는지 궁금했다. 저렇게 한꺼번에 가져가면 재활용은 어떻게 하나 걱정되었다.

그러다 유리병, 캔, 플라스틱을 모으러 다니는 사람을 보았다. 따로 모으는 사람이 있다면 어떻게든 재활용이 되는 것이겠기에 자체 분리수거를 하기로 했다. 일부 쿠바인도 분리수거와 재활용의 필요성을 인식하고 있고 TV 뉴스에서 럼주나 와인 병을 재활용하는 장면도 볼 수 있었지만, 분리수거 시스템은 마련되지 않은 상황이었다.

쿠바의 생활 폐기물 처리 방식을 보면 분리수거가 더욱 절실해 보인다. 전 지역에서 쓰레기 수거가 이루어지긴 하지만, 매립장에서는 별다른 통제나 처리 절차 없이 내버려진다. 아바나 매립장은 이미 포화 상태여서 새로 두 개의 매립장을 조성하고 있다. 산업 폐기물 처리도 생활 쓰레기와 크게 다르지 않다. 일부를 시멘트 공장에서 소각하는 정도이다. 세계폐기물관리기구Waste Management World는 쿠바에 선진 기술을 갖춘 쓰레기 매립장과 소각장 설립이 필요하다고 제안하기도 했다.[126]

그나마 다행스러운 것은 쿠바의 쓰레기 중 절반 이상이 가정의 음식물 쓰레기와 농업 부산물이라는 점이다. 이들 쓰레기는 미생물에 의해 환경 친화적으로 분해되기 때문에 바이오가스 같은 신재생에너지로 활용할 수 있다.[127] 쿠바는 에너지원을 석유에 크게 의존하고 있다. 쿠바 해안에서 석유가 탐지되어 채굴 작업을 하고 있긴 하지만 현재는 수입에 의존하고 있고, 석유가 수입 품목 중 가장 높은 비중을 차지하고 있어서 신재생에너지의 개발이 시급한 상황이다.

그러므로 쿠바 정부에 하고 싶은 세 번째 제안은 쓰레기 분리수거 시스템을 만들고 재활용 기술을 개발하라는 것이다. 쓰레기 분리수거는 물자 부족 해소와 신재생에너지 개발의 첫 단계이기 때문이다.

# 달고 짠 쿠바의 맛

쿠바 의사와 인터뷰하던 중에 농담 삼아 "쿠바는 무상 의료를 자랑하는데 그럼 성형 수술도 무료인가요?"라고 물었다. 난감한 표정으로 아니라고 대답할 줄 알았는데 의사가 웃으며 "물론입니다"라고 대답해 오히려 내가 당황했다. 하지만 성형 수술 개념이 한국과 전혀 달랐다. 쿠바에서 가장 흔한 성형 수술은 지방흡입술로, 비만 환자가 주 대상이다. 쿠바인들은 도대체 무엇을 어떻게 먹기에 무료 지방흡입술이 필요한 걸까?

## 쿠바인의 식생활

쿠바인이 즐겨 먹는 음식은 빵, 밥, 스파게티, 고기, 럼주 등이다. 탄수화물은 빵과 쌀, 스파게티로 섭취하는데 셋 다 배급이 된다. 거의 표준화된 맛과 크기의 햄버거 빵이 배급되고, 돈 내고 살 수 있는 빵은 맛도 모양도 다양하다. 한국인 입맛에는 지나치게 단 것이 문제지만, 가격은 빵 하나에 50원 정도밖에 안 한다. 쿠바인들은 인디카종 쌀을 먹는데, 우리가 '안남미'라고 부르는 길쭉하고 찰기가 없는 쌀이다. 스파게티 면도 배급되는데 토마토소스와 치즈를 섞은 소스와 함께 먹는다.

육류는 주로 돼지고기와 닭고기를 먹는다. 소고기는 일반인에게 유통하는 것 자체가 불법이다. 비교적 쉽게 구할 수 있는 육류가 돼지고기인데 당일에 도축한 돼지를 통째로 일반 승용차에 싣고 온다.

하나에 40~50원꼴인 쿠바 빵. 예쁘기도 하고 먹음직스러워 한입 베어 물고 나면 너무 달아서 후회하게 된다. 하지만 쿠바 생활에 위로가 되는 것이 달콤한 빵과 케이크라고 말하는 사람도 있다.

그러면 정육점 직원들이 의사 수술복 같은 초록색 유니폼을 입고 부위별로 해체한다. 그즈음에 사람들이 하나둘 모여 줄을 서기 시작한다. 냉동이나 냉장 시설이 있는 정육점은 거의 없고 노상에서 고기를 잘라놓고 판매한다. 시간이 늦으면 원하는 부위를 살 수 없다. 아침에 도착한 돼지를 부위별로 해체해 팔고, 다 팔고 나면 퇴근한다.

쿠바인은 개고기는 먹지 않지만 고양이 고기는 먹는다. 고양이 고

냉장 시설 없이 개방된 공간에서 고기를 판매하는 쿠바의 정육점

기를 합법적 과정을 거쳐 도축해 판매하는 것은 아니다. 쿠바인이 고양이 고기를 먹게 된 계기는 특별시기로 거슬러 올라간다. 쿠바 국민의 평균 체중이 10킬로그램가량 줄고, 영양 결핍으로 50만 명이 실명 위기를 겪던 때이다. 당시에는 먹을 수 있는 것은 뭐든 먹어야 했고 고양이도 그중 하나였다. 그 시절을 떠올리며 한 쿠바인은 "지금은 길거리에 고양이가 이렇게 많이 돌아다니지만 그때는 길에 돌아다니는 고양이가 거의 없었어"라고 회상했다.

쿠바인들은 고기를 먹을 때 비계나 껍질은 먹지 않는다. 정육점에서 돼지고기를 손질할 때도 비계와 껍질을 분리해 버린다. 만약 쿠바에서 삼겹살을 먹고 싶다면 도축한 돼지를 해체할 때 특별히 부탁해야 한다. 닭고기는 주로 냉동 상태로 판매하는데 요리 과정에서 껍질은 모두 분리해 버리고 요리한다.

쿠바가 사탕수수의 나라인 만큼 럼주는 쿠바를 대표하는 상품이다. 럼주는 쿠바 정부의 주요 수입원이자 쿠바인들이 즐겨 마시는 술이다. 헤밍웨이가 즐겨 마셨던 모히토를 비롯해 다이키리, 쿠바 리브레 모두 럼주가 기본 재료이다.

쿠바에서 럼주는 기호 식품 이상의 의미가 있다. 쿠바의 럼주 브랜드는 모두 여덟 가지인데 가장 유명한 브랜드는 '아바나 클럽Havana Club'이다. 아바나 클럽 상표권이 쿠바 경제 제재를 더욱 강화한 헬름스-버튼 법 제정의 배경이 되었다는 해석도 있다. 바카디Bacardi는 돈 파쿤도 바카디 마소Don Facundo Bacardí Masso가 1862년에 쿠바에 세운 럼 제조사이다. 1960년 혁명 정부가 모든 주류 브랜드를 국영화하면서 파산하는 듯했지만 당시 경영주였던 보슈Jose M. Bosch가 본사를 영국령인 버뮤다로 이전하면서 몰수 위기에서 벗어났다. 혁명 정부에 반감을 품은 바카디는 쿠바계 미국인 중 피델 카스트로에 반대하는 이들로 조직된 단체에 활동 자금을 지원하기도 했다.

쿠바는 럼주의 재료가 되는 사탕수수를 수출하는 국가로, 럼주 제조에 좋은 품질의 원료를 보유한 생산지로 손꼽힌다. '쿠바 럼주' 자체가 주효한 마케팅 전략이 될 수 있는 것이다. 바카디는 쿠바산 럼주라는 이미지가 중요했기 때문에 '아바나 클럽'이라는 브랜드를 사용하기 원했고, 쿠바산 럼주기 미국에 수출되는 것을 막아야 했다. 이를 위해 미국이 쿠바 경제 제재를 강화하도록 직·간접적으로 영향력을 행사하고 로비를 벌였다.[128]

아바나 클럽의 럼주. 1년산부터 15년산 이상까지 매우 다양한데, 숙성 연도가 낮은 럼주는 맑은 색이고, 높을수록 갈색빛을 띤다.

쿠바인들은 채소를 즐겨 먹지 않는다. 쿠바인들이 채소를 즐겨 먹지 않는다는 말에 고개를 갸우뚱하는 사람이 있을지 모른다. 쿠바는 도시농업을 국가 차원에서 장려하는 나라이고, 한국의 한 저자는 쿠바의 신선한 채소를 극찬하며 '천국의 밥상'이라고 표현하기까지 했다. 쿠바의 제철 과일이나 채소가 매우 신선하고 맛있다는 점에는 동의한다. 그런데도 쿠바인들은 채소를 즐겨 먹지 않는다. 채소 종류가 한국만큼 다양하지 않고, 샐러드 말고는 채소를 사용하는 음식이 딱히 없기 때문인 듯하다. 허브 종류를 제외하고 쿠바에서만 나는 채소는 몇 안 되지만, 한국에는 있는데 쿠바에는 없는 채소는 많다. 무, 콩나물, 미나리, 쑥갓, 깻잎, 열무, 호박, 고사리, 토란 등 셀 수 없을 정도다.

채소 구입 비용도 섭취량에 영향을 미치는 듯하다. 채소는 배급되지 않기 때문에 따로 돈을 내고 사야 한다. 제철 과일과 채소는 비교적 싼 가격에 살 수 있고 맛도 좋지만 제철이 아니면 공급되지 않거나 아주 비싸다. 감자, 피망, 양파는 1년 내내 비싸다. 아바나 유일의 한국 식당에서는 양파 구입비로 한 달에 40만 원까지 쓰기도 한다는데, 이는 쿠바 노동자 월급의 10배가 넘는 금액이다. 채소 가격이 비싸니까 스스로 재배해 먹을 방법을 고안해볼 만도 한데, 대부분 쿠바인들은 채소를 직접 경작할 만큼 부지런하지는 않다.

또 쿠바인들은 매운 음식을 못 먹는다. 그렇다 보니 고추는 아바나에서 제일 큰 재래시장에나 가야 구할 수 있는데 주 고객은 중국인들이다. 쿠바인들이 먹는 매운 음식이라고는 피망 정도이다. 후추가 약간 들어간 음식도 맵다고 아우성이다. 노인복지시설 원장과 인터뷰

쿠바의 채소 가게. 뚜렷한 사계절에 익숙한 한국인에게 쿠바는 늘 여름인 것처럼 느껴지지만, 철에 따라 판매하는 채소의 종류가 조금씩 다르다. 언제든 쉽게 살 수 있는 채소는 말랑가와 고구마이다.

를 마친 뒤 한국 음식을 먹어보고 싶다고 해서 가장 맵지 않은 메뉴 인 비빔밥을 주문했다. 그녀는 따로 나온 고추장을 조금 떠서 맛보더 니 매운맛에 놀라 결국 고추장 없이 비빔밥을 먹었다.

한국 열혈 팬인 인디라는 호세 마르티 문화원에서 한국어를 배워 한국어도 곧잘 하고, 한국 노래, 드라마, 배우도 매우 잘 안다. 한국 음식도 좋아한다기에 집으로 초대해 매운 라면과 김치를 줬더니 세 상에 이렇게 매운 음식이 있을 수 있냐며 물배만 채우고 갔다.

쿠바인들이 먹기 어려운 것들이 있다. 정확히 표현하자면, 먹고 싶 어도 구하기가 거의 불가능해 못 먹는 것이다. 해산물, 소고기, 감자, 사과 등이 그렇다. 사과는 쿠바 기후에서 재배할 수 없어 수입하기 때문에 구하기 힘들고, 그 외의 것들은 주로 수출하고 외국인 식당에 납품하느라 내국인들에게 유통하지 않기 때문에 보기도 힘들다.

음식의 종류와 양이 쿠바라고는 믿기지 않는 곳도 있다. '올 인클루시브All inclusive 해변 관광'은 쿠바의 유명한 관광 상품이다. 해변가 전망 좋은 호텔에서 며칠간 휴양할 수 있는데 1인당 지불하는 가격에 숙박비와 식비를 비롯한 모든 비용이 포함되어 있다. 다양한 시설 이용료 역시 포함되어 있고, 음식과 주류를 포함한 음료는 무제한 제공된다. 체크인할 때 손목에 팔찌를 채워주는데 그 팔찌가 바로 '모든 서비스 이용 가능'을 의미한다. 해변가 선베드에 누워서 팔찌를 찬 손을 들면 웨이터가 음료를 주문받아 배달까지 해준다. 카요 코코, 카요 레비사, 카요 라르고, 바라데로 등이 올 인클루시브 패키지 서비스를 제공하는 휴양지가 밀집해 있는 곳이다. 주로 북쪽 해안에 있고, 섬 전체가 휴양지인 곳도 있으며, 쿠바인의 출입을 금지하는 곳도 있다.

그곳을 이용하는 이들은 물론 외국인이다. 그토록 구하기 힘들었던 싱싱한 해산물과 온갖 종류의 육류와 과일 등 그곳에는 모든 것이 풍성했다. 최대한 쿠바 현지인처럼 소비하고 생활해보겠다는 생각에 몇 달간 부족과 결핍에 애써 적응하며 지내다가 그곳에 가서였을까? 모든 것이 넘쳐나는 그곳을 보고 마음이 편치 않았다. '먹을 것이 다 여기로 와서 정작 쿠바인들이 먹을 것이 없군' 하는 생각이 들었다.

## 튀기지 않으면 어떻게 먹어?

라 소시에다드 쿠바나La Sociedad Cubana의 대표인 게라Jorge Pablo Alfonso

Guerra 박사는 쿠바인의 비만율이 43%에 달하고 소아 비만은 정도가 더욱 심하다며 비만 문제의 심각성을 경고했다.

20대까지만 해도 단단하고 날렵한 쿠바인들의 몸매는 30~40대가 되면서 남성은 복부가, 여성은 엉덩이와 허리둘레가 기형적으로 커지곤 한다. 비만 문제가 있는 남성의 배는 출산을 앞둔 여성보다 더 크다. 여성은 다리 굵기에 비해 엉덩이와 허리가 지나치게 두꺼운 체형으로 변하는 경우가 많다. 이렇다 보니 건강을 위해 지방흡입술이 필요한 환자가 생기기도 한다.

쿠바인들의 비만 문제는 무엇을 먹느냐보다 조리법과 첨가물에 원인이 있는 듯하다. 쿠바 전통 음식 중에는 오래 끓이는 음식이 있긴 하지만 대부분 음식이 기름기가 가득하다. 볶거나 튀기는 음식이 대부분이기 때문이다. 고기도 튀기고, 고구마도 튀기고, 감자도 튀기고, 바나나도 튀기고, 밥도 기름을 넣어서 볶다가 소금을 넣어 끓이기 때문에 기름기가 있다. 간혹 그릴에 굽기도 하지만 일반 가정에서는 그릴에 굽는 것이 어렵기 때문에 대부분 기름에 볶거나 튀겨서 먹는다.

왜 그렇게 모든 것을 기름에 튀기냐고 물었더니 "튀기지 않으면 어떻게 먹어?"라는 대답이 돌아왔다. 오히려 국물이 많은 한국 음식을 신기해했다. 밥을 태워 집주인은 난감해했지만 나는 간만에 누룽지를 맛볼 수 있어서 신이 났다. 타서 버리려는 밥을 달라고 해 물을 넣고 끓여 먹자 이해할 수 없다는 표정으로 바라보았다.

한 쿠바인은 "달거나 짠 게 쿠바 음식이야"라고 했다. "요리사가 사랑에 빠지면 음식이 짜진다"라는 쿠바 농담도 있다. 음식이 짜다고

# Obesidad infantil: un mal con cura

El sobrepeso entre niños y adolescentes se convirtió desde finales del pasado siglo en un problema de salud. Con estrategias adecuadas esta enfermedad puede prevenirse y asegurar un correcto desarrollo de los infantes

**Raiza Arango Medina**

¿Hacen bien los padres cuando no velan por el desproporcionado aumento del peso de sus hijos? ¿Se ven realmente lindas las llamadas roscas en los bebés? Aunque muchos crean que es vitalidad en los primeros años de vida, lo cierto es que eso sucede por el exceso de grasa corporal en el cuerpo. Esa adiposidad supone condicionantes para la salud y bienestar generales, predisponiéndolos a padecer dolencias que pueden perdurar hasta la adultez.

Respecto al tema, el doctor Alberto Quirantes Hernández, profesor de Medicina y jefe del servicio de Endocrinología del Hospital Docente Salvador Allende, explicó en la revista digital Cubahora que la obesidad infantil se mantiene en aumento en el país debido, en gran parte, a los inadecuados estilos de vida.

El galeno precisó que como en todas las demás conductas de sana educación en el hogar, tanto la madre como el padre, e incluso los familiares cercanos, deben servir de modelo respecto a los hábitos y conductas de la alimentación, y la práctica de actividades físicas.

### Números no tan delgados

Cerca del 43 % de la población cubana padece sobrepeso u obesidad, argumentó el doctor Jorge Pablo Alfonso Guerra, presidente de la Sociedad Cubana de Nefrología en su libro titulado *Obesidad: epidemia del siglo XXI*.

La obra destaca que los niños y adolescentes son el segmento poblacional en el cual se combinan más factores desencadenantes para la obesidad, debido a la alimentación inadecuada, una tendencia a realizar menos actividad física y a falsos criterios de salud y belleza.

Según datos de la Organización Mundial de la Salud (OMS) la prevalencia de la obesidad entre lactantes, niños y adolescentes es mayor cada día. Si bien en algunos entornos las tasas se han estabilizado, en cifras absolutas hay más niños con sobrepeso en las naciones de ingresos bajos y medianos que en los de altos.

La OMS, en su informe para erradicar la obesidad en el 2016, destacó que solo podrán lograrse progresos sostenidos si se realizan enfoques multisectoriales entre lo que hacen la vida cotidiana y la escolar.

Y es que la falta de información sobre enfoques sólidos respecto a la nutrición, así como la limitada disponibilidad y asequibilidad de alimentos sanos, contribuyen a agravar

| foto: Agustín Borrego Torres

El bienestar y la salud de los bebés comienza desde la propia alimentación de las madres y las dietas balanceadas que realicen durante la gestación. | foto: Del Programa Mundial de Alimentación (PMA) en Cuba

Jugar, así como la práctica de ejercicios se extienden es uno de los esquemas más eficientes

Lo negativo
La obesidad t to físico, men en los niños, desarrollo es nes demuestra edad obesos sufrir padeci asma, hipert diabetes del articulacione

También ner una pobr baja autoesti zados por el experimenta dad, tristeza depresión.

Nunca es tar
La receta p ferente para los adultos. seguro de sa sería la cla sanos y en acostumbra dietas balan tenidos de v de modo qu dos y pued elecciones c adulto a su s

Correspo que tienen comprar la las opcione anterior, y carbohidra Es el hoga asentar u nutrición centes.

La ma sobrepeso que sufren la diferenci tos saludab nores, de m ellos fácilme

Acciones para comba •Entren ejercicios ca Como to física, las ac gimnasia a sumo de cal disminuye la ta la masa mejora la co se realiza la pero.

El tejid calorías par rrectamente graso, por l nen más mú a la hora de

•Déjalos Actualm más seden la era tecno cil el queda Por ello, l los niños lea montar en b que, e invo actividades con otros ni

•Apega actividades

Dado q investiga trado que menta el aprender, apoyar l

비만의 심각성과 예방 및 관리 방법에 대한 기사(《트라바하도레스 신문》 2016년 6월 13일 자)

하면 "사랑에 빠졌나 봐" 하면 그만이다. 사탕수수의 나라인 만큼 설탕 사랑도 대단하다. 그냥 먹어도 단 과일에 설탕을 뿌려 먹는다. 아침 식사로 나온 주스가 너무 달아서 물을 부어 마시려는데 주인집 할머니는 그 주스에 설탕을 티스푼도 아니고 큰 숟가락으로, 한 번도 아니고 두 번이나 넣어 마셨다.

쿠바에서 기름과 소금이 안 들어간 밥을 먹기 힘든 것처럼 설탕이 빠진 커피를 마시기도 쉽지 않다. 고급 레스토랑에 가면 향 좋고 달지 않은 에스프레소를 마실 수 있지만 보통 동네 카페테리아나 식당에서 접할 수 있는 커피는 아주 단 에스프레소이다. 과거에 아바나 대학 교수였고 지금은 여행사 가이드 일을 하는 가스통은 점심 식사 후 작은 에스프레소 잔에 서너 스푼의 설탕을 넣었다. 내가 놀라서 바라보자 그가 말했다. "나는 설탕이 충분히 들어가 찐득거리는 상태의 커피가 좋아."

## 성형 수술도 무료지만

상해나 기형으로 손상된 신체를 교정하거나 회복하기 위해서가 아니라 단지 예뻐 보이기 위해서 하는 성형 수술이 쿠바에서는 필요없겠다는 생각이 들었다. 예뻐 보이기 위해 신체 일부를 변형한다는 것은 곧 그 사회가 선호하는 미의 기준이 있고, 그 기준에 자신을 맞추겠다는 것이다. 하지만 쿠바에는 미에 대한 일정한 기준이나 선호가 없어 보였다.

쿠바인들의 생김새와 피부색, 머리카락 색과 모양은 매우 다양하다. 원주민, 스페인계 백인, 미국계 백인, 아프리카계 흑인, 동양인 등 매우 다양한 인종과 민족이 섞여 있는 다민족 국가이기 때문이다. 그렇다 보니 특정 미인상, 미남상이라는 것이 없고, 스스로 예쁘다고 생각하면 예쁜 것이고, 멋지다고 생각하면 멋진 것이다.

한번은 쿠바인에게 한국의 성형 수술에 대해 설명해주었다. 눈을 크게 하고, 코를 오뚝하게 하고, 이마를 튀어나오게 하고, 피부를 밝게 하고, 얼굴형을 갸름하게 하는 수술과 비용에 대해 들려주었다. 그랬더니 아시아인의 쌍꺼풀과 외까풀 눈의 차이를 모르겠고, 코 높이도 다 비슷해 보이는데 왜 그걸 위해 그 많은 돈을 내고 아픈 수술을 받느냐는 질문이 되돌아왔다.

쿠바인에게 커피는 곧 시럽을 많이 넣은 에스프레소이다. 한국에서 마시던 아메리카노를 마시려면 커피 한 잔과 뜨거운 물이나 얼음을 따로 주문해 섞어야 한다.

# 주

1 새로운 사회를 여는 연구원, 《분노의 숫자 - 국가가 숨기는 불평등에 관한 보고서》, 동녘, 2014

2 박종서, 〈학업자녀가 있는 가구의 소비지출 구조와 교육비 부담〉, 《보건·복지 Issue & Focus》 제293호, 2015; 김경근·우석진·최윤진, 《교육과 출산 간의 연계성에 관한 거시-미시 접근〉, 한국보건사회연구원·고려대학교 산학협력단, 2016

3 헬렌 야페, 류현 옮김, 《체 게바라, 혁명의 경제학》, 실천문학사, 2012

4 존 리 앤더슨, 허진·안성열 옮김, 《체 게바라 혁명가의 삶》, 열린책들, 2015

5 요시다 타로, 위정훈 옮김, 《의료천국, 쿠바를 가다》, 파피에, 2011

6 요시다 타로, 《의료천국, 쿠바를 가다》

7 세계은행 자료, Actualitix(http://ko.actualitix.com) 참고

8 박종서, 《모성보호제도 성과 분석과 정책과제》, 한국보건사회연구원, 2016

9 e-나라지표 홈페이지(http://www.index.go.kr)

10 미국 중앙정보국 자료, Actualitix 참고

11 강경희, 〈1990년대 '평시 특별시기' 이후 쿠바 여성 정책의 변화와 지속성〉, 《정치정보연구》 19(1), 2016

12 피델 카스트로·이냐시오 라모네, 송병선 옮김, 《피델 카스트로 - 마이 라이프》, 현대문학, 2008

13 요시다 타로, 송제훈 옮김, 《몰락 선진국 쿠바가 옳았다 - 반성장 복지국가는 어떻게 가능한가?》, 서해문집, 2011

14 이재갑, 〈뎅기열〉, 《대한내과학회지》 86(3), 2014

15 정준호, 〈첫 감염 뒤 60년 동안 '소리 없는 확산', 지카 바이러스〉, 《한겨레 과학웹진 사이언스온》, 2016. 4. 29

16 이소정, 〈쿠바, 생태관광 명소로 도약하나〉, 《KOTRA 해외시장뉴스》 2016. 12. 15

17 H. M. Kruger, 〈Community-based Crime Control in Cuba〉, 《Contemporary Justice Review》 10(1), 2007

18 이소정, 〈쿠바, 생태관광 명소로 도약하나〉

19 헨리 루이스 테일러, 정진상 옮김, 《쿠바식으로 산다 - 밑바닥에서 본 아바나의 이웃 공동체》, 삼천리, 2010

20 헨리 루이스 테일러, 《쿠바식으로 산다 - 밑바닥에서 본 아바나의 이웃 공동체》

21 정기웅, 〈쿠바의 의료외교: 소프트파워 외교에의 함의〉, 《제정치논총》 55(3), 2015

22 박소영, 〈한국의 교육 ODA 현황과 개선방안〉, 《아시아교육연구》 11(1), 2010

23 헬렌 야페, 《체 게바라, 혁명의 경제학》

24 존 리 앤더슨, 《체 게바라 혁명가의 삶》

25 헬렌 야페, 《체 게바라, 혁명의 경제학》

26  후안 마르틴 게바라 · 아르멜 뱅상, 민혜련 옮김, 《나의 형, 체 게바라》, 홍익출판사, 2017

27  헬렌 야페, 《체 게바라, 혁명의 경제학》

28  존 리 앤더슨, 《체 게바라 혁명가의 삶》

29  김달관, 〈쿠바 카스트로 체제 유지요인의 배경과 특징: 1959-2006〉, 《이베로아메리카》 8(2), 2006

30  아비바 촘스키, 정진상 옮김, 《쿠바혁명사: 자유를 향한 끝없는 여정》, 삼천리, 2014

31  요시다 타로, 안철환 옮김, 《생태도시 아바나의 탄생》, 들녘, 2004

32  Saira Pons Pérez, 〈Non-State enterprises in Cuba: Innovative or Rent-seeking〉, Colloquium on Institutional Reforms, Bildner Center for Western Hemisphere Studies, CUNY, 2014. 정경원 · 조구호 · 신정환 · 김원호 · 문남권 · 정기웅 · 하상섭, 《21세기 한국 · 쿠바 협력 관계 증진을 위한 정책방안 모색: 정치외교 · 문화 · 경제 · 환경 부문을 중심으로》(대외경제정책연구원, 2015)에서 재인용

33  피델 카스트로 · 이나시오 라모네, 《피델 카스트로 ─ 마이 라이프》

34  김희순, 〈변화하는 쿠바 사회〉, 《라틴아메리카 이슈》 4, 2012

35  외교부, 《쿠바 개황》, 2015

36  방지원, 〈캐나다, 쿠바 경제개발 프로젝트 시동 걸다〉, 《KOTRA 해외시장뉴스》 2017. 2. 17

37  이혜진, 〈피델 카스트로 타계 후 쿠바 시장을 노리는 미국〉, 《KOTRA 해외시장뉴스》 2016. 12. 19

38  정경원 외, 《21세기 한국 · 쿠바 협력 관계 증진을 위한 정책방안 모색: 정치외교 · 문화 · 경제 · 환경 부문을 중심으로》

39  김성훈 외, 《쿠바에서 우리의 과거와 미래를 보다》, 대산농촌문화재단, 2012

40  요시다 타로, 《생태도시 아바나의 탄생》

41  김성훈 외, 《쿠바에서 우리의 과거와 미래를 보다》

42  요시다 타로, 《생태도시 아바나의 탄생》

43  이소정, 〈쿠바 경제의 미래, 의약품과 의료 수출이 주도한다〉, 《KOTRA 해외시장뉴스》 2016. 9. 23

44  정경원 외, 《21세기 한국 · 쿠바 협력 관계 증진을 위한 정책방안 모색: 정치외교 · 문화 · 경제 · 환경 부문을 중심으로》

45  새로운 사회를 여는 연구원, 《분노의 숫자 ─ 국가가 숨기는 불평등에 관한 보고서》

46  〈부동산 뇌관 주담대 290조, 원금 상환 충격 시작됐다〉, 《조선일보》 2018. 8. 2

47  피델 카스트로, 강문구 옮김, 《카스트로: 아바나 선언》, 프레시안북, 2010

48  아널드 오거스트, 정진상 옮김, 《쿠바식 민주주의 ─ 대의민주주의 vs 참여민주주의》, 삼천리, 2015

49  아비바 촘스키, 《쿠바혁명사: 자유를 향한 끝없는 여정》

50  이소정, 〈쿠바, 주택 매매 자유화 이후 부동산 시장 꿈틀〉, 《KOTRA 해외시장뉴스》 2016. 10. 13

51  이용성, 〈월평균 소득 2만원에 주택보유율 90%⋯쿠바 경제 이야기〉, 《조선일보》

2015. 7. 23

52 이소정, 〈쿠바, 주택 매매 자유화 이후 부동산 시장 꿈틀〉
53 요시다 타로, 《몰락 선진국 쿠바가 옳았다 – 반성장 복지국가는 어떻게 가능한가?》
54 요시다 타로, 《몰락 선진국 쿠바가 옳았다 – 반성장 복지국가는 어떻게 가능한가?》
55 헨리 루이스 테일러, 《쿠바식으로 산다 – 밑바닥에서 본 아바나의 이웃 공동체》
56 이소정, 〈쿠바 인터넷 시장, 2020년 보급률 90% 목표 박차〉, 《KOTRA 해외시장뉴스》 2016. 8. 30
57 이소정, 〈쿠바, 애플리케이션 개발 스타트업 부상〉, 《KOTRA 해외시장뉴스》 2016. 12. 15
58 헬렌 야페, 《체 게바라, 혁명의 경제학》
59 파벨 비달 알레한드로, 〈통화 이중성의 갈림길〉, 김기현 엮음, 《쿠바 – 경제적·사회적 변화와 사회주의의 미래》, 한울, 2014
60 헨리 루이스 테일러, 《쿠바식으로 산다 – 밑바닥에서 본 아바나의 이웃 공동체》
61 외교부, 〈쿠바 개황〉
62 이소정, 〈쿠바 소비자 구매력 수준과 브랜드 인지도〉, 《KOTRA 해외시장뉴스》 2016. 8. 19
63 이소정, 〈쿠바 소비자 구매력 수준과 브랜드 인지도〉
64 헨리 루이스 테일러, 《쿠바식으로 산다 – 밑바닥에서 본 아바나의 이웃 공동체》
65 아비바 촘스키, 《쿠바혁명사: 자유를 향한 끝없는 여정》
66 아널드 오거스트, 《쿠바식 민주주의 – 대의민주주의 vs 참여민주주의》
67 김달관, 〈쿠바 카스트로 체제 유지요인의 배경과 특징: 1959-2006〉
68 헨리 루이스 테일러, 《쿠바식으로 산다 – 밑바닥에서 본 아바나의 이웃 공동체》
69 아널드 오거스트, 《쿠바식 민주주의 – 대의민주주의 vs 참여민주주의》
70 피델 카스트로·이냐시오 라모네, 《피델 카스트로 – 마이 라이프》
71 후안 마르틴 게바라·아르멜 뱅상, 《나의 형, 체 게바라》, 175쪽
72 〈쿠바 실질적 영부인 빌마 에스핀 별세〉, 《연합뉴스》 2007. 6. 19
73 피델 카스트로·이냐시오 라모네, 《피델 카스트로 – 마이 라이프》
74 헬렌 야페, 《체 게바라, 혁명의 경제학》
75 요시다 타로, 위정훈 옮김, 《교육천국, 쿠바를 가다》, 파피에, 2012
76 피델 카스트로·이냐시오 라모네, 《피델 카스트로 – 마이 라이프》
77 헬렌 야페, 《체 게바라, 혁명의 경제학》
78 박병규, 〈플랫 수정안(1901)〉, 《트랜스라틴 18》, 2011
79 헬렌 야페, 《체 게바라, 혁명의 경제학》
80 존 리 앤더슨, 《체 게바라 혁명가의 삶》
81 피델 카스트로, 《카스트로: 아바나 선언》
82 존 리 앤더슨, 《체 게바라 혁명가의 삶》
83 존 리 앤더슨, 《체 게바라 혁명가의 삶》
84 피델 카스트로·이냐시오 라모네, 《피델 카스트로 – 마이 라이프》
85 피델 카스트로·이냐시오 라모네, 《피델 카스트로 – 마이 라이프》

86  외교부, 〈쿠바 개황〉
87  김연철, 〈쿠바 후계체계에서 외압과 분절적 경제 개혁의 유산 – 북한에 주는 시사점〉, 《아세아연구》 50(1), 2007
88  외교부, 〈쿠바 개황〉
89  김화영, 〈유엔, 쿠바 경제봉쇄 해제 결의안 가결...美 처음으로 기권〉, 《연합뉴스》 2016. 10. 27
90  김달관, 〈쿠바 카스트로 체제 유지요인의 배경과 특징: 1959-2006〉
91  정기웅, 〈쿠바의 의료외교: 소프트파워 외교에의 함의〉
92  외교부, 〈쿠바 개황〉
93  피델 카스트로 · 이냐시오 라모네, 《피델 카스트로 – 마이 라이프》
94  〈Alicia Herrera: Continúa la impunidad en el crimen de Barbados〉, 《Cubadebate》 2011. 10. 3
95  존 리 앤더슨, 《체 게바라 혁명가의 삶》
96  피델 카스트로 · 이냐시오 라모네, 《피델 카스트로 – 마이 라이프》
97  아널드 오거스트, 《쿠바식 민주주의 – 대의민주주의 vs 참여민주주의》
98  피델 카스트로 · 이냐시오 라모네, 《피델 카스트로 – 마이 라이프》
99  송병선, 〈라틴아메리카의 정체성 형성 – 호세 마르티의 「우리의 아메리카」 읽기〉, 《코기토》 67, 2010
100 아널드 오거스트, 《쿠바식 민주주의 – 대의민주주의 vs 참여민주주의》
101 피델 카스트로 · 이냐시오 라모네, 《피델 카스트로 – 마이 라이프》
102 존 리 앤더슨, 《체 게바라 혁명가의 삶》
103 요시다 사유리, 설배환 옮김, 《작은 나라 큰 기적》, 검둥소, 2011
104 피델 카스트로 · 이냐시오 라모네, 《피델 카스트로 – 마이 라이프》
105 KOTRA, 《변화하는 쿠바 시장의 현주소와 시사점》, 2016
106 이소정, 〈쿠바 관광산업, 미국과의 해빙 호재로 날개〉, 《KOTRA 해외시장뉴스》 2016. 10. 14
107 이소정, 〈쿠바, 생태관광 명소로 도약하나〉
108 KOTRA, 《변화하는 쿠바 시장의 현주소와 시사점》
109 손혜현, 〈트럼프 정부 출범 이후 한-쿠바 관계 전망〉, 《2017 쿠바 정책세미나 자료집》, 외교부, 2017
110 KOTRA, 《변화하는 쿠바 시장의 현주소와 시사점》
111 아비바 촘스키, 《쿠바혁명사: 자유를 향한 끝없는 여정》
112 김희순, 〈변화하는 쿠바 사회〉
113 M. Espina, 〈Ambivalencias y perspectivas de la reestratificación social〉, 《Nueva Sociedad》 216, 2008
114 정경원 외, 《21세기 한국 · 쿠바 협력 관계 증진을 위한 정책방안 모색: 정치외교 · 문화 · 경제 · 환경 부문을 중심으로》
115 아비바 촘스키, 《쿠바혁명사: 자유를 향한 끝없는 여정》
116 〈쿠바 탈출 미 불법이민 국교 정상화 후 더 필사적…미국서 치료 위해 자해까지〉,

《뉴시스》 2016. 1. 21

117 〈중남미 9개국, 쿠바 불법이민 조장 美이민정책 변화 촉구〉, 《연합뉴스》 2016. 8. 31

118 손혜현, 〈트럼프 정부 출범 이후 한-쿠바 관계 전망〉

119 이소정, 〈쿠바 소비자 구매력 수준과 브랜드 인지도〉

120 안금영, 〈초기 멕시코 한인 이주민의 쿠바 정착 과정〉, 《스페인어문학》 28, 2003

121 M. Coyula & J. Hamberg, 〈Understanding Slums: The Case Of Havana, Cuba〉, The David Rockefeller Center for Latin American Studies, 2003

122 후안 마르틴 게바라 · 아르멜 뱅상, 《나의 형, 체 게바라》

123 강신주, 《상처받지 않을 권리》, 프로네시스, 2009

124 피델 카스트로 · 이냐시오 라모네, 《피델 카스트로 – 마이 라이프》

125 정경원 외, 《21세기 한국 · 쿠바 협력 관계 증진을 위한 정책방안 모색: 정치외교 · 문화 · 경제 · 환경 부문을 중심으로》

126 정경원 외, 《21세기 한국 · 쿠바 협력 관계 증진을 위한 정책방안 모색: 정치외교 · 문화 · 경제 · 환경 부문을 중심으로》

127 Lyman Erskine, 〈Cuban Waste to Energy〉, Waste Management World(https://waste-management-world.com/a/cuban-waste-to-energy)

128 박혜인, 〈국제경제 제재의 국내적 요인: 미국-쿠바 관계의 변화와 연속성〉, 한양대학교 석사학위논문, 2015